영유아 프로그램 개발과 평가

이은경 · 이은하

태영출판사

머리말

현재 다양한 영유아 프로그램들을 현장에 적용해 보고 평가하려는 노력이 끊임없이 진행되고 있다. 영유아 프로그램이란 교육목표를 위해 유아교육기관에서 실제로 활용되어지는 모든 교육내용과 학습활동이 하나의 틀 안에서 계획되고 실천되어지는 계획표, 목록 등이라고 볼 수 있다. 즉 전인적 성장이라는 교육목적에 도달하기 위해 현장에서 끊임없이 노력하는 일련의 모든 학습 활동과 경험의 총체이다.

하나의 프로그램을 개발하기 위해서는 먼저 프로그램이 만들어지게 된 이론적 배경이 있어야 한다. 또한 유아들의 심리적 발달 이론을 이해하여야 하고 더불어 사회적, 문화적 환경도 고려해야 한다. 그리고 프로그램의 교육목표, 교육내용, 교수-학습 방법, 교육환경, 교사의 역할 등 체계적이고 효율적으로 구성해야 한다.

프로그램의 교육적 효과를 극대화시키고 보다 훌륭한 프로그램으로서 제 역할을 다하기 위해서는 프로그램을 운영한 후 객관적 평가가 이루어져야 한다. 유아와 부모, 지역사회의 다양한 요구에 부응할 수 있는 수준 높은 프로그램이 되기 위해서 활용되고 있는 영유아 프로그램개발과 평가에 대해 고민해 보고 연구해야 한다.

따라서 본서에서는 크게 세 개의 장으로 나누어서 설명하려고 한다. 첫째 장에서는 영유아 프로그램의 기초적 이해를 위해 영유아 프로그램의 개념과 필요성에 대해 알아보고, 영유아 프로그램의 기초적 토대를 이루고 있는 유아교육 사상과 이론에 대해 살펴보도록 한다. 두 번째 장에서는 유아교육 현장에서 실제로 사용되고 있는 영유아 프로그램의 다양한 유형들을 살펴본다. 예를 들어 몬테소리 프로그램, 뱅크스트리트 프로그램, 디스타 프로그램, 하이스코프 프로그램, 프로젝트 접근법, 레지오 에밀리아 접근법, 다중지능이론에 기초한 프로그램, 발도르프 프로그램, 자연친화 프로그램, 반편견 및 다문화 프로그램, 장애아통합 프로그램 등 여러 유형들의 프로그램들을 살펴보고자 한다. 이들 각 프로그램들의 교육적 배경이 되는 이론적 기초와 프로그램을 어떻게 운영하고 적용하는지에 대해 알아본다. 세 번째 장에서는 영유아 프로그램의 평가 목적, 평가대상과 방법을 알아보고 평가방법 및 기능, 활용에 대해 살펴보도록 한다.

성공적인 영유아 프로그램이 되기 위해서는 무엇보다 각 프로그램의 교육적 목표를 잘 이해하고 유아들에게 어떻게 적용하고 어떤 방법으로 활용해야 하는지를 연구하여야 한다. 또한 우리는 유아들이 그들의 흥미와 욕구에 따라 즐겁게 학습하고 더불어 전인적 성장을 이룰 수 있도록 끊임없는 관심을 가지고 노력하여야 한다. 영유아 프로그램에 관심이 많은 사람들은 저마다 교육적 철학을 바탕으로 개성 있고 특성화된 프로그램을 얼마든지 개발할 수 있다.

많이 부족하지만 유아교육과 학생들, 유아교육기관 관계자들, 부모들 그리고 유아교육에 관심이 있는 모든 분들에게 좋은 참고자료가 되었으면 한다. 마지막으로 책이 출간될 수 있도록 관심을 가져 주시고 도와주신 모든 분들께 감사의 인사를 올린다.

2016년 1월
저자 씀

차 례

제1장

영유아 프로그램의 이해

1. 영유아 프로그램의 개념
2. 영유아 프로그램의 필요성 및 기본방향
3. 영유아 프로그램의 개발 과정
4. 영유아 프로그램의 운영

영유아 프로그램의 기초적 이해를 돕기 위해 먼저 영유아 프로그램의 개념과 필요성에 대해 살펴본다. 그리고 영유아 프로그램 개발의 절차 및 고려사항, 영유아 프로그램의 유형과 운영 시 고려할 사항에 대해 알아본다.

전인적 유아로 성장·발달시키기 위해서 현재 수많은 유아교육학자들과 심리학자 그리고 교육학자들은 저마다 영유아를 위한 독특한 프로그램을 개발하고 있다. 프로그램을 개발하기 위해서는 철학적, 심리학적, 사회문화적 배경도 고려해야 하고 현장에서 보다 효율적으로 활용하기 위해서는 무엇보다 유아의 흥미와 욕구 등을 고려하여 조직적, 계획적으로 운영해야 한다.

1. 영유아 프로그램의 개념

일반적으로 프로그램은 목표를 향해 행해지는 일련의 계획이나 순서, 목록 등이라고 정의한다(새국어사전, 1996). 따라서 일부는 프로그램(program)이란 용어와 교육과정(curriculum)이란 용어를 종종 혼동하기도 한다. 왜냐하면 프로그램과 교육과정의 개념 정의가 '일정한 교육의 목표를 향해 나아가는 일련의 계획 및 코스'로서 매우 유사하기 때문이다. 예를 들어 스포텍(Spodek, 1991)은 유아교육과정이란 교육목표에 따라 계획되고 조직된 학습경험의 목록이라고 정의하였으며, NAEYC(1991)에서는 유아가 학습할 내용, 교육목표를 성취해 나가는 과정, 유아가 목표를 성취할 수 있도록 돕는 교사의 모든 역할, 교수와 학습이 발생하는 상황에 관해 서술한 조직화된 틀이라고 정의하였다. 그리고 유아교육 프로그램은 유아의 정서, 사회, 인지, 신체, 언어 등 모든 발달 영역을 포함해야 하고 바람직한 태도와 성향의 발달기술과 과정, 지식, 이해의 발달을 도모해야 한다고 명시하고 있다.

또한 유아교육과정은 특정한 프로그램이나 교사의 계획에 의해 이루어지는 활동 이외에도 교육기관의 목적, 유아의 올바른 이해, 교사와 유아 간 상호작용뿐 아니라 교육내용을 선정, 조직하는 것에서부터 이를 매개로 다양한 교육방법이 동원되어 교사와 유아 간의 교수활동이 전개되고 그 결과를 포함하는 포괄적인 영역이라고 정의하기도 하였다(양옥승, 1987 재인용). 또 다른 학자는 일정한 교육목표를 향해서 학습하는 방향 또는 경험하는 모든 내용이라고 정의하였으며(김정규, 2001), 프로그램의 개발이란 각 유치원이나 어린이집에서 실행 가능한 총체적인 교육과정을 구성하는 것으로서 프로그램 개발의 목적에 따라 적합한 인적 자원이 교육계획을 수립, 적용하고 수정하는 과정을 통해 다시 재구성되는 일련의 순환적 활동이라고 설명한다(황해익 외, 1997).

일반적으로 교육과정(curriculum)은 교육목표를 향해 달려가는 절차로 여기고 있다. 결국 이 말은 전인적 인간으로의 성장과 발달이라고 하는 커다란 교육목표를 향해 행해지는 일련의 학습활동이라고 볼 수 있다. 뿐만 아니라 교육활동에서 이루어지는 모든 경험의 총체를 의미한다고 볼 수 있다. 이런 의미의 견지에서 바라볼 때 학자들마다 다양한 견해를 제시하고 있는 것이다. 즉 일부는 유아교육과정과 유아 프로그램을 같은 맥락에서 생각하기도 하고, 또 다른 일부에서는 유아교육과정의 특수한 한 형태를 유아 프로그램이라고 생각하기도 한다.

따라서 영유아 프로그램이란 어떤 특정 이론이나 가정에 근거하여 유아를 위한 교육과정을 구성한 것이라고 정의하기도 한다(이영석 외, 1985). 또한 어떤 특정이론에 의해 조직된 유아교육과정의 모델로서 유아교육 프로그램으로 정의하였으며, 유아교육 프로그램은 일반적인 교육과정의 개념보다 구체적이고 실제 현장에서 가르치는 교육내용을 상세하게 기술한 협의의 개념으로 이해될 수 있다(이기숙, 1995). 그리고 유아교육기관에서 실행 가능한 형태로 계획, 운영되는 교육과정 또는 프로그램을 종합하여 영유아 프로그램이라고 정의하고 있다(김수영 외, 2003).

결국 영유아 프로그램이란 교육목표를 위해 유아교육기관 현장에서 실제로 활용되어지는 모든 교육내용과 학습활동이 하나의 틀 안에서 계획되고 실천되어지는 계획표, 목록 등이라고 볼 수 있다. 즉 전인적 성장과 발달이라는 교육목표에 도달하기 위해 유아교육 현장에서 끊임없이 노력하는 일련의 모든 학습 활동과 경험의 총체라고 이해해도 좋을 것이다.

2. 영유아 프로그램의 필요성 및 기본 방향

1) 영유아 프로그램의 필요성

유아교육의 중요성이 날로 강조되어지고 여성들의 사회 진출, 가족제도의 변화, 사회문화적인 다양성에 의해 영유아 프로그램의 개발이 더욱더 활발해지고 있다. 더불어 질 좋은 프로그램을 통해 전인적 인간으로 성장할 수 있도록 끊임없이 노력하고 있다.

일반적으로 영유아 프로그램의 개발은 전 세계적으로 많이 이루어지고 있는데, 특히 미국의 헤드스타트(Head Start) 운동을 중심으로 다양한 프로그램들이 선보였다. 현재에도 여러 교육자의 이론적 사상과 유아의 발달적 심리를 고려하여 다양한 영유아 프로그램이 개발되어지고 현장에서 적극적으로 활용되어지고 있다. 이처럼 끊임없이 영유아 프로그램이 개발되어지는 이유는 무엇인가. 학자들마다 다양한 견해가 있지만 이와 같이 정리해 보고자 한다.

영유아 프로그램 개발이 필요한 이유는 다음과 같다(Philips, & Howes, 1987).

첫째, 지나친 양적 팽창으로 인해 질 높은 우수한 프로그램이 부족하기 때문이다.

양적인 팽창과 함께 질적인 수준도 끌어올려야 하지만 아쉽게도 질적인 수준은 양적인 수에 미치지 못하고 있는 실정이다. 따라서 양적인 팽창을 줄이고 질적으로 우수한 프로그램 개발이 우선시 되어야 한다.

둘째, 여성들의 사회참여도가 높기 때문에 보육과 교육이 결합된 프로그램이 절실하기 때문이다.

현대의 여성은 직업여성으로서 뿐 아니라 엄마로서의 역할을 충실히 해 나가려고 노력하고 있다. 따라서 양질의 보육과 교육의 서비스를 받고자 하는 욕구가 절실하기 때문이다.

셋째, 가족구조의 변화 때문이다.

가족의 형태가 확대가족에서 핵가족으로 변화되어 그에 따른 여러 가지 역할이 필요하기 때문이다. 예를 들어, 한부모 가족형태나 결합가족, 재구성가족의 형태 등이 날로 증가하기 때문에 그에 따른 유아교육 프로그램이 필요하다.

넷째, 부모역할에 대한 변화 때문이다.

부모의 역할도 시대의 흐름에 따라 많이 변화되고 있다. 이는 여성의 사회진출과 일맥상통한 면이 있다. 여성의 사회참여로 인해 가정에서 엄마의 역할이 축소되어지고 더불어 아빠의 역할이 보다 강조되어졌다. 즉 이제는 부모 양쪽 모두 보육과 교육을 담당해야 하고 더불어 유아교육기관에서 부모의 적극적 참여와 활동도 강조되고 있다.

다섯째, 지나친 조기교육으로 인해 유아가 심리적 스트레스를 받고 있기 때문에 유아의 욕구와 흥미, 개성을 존중하는 유아중심 교육 프로그램이 필요하다.

형식적으로는 유아중심, 유아의 흥미를 중시하고 욕구와 개인차를 존중하는 교육 프로그램을 운영한다고 하지만 실제로 조기교육의 거센 바람으로 인해 학습지의 열풍과 영재아 교육, 특기적성교육 등으로 방향이 바뀌어지는 경향도 없지 않다. 유아의 전인적 성장을 위해서는 어느 한 부분의 발달을 강조하기보다는 조화와 균형을 통한 발달과 성장을 이룰 수 있도록 프로그램을 개발하고 구성하고 운영하는 것이 바람직하다.

여섯째, 영유아 자체를 위해 프로그램이 필요하다.

영유아의 바람직한 성장과 발달을 위해, 그리고 그들에게 즐거움과 행복을 주기 위해 가장 보편적인 보육과 교육을 통합한 서비스를 제공해 줄 필요가 있기 때문이다. 이것은 영유아 누구나 모두 누릴 수 있는 권리이자 혜택이라고 본다(Weber, 1984).

질적으로 우수한 프로그램은 유아의 발달심리에 적합하고 그들의 흥미와 개성을 존중하고 그들의 욕구를 만족시켜 주는 프로그램이다. 그런 과정에서 유아는 긍정적으로 사물과 현상을 바라보고 이해하며 즐겁고 행복한 마음으로 올바르게 성장할 것이다.

그리고 영유아 프로그램을 현장에 제공하고 활용하기 위해서는 다음과 같은 사항을 고려해야 한다(Koral, Colker, & Dodge, 1993).

① 유아발달 단계를 고려하여야 한다.

개개인 유아의 발달뿐 아니라 대상 연령 집단의 흥미, 요구, 관심도를 파악하여야 한다.

② 유아들의 개성 차이를 인정하여 개별화 교육이 이루어질 수 있도록 하여야 한다.

일반적으로 같은 연령의 유아들은 보편적인 특성이 있기는 하지만 가정환경 및 사회문화적 배경에 따라 독특하고 개성적인 특성이 있기 때문에 개인차를 인정하고 존중하는 프로그램이어야 한다.

③ 유아들이 자신의 흥미와 욕구에 맞도록 교재 · 교구를 선택하고 활동할 수 있도록 하여야 한다. 즉 유아들의 자발적이고 능동적인 참여를 유도하는 유아중심 프로그램이어야 한다.

④ 학습 환경을 편안하게 유지하고 자유로운 분위기가 되어야 한다.

유아들이 안전하게 탐색하고 활동할 수 있는 환경구성을 해야 한다. 유아들의 건강과 안전 그리고 영양에 대한 각별한 관심을 가지고 유아의 발달에 맞는 적절한 놀잇감을 통해 유아들이 즐겁게 활동에 집중할 수 있는 자유롭고 풍요로운 환경을 조성하여야 한다.

⑤ 교사와 유아간의 질 높은 상호작용을 추구하여야 한다.

교사는 유아들의 생각과 의견을 잘 경청하고 그들의 이야기를 존중해 주어야 한다. 질 높은 상호작용은 유아와 교사 간의 믿음을 싹트게 하고 신뢰감 형성을 돕는다.

⑥ 프로그램에 부모들이 적극적으로 참여하도록 하여야 한다.

교육목표를 달성하기 위해서는 유아와 프로그램만 있어서는 안 된다. 즉 유아와 부모와 프로그램, 이렇게 셋 모두 합의가 되어 긴밀한 통합을 이룰 때 전인적 인간으로의 성장과 발달이 된다. 따라서 부모가 적극적으로 참여할 수 있도록 지원해 주고 격려해 주어야 한다.

⑦ 교사는 유아의 발달심리뿐 아니라 프로그램에 대해서도 전문적인 지식과 정보를 갖추고 있어야 한다.

교사 재교육 및 그 밖의 연수 등을 통해 다양한 정보와 지식을 갖추도록 한다. 이는 부모와의 전문적 상담뿐 아니라 효율적인 프로그램 운영을 할 수 있는 밑받침이 되기 때문이다.

2) 영유아 프로그램의 기본 방향

영유아 프로그램 개발이란 유아교육기관에 적용하고 실행하는 일련의 모든 교육과정을 말하는 것으로 프로그램 개발과 목적에 따라 교육계획을 수립하고 적용하고 수정하는 일련의 과정을 통해 다시 재구성하는 일련의 순환적인 활동을 말한다(김수영 외, 2008).

영유아 프로그램을 구성하기 위한 기본 방향 설정은 다음과 같다(임재택 외, 2000).

첫째, 영유아 프로그램에 대한 바른 시각이 필요하다.

영유아 프로그램의 완성은 끊임없이 수정되고 보완되어져야 함을 인식해야 한다. 개발된 프로그램이 언제나 유아교육 현장에서 완벽하게 적용되고 실행된다고 볼 수는 없다. 아무리 좋다고 하는 프로그램도 유아의 특성, 부모의 요구, 기관의 실정, 지역사회 및 환경변화 등으로 인해 얼마든지 제대로 그 역할을 다하지 못할 때가 있는 것이다. 따라서 하나의 프로그램은 개발하고 적용하고 평가하는 과정을 거치면서 계속적으로 수정, 보완하는 작업을 거쳐 질 좋은 프로그램으로 재탄생한다는 것을 알아야 한다.

둘째, 영유아 프로그램에 대한 다양성을 고려해야 한다.

다양성은 현대사회의 주요 특성이다. 다양성이 공존하는 것은 프로그램 개발에도 예외는 아니다. 즉 유아와 부모의 다양한 요구, 여러 가지 이론, 가정 및 사회문화적 환경, 현실적 제반 여건 등을 고려하여 실정에 맞는 교육프로그램 개발이 필요하다.

3. 영유아 프로그램의 개발 과정

1) 영유아 프로그램 시 고려사항 및 구성요소

영유아 프로그램을 개발하기 위해서는 프로그램 개발자는 철학적, 심리학적, 사회문화적 이론적 배경을 이해함은 물론 영유아의 흥미와 욕구, 발달특성, 주변환경 등이 어떤지 고려하여야 한다. 이런 기초적 이해를 토대로 교육목적과 목표를 세우고 목표를 달성하기 위해 어떤 내용으로 어떻게 활동하고 학습할 것인지 구체적으로 생각하여야 한다. 프로그램의 목적과 목표에 달성하기 위해 구체적인 활동이 체계적으로 구성되고 유아들에게 의미 있는 활동이 되었을 때 질 좋은 프로그램이 되는 것이다.

그렇다면 프로그램을 개발하기 전에 고려해야 할 사항은 무엇인지 살펴보도록 한다.

첫째, 프로그램 대상자인 유아의 특성을 파악하는 것이 필요하다.

그들의 발달적 특성과 심리적 요구가 무엇인지 살펴본다.

둘째, 유아들의 부모, 가정환경 등을 고려해야 한다.

프로그램 대상자인 유아들의 부모들의 생각과 요구사항 그리고 가정환경이 어떠한지에 대한 것도 살펴본다.

셋째, 프로그램을 실행할 기관의 지역사회에 대한 실정도 알아보아야 한다.

넷째, 프로그램을 실행할 유아교육기관의 환경 및 시설 등을 고려해야 한다.

프로그램을 개발하기 위한 요구분석이나 지역, 기관 등의 상황을 살펴본 후에는 프로그램을 개발하고 실행할 사람이 필요하고 왜 프로그램이 필요한지에 대한 상황에 대해서도 이해해야 한다. 또한 프로그램의 이론적, 철학적 방향을 무엇으로 잡아야 할지에 대해서도 고민해 보아야 한다.

따라서 다음은 프로그램 개발을 위한 구성요소는 무엇이 있는지 살펴보도록 한다.

첫째, 인적자원이 필요하다. 즉 누가 프로그램을 개발할 것이며, 개발된 프로그램을 누가 실행할 것인가에 대한 것이다. 일반적으로 프로그램 개발에 참여하는 사람은 원장, 교사, 영유아교육전문가, 부모 등이다.

둘째, 프로그램이 왜 필요한지에 대한 상황에 대한 이해가 있어야 한다. 영유아 프로그램이 필요한 이유가 무엇인지, 프로그램의 목표를 어떤 내용과 방법으로 현장에 적용할 것인지, 프로그램이 부모 및 지역사회의 실정에 맞는지 등에 대한 고민이 있어야 한다. 이런 상황분석을 잘 해야 실용성, 효율적인 면에서 효과가 있다.

셋째, 프로그램의 이론적, 철학적 방향이 있어야 한다. 이론적 철학적 바탕은 프로그램의 기본 토대라 할 수 있다. 어떤 철학적 기반을 가지고 어떤 이론을 적용하여 프로그램을 개발하였는지는 추후 프로그램의 목표, 방향, 교육내용, 교육방법, 교육환경 등에 상당한 영향을 미치기 때문이다. 기본적인 철학적 토대가 없는 프로그램은 있을 수 없음을 이해해야 한다.

넷째, 반드시 교육목적과 목표가 설정되어야 한다. 프로그램에 대한 철학적 토대가 이루어졌다면 그에 따른 교육목적과 목표가 있어야 한다. 목표가 있어야 교육내용과 교육방법이 있기 때문이다. 따라서 목표를 설정할 때에는 유아의 발달, 심리학적 특성을 이해하고 부모 및 지역사회의 요구나 실정 등을 잘 파악하여 일관성 있는 목표를 설정하여야 한다.

다섯째, 교육내용과 활동이 제시되어야 한다. 내용과 활동은 교육목표를 구체화시키는 작업으로 지식, 기능, 가치를 실제 현장에서 활동으로 구성하는 것이다. 프로그램의 목표와 맞게 내용이 있어야 하고 그에 따른 활동이 전개되어져야 한다. 활동은 유아의 흥미와 욕구를 존중하고 현장에서 다양하게 적용하며 모든 유아들이 실행가능할 수 있어야 한다.

여섯째, 프로그램에 대한 평가와 피드백이 있어야 한다. 프로그램의 완성도를 높이기 위해 프로그램 자체에 대한 평가를 해야 하고 그에 따른 피드백이 있어야 한다. 이런 과정이 없다면 실제 현장에서 적용하기에 어려움이 따를 것이고 결국 성공하지 못한 프로그램이 될 것이다.

다음은 프로그램을 개발하기 위한 일련의 과정이다.

첫째, 유아에 대한 요구분석을 한다.

교사가 유아를 관찰하거나 부모대상의 설문조사, 사회문화적인 요구분석 등의 방법을 활용하여 유아들에게 무엇이 필요하고 어떤 환경을 마련해 주어야 할 것인지 생각해 본다.

둘째, 유아교육기관(어린이집, 유치원)을 위한 요구분석을 한다.

어린이집이나 유치원의 교사나 원장들의 요구를 설문조사를 통하거나 면접을 통해 알아본다.

셋째, 교육목표, 학습내용, 교수-학습의 방법, 교재 · 교구 등을 개발한다.

요구분석 단계에서 분석된 자료를 토대로 어떤 교육목표와 어떤 내용이 들어갈지, 어떤 방법으로 학습활동을 할 것인지 생각해 보고 학습 환경, 교재 · 교구 등을 개발한다.

넷째, 개발한 프로그램을 현장에 적용, 실행한다.

다섯째, 프로그램이 얼마나 잘 진행되고 교육적 효과가 있는지에 대한 평가를 한다.

개발된 프로그램을 현장에 적용하였을 때 긍정적 효과는 무엇이고 부정적 효과는 무엇인지 알아본다. 표준화 검사나 관찰 등의 방법으로 교육적 효과를 알아볼 수 있다.

2) 영유아 프로그램의 유형

학자들마다 다양한 유형으로 영유아 프로그램을 구분짓고 있다. 일반적으로 연령별로 구분하여 프로그램을 분류하는 경우도 있다. 예를 들어 만 6개월에서 만 2세 이하, 즉 26개월 미만의 영아를 대상으로 하는 영아 프로그램, 다른 말로 보육 프로그램이라고 하는데 영아 프로그램과 만 3세부터 초등학교 취학 전 까지 연령의 유아를 대상으로 한 유아 프로그램, 즉 유아교육 프로그램으로 나누기도 한다.

영아를 대상으로 한 보육 프로그램은 영아기의 독특한 발달적 특성과 요구에 맞게 프로그램을 구성하여 한다고 강조하고 있으며, 영아의 신체발달, 인지발달, 언어발달, 사회성 발달, 정서발달이 골고루 조화를 이룰 수 있도록 구성되어져야 한다고 주장하고 있다(Bredekamp & Apple, 1986).

유아를 대상으로 하는 유아교육 프로그램은 위에서 언급했듯이 유아의 언어발달, 신체발달, 인지발달, 사회성발달, 정서발달이 균형 있게 발달하여 전인적 성장을 이룰 수 있도록 프로그램을 구성하고 무엇보다 자율적이고 능동적인 학습의 주체자로서 유아가 중심이 될 수 있도록 구성해야 하고 유아의 개인차를 인정하여 개별화될 수 있는 교육 프로그램이 되어야 한다. 유아교육 프로그램은 운영하는 시간에 따라 반일제, 종일제 등으로 나누어 운영되어진다.

영유아 프로그램은 얼마든지 융통성 있고 다양하게 운영될 수 있다. 무엇보다 중요한 것은 프로그램의 특성에 따라 무엇을 어떻게 가르쳐야 교육적 효과를 극대화할 수 있는지 살펴보고, 그에 맞게 교사는 어떤 역할을 해야 하는지 점검하고 실행하는 것이 중요하다.

또한 정부 주도형인 공립 프로그램과 민간 주도형인 사립 프로그램으로 구분짓기도 한다. 사립 프로그램은 영아집단 프로그램, 병원과 기업체 탁아 프로그램, 장애아 프로그램, 대학부속 프로그램, 가정 탁아 프로그램, 부모협동 프로그램 등으로 구분된다(Seefeldt, 1980). 그리고 모리슨(Morrison, 1984)은 유아원, 유치원, 연계유치원, 부모협동, 교회부설 유아 프로그램, 헤드스타트 프로그램, 대학부속 프로그램, 가정 탁아 프로그램, 영아기관 탁아 프로그램, 기업체 탁아 프로그램, 방과 후 탁아 프로그램 등으로 유형을 분류하였다.

데커와 데커(Decker & Decker, 1984)는 재정 상태에 따라 공립 프로그램, 사립 프로그램, 정부주도 프로그램(예, 헤드스타트), 전국 사립 단체 프로그램(예, 몬테소리 프로그램), 대학부설 및 실험 프로그램 등 다섯 가지 유형으로 분류하기도 하였다.

그리고 철학적 사상과 발달 심리적 특성이론을 기초로 하여 비셀, 메이어, 와이카트는 다음의 네 가지 유형으로 분류하였다(Bredekamp & Apple, 1986; Weber, 1984).

(1) 행동주의 프로그램

행동주의 프로그램에서는 유아의 행동에 관심을 갖는다. 그리고 명확한 교육목표가 제시되어 있고 목표를 달성하기 위해 구체적이고 세부적이고 단계적인 교육내용이 제시되어 있다. 따라서 유아중심이라기보다는 교사가 주도하여 학습을 이끌어 가는 교사 중심적 프로그램이라고 볼 수 있다. 대표적인 프로그램으로는 디스타(DISTAR) 프로그램이 있고 행동분석(Behavior Analysis) 프로그램 등이 있다.

(2) 성숙주의 프로그램

성숙주의 프로그램은 위에서 설명한 교사중심의 행동주의 프로그램과 다르다. 성숙주의 프로그램에서의 유아는 적극적이고 능동적으로 사물과 환경을 탐구하고 탐색해 나간다. 교사는 유아의 관심과 흥미를 고려하여 풍부한 환경을 마련해 주며 안내하고 촉진하고 분위기를 조성해 주는 역할을 한다. 모든 활동이 유아의 자발적 참여로 이루어지는 프로그램이라고 말할 수 있다. 대표적인 프로그램으로는 영국의 개방주의 프로그램, 뱅크 스트리트 프로그램 등이 있다.

(3) 상호작용에 기초한 프로그램

일반적으로 구성주의 프로그램이라고도 부른다. 인간과 환경과의 상호작용을 통해 인지가 발달된다는 그의 이론에 입각하여 개발된 프로그램이다. 따라서 유아는 적극적이고 능동적으로 환경과 상호작용을 하여 지식체계를 확립해 나간다. 대표적인 프로그램으로는 카미 드브리스 프로그램, 하이 스코프 프로그램 등이 이에 속한다.

(4) 몬테소리 프로그램

몬테소리 프로그램은 몬테소리 여사의 이론에 기초하여 만든 프로그램이다. 풍부한 환경 안에서 유아는 정상화라는 목표를 향해 활동을 전개해 나간다. 교사는 직접적 개입이나 지시보다는 풍부한 환경을 마련해 주고 안내하고 학습을 촉진하는 촉매자의 역할을 한다.

이외에도 학자들에 따라 다양한 방법으로 영유아 프로그램의 유형을 분류하였다. 무엇보다 중요한 것은 영유아 프로그램을 개발하고 운영하기 위해서는 영유아에 대한 바른 시각과 올바른 가치관, 철학이 있어야 하고 유아의 특성과 부모의 요구, 사회문화적 상황 등을 고려하여야 한다. 결국 영유아 프로그램은 유아의 전인적 성장을 위해 존재한다는 것을 잊지 말고 효율적으로 운영하여 교육목표에 한 발짝 나아갈 수 있도록 노력해야 한다.

4. 영유아 프로그램의 운영

1) 영유아 프로그램 운영 시 고려사항

개발된 프로그램을 원활하게 운영하기 위해서는 다음과 같은 점을 고려해야 한다.

첫째, 유아에 대한 올바른 이해가 필요하다. 프로그램을 운영하기 위해서는 무엇보다 유아에 대한 욕구와 흥미도, 개인차 등을 이해해야 한다. 유아의 발달적 특성뿐 아니라 심리적 특성, 그 외 사회문화적 · 환경적 특성까지도 이해해야 전인적 유아의 성장과 발달을 촉진시킬 수 있다.

둘째, 풍요롭고 개방적인 교육환경을 제공해야 한다. 유아에게 훌륭한 교육적 환경은 그들의 호기심과 욕구, 흥미를 충족시킬 수 있는 분위기와 환경이다. 따라서 유아들이 능동적이고 적극적으로 환경과 상호작용할 수 있도록 풍요롭고 개방된 환경을 마련해 주어야 한다.

셋째, 부모와 지역사회의 참여가 필요하다. 유아의 전인적 성장을 이루기 위해서는 부모와 지역사회의 원활한 소통과 적극적 참여가 반드시 필요하다. 프로그램에 부모를 참여하는 이유는 교사와 유대감을 쌓는 것은 물론 유아에 대한 올바른 지식과 정보를 함께 공유하여 유아의 발달에 긍정적인 효과를 거두기 위해서이다.

또한 수준 높은 교육 프로그램을 유아들에게 제공하기 위해서는 다음과 같은 기본사항을 포함시켜야 한다(Koral, Colker, & Dodge, 1993).

첫째, 유아발달에 대한 기본적인 지식과 정보를 가지고 있어야 한다. 유아발달에 적절한 프로그램은 유아의 각 발달 단계를 이해하고 그 특성을 잘 파악하여 유아의 흥미와 욕구, 호기심을 만족시킬 수 있어야 한다. 즉 대상 연령 집단뿐 아니라 개별 유아의 발달 수준에 적합해야 한다.

둘째, 영유아 프로그램을 개별화시켜야 한다. 이는 모든 유아의 성장과 발달을 촉진시키기 위함이다. 유아는 대부분 일정한 순서에 따라 발달하지만 각 개인에 따라 차이가 날 수 있다. 따라서 유아의 개인차를 존중하여 프로그램도 개별화하여 모든 유아가 발달과 성장에 골고루 혜택을 받을 수 있도록 한다.

셋째, 유아가 안전하고 능동적인 탐색을 할 수 있는 환경을 제공해 준다. 유아의 건강과 안전, 영양과 같은 요소도 세심하게 주의를 기울이고 물리적 환경도 풍요롭게 마련해 준다. 즉 연령에 적합한 놀잇감을 제공해 주고 안전하고 쾌적한 교육적 환경을 제공해 줌으로써 유아의 흥미와 동기를 높일 수 있다.

넷째, 유아중심의 활동이 이루어지고 학습에 능동적으로 참여하도록 한다. 자신의 흥미와 욕구에 맞는 적절한 놀잇감을 자유롭게 선택하여 탐색해 보고 적극적으로 활동해 볼 수 있도록 한다. 이는 유아의 자율성을 신장시키고 능동적인 학습태도도 기를 수 있다.

다섯째, 교사는 유아와 생각과 욕구를 존중해지고 주의를 기울여 준다. 이런 상호작용은 교사와 유아의 관계를 더욱 안정감 있게 해 주고 기본적 신뢰감을 형성하는데 바탕이 된다.

여섯째, 프로그램에 부모가 적극적으로 참여할 수 있도록 유도한다. 질 높은 프로그램이 되기 위해서는 교사와 부모 그리고 유아간의 소통이 잘 이루어져야 한다. 특히 부모와의 긴밀한 관계는 믿음과 신뢰를 주어 프로그램에 직, 간접적으로 영향을 미친다. 더불어 유아에 대한 올바른 지식과 다양한 정보를 제공하여 유아의 전인적 성장에 도움이 된다.

일곱째, 프로그램에 참여하는 교사는 유아발달과 교육에 전문적인 지식을 갖춘 사람들로 구성한다. 교사연수, 워크숍, 재교육 등을 통하여 유아발달과 교육에 대한 지식과 정보를 계속적으로 배울 수 있도록 돕는다. 이런 지식과 기술, 정보를 갖춘 교사가 유아를 보다 더 이해하고 이를 바탕으로 프로그램의 수준을 높일 수 있다.

2) 영유아 프로그램의 계획과 운영

영아기는 성장과 발달의 속도가 빠르고 감수성이 예민한 시기로써 이 시기 동안 어떠한 환경이 제공되어지는가의 여부는 그들의 성장과 발달에 중요한 영향을 미친다. 발달적으로 적절한 영아의 교육환경은 영아가 편안함과 안정감을 느끼면서 독립적인 요구를 수용해 주는 따뜻하고 가정적인 곳이 좋다.

영아를 위한 보육 프로그램 계획은 영아가 부모와 헤어지고 새로운 환경에서 안정된 생활을 하여 적응하도록 하는 것이 중요하므로 안정된 애착을 형성하도록 도와주며 1학기에는 기관에 적응하는 과정에 중점을 두고 지도한다. 그 외에 배변훈련, 낮잠 자기, 식습관 지도, 놀이하기, 일상생활에서 자조능력을 도와주도록 한다.

영아반의 일과 계획은 월간 및 주간 계획을 기초로 보다 구체적으로 수립해야 한다. 영아반 일과를 운영할 때에는 등원에서 귀가까지 거의 정해진 일과 순서대로 운영하기 어려우나 자유놀이 시간, 간식, 정리 정돈, 짧은 시간 동안의 대, 소집단 활동, 실외놀이, 낮잠 자기 등으로 구성하여 영아들과 하루를 효율적으로 지내기 위해 시간을 나누어 어떻게 보낼 것인지 미리 계획하는 것이 필요하다.

다음은 영유아를 위한 보육 프로그램 계획 시 고려해야 할 점이다.

① 보육계획은 어린이집의 철학, 보육목표를 고려하며 영유아의 발달 특성, 지역사회 및 학부모의 요구, 계절, 명절 및 문화적 특성과 사건 등을 반영한다.

② 연간계획에 기초하여 월간 또는 주간, 일일 계획을 수립한다. 이때 연간계획은 어린이집의 철학, 목표, 연령별 연간목표를 고려한다. 그리고 월간 및 주간, 일일계획은 연간계획과의 연관성, 영유아의 흥미와 발달 수준을 고려한다.

③ 보육계획안에는 예상 주제에 따른 보육과정의 전개 및 운영계획, 건강, 안전교육계획, 언어, 탐구, 예술 등 교과의 통합적 운영 계획, 견학 및 행사일정, 부모교육 및 참여 등이 포함된다. 주간 및 일일 교육계획에는 활동 주제 및 영유아의

발달적 요구, 관련 교과의 내용 요소 등을 고려한 자유선택활동 및 집단 활동 운영 계획, 급식과 간식, 낮잠, 휴식, 배변 등의 일상적인 계획을 상세하게 포함시킨다.

④ 영유아의 연령과 개인적 특성에 따라 요구되는 내용이 다르므로 개별화된 교육과정의 운영이 될 수 있도록 계획 단계부터 영유아 한 명 한 명을 고려하여 보육과정을 계획한다. 이를 위해서는 보육과정을 개인적 선택과 적용이 가능한 형태로 구성하는 것이 필수적이다.

⑤ 영유아가 몇 년 동안 같은 어린이집을 다닌다는 점을 고려하여 연령별로 차별화된 특성과 연계성을 고려한다.

⑥ 정기적이고 체계적으로 보육계획과 실행과정을 평가하여 다음의 교수계획에 반영한다.

그리고 프로그램을 효과적으로 운영하기 위해서는 우선 프로그램에 알맞은 교육내용과 활동을 선정하여 교육계획안을 충실하게 작성하고 계획한 바를 유아가 실제 경험할 수 있도록 도와준다.

다음은 누리과정에 기초한 프로그램을 운영할 때의 원리를 살펴보면 다음과 같다.

첫째, 연간, 월간, 주간, 일일 계획에 의거하여 운영한다.
둘째, 실내·외 환경을 다양한 흥미영역으로 구성하여 운영한다.
셋째, 유아의 능력과 장애 정도에 따라 조정하여 운영한다.
넷째, 부모와 각 기관의 실정에 따라 부모교육을 실시한다.
다섯째, 가정과 지역사회와의 협력과 참여를 기반으로 하여 운영한다.
여섯째, 교사 재교육을 통해서 누리과정 활동이 개선되도록 운영한다.

3) 영유아 프로그램 운영 시 교사의 역할

영유아 프로그램 운영 시 교사의 역할에 대해서는 학자들마다 다양한 견해를 보이고 있다. 하지만 교사가 어떤 역할을 하느냐에 따라 교육의 질이 결정되고 유아의 성장 · 발달에도 밀접한 영향을 미친다. 유능한 교사는 영유아의 발달과 학습에 긍정적 효과를 미치고 끊임없는 반성적 사고를 통해 자율적으로 의사결정을 할 수 있는 사람이어야 한다.

다음은 프로그램을 운영할 때 교사가 해야 할 역할이다.

(1) 양육자로서의 역할

영유아교사는 영유아를 신체적, 정신적인 위험에서 안전하게 보호하고 정상적인 발달을 보조하는 양육자의 역할을 수행해야 한다. 특히 종일반의 확산으로 영유아들이 하루 종일 기관에서 지내게 되므로 영유아의 건강이나 안전 등의 문제가 더욱 중요하게 인식되므로 교사는 영유아들이 정신적, 신체적으로 건강한 상태를 유지할 수 있게 배려해 주어야 한다.

(2) 관찰자로서의 역할

효과적인 교육 및 보육을 수행하기 위해서 교사는 무엇보다 먼저 영유아의 발달 수준 및 개인적 요구를 이해해야 한다. 즉 교사는 영유아의 개인적 능력이나 요구, 개인차를 파악하여 개별화된 교육을 수행해야 한다.

(3) 교육 프로그램 계획자로서의 역할

프로그램 계획자로서의 교사의 역할은 교수의 가장 중요한 측면인 학습활동의 계획 및 조직, 평가에 이르는 일련의 과정을 계획하고 수행하는 것이다. 우선

교사는 영유아의 발달 수준과 유치원 및 어린이집의 상황, 부모나 지역사회의 요구, 국가수준의 교육과정 등을 기초로 교육계획을 수립한다.

(4) 교수조직자로서의 역할

영유아를 스스로 발달 가능성이 있는 존재로 이해한다면 교사의 역할에서 영유아의 학습을 관찰하고 환경을 구성하며 필요할 때 적절히 도와주는 조력자로서의 역할을 강조하게 된다.

이 외에도 적절한 환경을 제공해 주고 유아들을 관리하고 감독하는 역할도 한다. 교사의 역할에 따라 프로그램이 적절하게 계획되고 운영되고 평가되어지는지 알 수 있기 때문에 교사의 역할이 매우 중요하다고 볼 수 있다.

제2장

영유아 프로그램에 영향을 미친 사상과 이론

1. 성숙주의에 기초한 사상과 이론
2. 행동주의에 기초한 사상과 이론
3. 상호작용주의에 기초한 사상과 이론

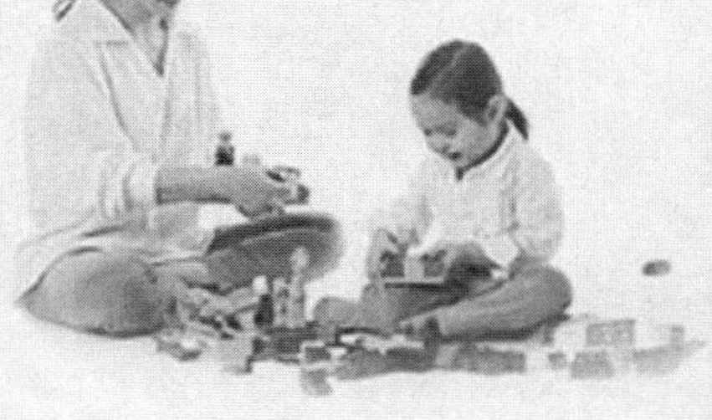

영유아 프로그램을 이해하기 위해서는 학습자인 유아들의 발달특성을 고려해야 하고 교육목표를 달성하기 위한 교육 프로그램의 철학, 사회문화적 변화와 흐름에 대해서도 고려해야 한다. 우리는 프로그램이 교육목적을 달성하도록 하기 위해 끊임없이 프로그램의 문제점을 찾아 내어 수정하고 보완하여 개선된 프로그램을 활용할 수 있도록 노력하여야 한다.

이런 다양하고 종합적인 요소를 고려하여 프로그램이 개발되는 것이고 유아교육 현장에서 활용되는 것이다. 그럼 영유아 프로그램을 이해하기 위해서 프로그램에 내재되어 있는 이론적 근거를 살펴보도록 한다. 그 이론적 근거는 철학적 기초, 심리학적 기초, 사회적 기초 등에 영향을 받은 것이다.

유아를 어떻게 바라보고 있는가 하는 문제, 즉 유아관에 대해 생각해 보면 유아교육의 철학적 배경을 이해하는 데 도움이 된다. 유아를 바라보는 관점은 시대의 흐름에 따라 조금씩 다르다. 또한 다양하고 많은 유아연구를 통해 유아의 심리적 측면에 있어서도 과거와 다르게 현대에 많은 변화를 가져왔다.

고대사회에서는 유아를 독립적인 인격체를 가지고 있는 존재로 생각하기보다는 종족을 유지하고 보존하는 수단으로써 보는 견해가 지배적이었다고 볼 수 있다. 중세사회에서도 고대사회에서처럼 유아를 보는 견해가 크게 달라지지 않는 가운데, 노동력의 확보 혹은 경제력의 수단으로 유아를 보는 경향이 컸다. 따라서 유아 개인의 독자성이나 개성은 존중하지 않았으며 한낱 성인의 축소판으로 보았다. 이런 아동관은 근대에 접어들면서도 크게 달라지지 않았다. 여전히 성인의 축소판으로 생각했고 노동력의 확보차원으로 노동에 직접 동원되었다. 하지만 문예부흥이 일어나고 인간 본연의 세계에 눈을 뜨기 시작하면서부터 종교에 대한 비판과 더불어 아동중심 사상, 유아중심 사상이 조금씩 대두하게 되었다(Earhart, 1980).

일반적으로 현장에서 활용되어지고 있는 다양한 영유아 프로그램을 살펴보면 프로그램이 가지고 있는 철학적, 심리학적 배경은 한 이론가에 의해서 집약되고 특정되기보다는 여러 사상가들의 사상과 이론들을 접목하여 개발되었다. 또한 각 나라, 각 지역의 사회문화적 배경을 고려하여 독자적이고 특성화된 프로그램을 개발하여 활용하고 있다.

영유아 프로그램에 영향을 미친 사상과 이론에 대한 구분은 학자들마다 다르지만, 콜버그와 메이어는 이데올로기의 기준인 낭만주의, 문화전승주의, 진보주의 등으로 나누어 사상가들의 사상과 이론을 분류하였다(Kohlberg, 1981). 여기서는 이데올로기와 연결하여 발달심리학적 기초를 기준으로 한 성숙주의, 행동주의, 상호작용주의 등으로 구분하여 영유아 프로그램에 영향을 미친 사상과 이론을 살펴보고자 한다(Crain, 1980). 그리고 코메니우스, 로크, 루소, 페스탈로치, 프뢰벨, 듀이, 몬테소리, 파블로프, 스키너, 왓슨, 피아제, 비고츠키, 반드라, 브론펜브레너, 가드너 등의 사상과 이론 부분은 필자가 쓴 『유아교육개론』의 일부 내용을 발췌함을 미리 밝힌다(이은경, 2008).

1. 성숙주의에 기초한 사상과 이론

1) 코메니우스(J. A. Comenius, 1592-1670)의 어머니 무릎학교

코메니우스는 1628년에 『대교수학』이라는 책을 펴냈다. 이 책에서 그는 교육의 단계를 크게 어머니의 무릎학교(0세부터 6세까지), 모국어학교(7세부터 12세까지), 라틴어학교(13세부터 18세까지), 대학교육(19세부터 24세까지) 등 4단계로 나누어 설명하였으며, 교육기회균등을 강조하였고 보통교육, 학교교육을 역설하였다. 또한 『대교수학』에서 그는 "인간형성을 위해 교육은 인생 초기에 행하는 것이 적절하고 그 시기를 놓치면 행하기 어렵다."라고 주장하였다(Crain, 1980).

가정교육의 중요성에 대해 강조한 『유아학교(Schola Ludus)』도 저술하였다. 이 책에는 유아교육의 중요성과 방법을 제시하기도 하였다. 인간의 본성에 따르는 교육, 자연의 질서를 무시하지 않고 자연의 원리에 따르는 교육을 해야 하고 유아들의 자율적인 활동을 유도할 수 있도록 해야 한다고 주장하였다. 또한 라틴어를 효과적으로 잘 가르치기 위해 쓴 라틴어 교재인 『세계도회(Orbis Sensualum Pictus)』를 저술하기도 했는데, 그림책의 효시로서 그 가치를 인정받고 있다(Bateson, 1955). 이는 최초로 그림을 곁들인 책으로 알려져 있으며 시청각 교재의 효시로 알려져 있다.

코메니우스의 교육사상을 정리하면 다음과 같다(Spodek, 1991; Weber, 1984).

(1) 자연의 법칙에 따르는 자연주의 교육을 강조

인간의 본성에 따르는 교육, 자연의 질서를 따르는 교육을 통해 자발적인 교육이 이루어지도록 하였다. 따라서 강제성, 명령, 억압, 권위적인 교육이 되지 않도록 강조하였다.

(2) 유아교육, 조기교육의 중요성을 강조

인생 초기에 적절한 교육을 통해 인간형성을 해야 한다고 주장하였다. 만약 이 시기에 적절한 교육을 받지 않으면 인간형성을 하는데 어려움을 겪는다고 하였다.

(3) 부모의 역할, 특히 어머니의 역할을 강조

유아기 교육에 있어 가장 중요한 역할은 바로 어머니이다. 어머니는 제 1의 교사이고 보호자이다. 특히 6세 이전의 어머니의 무릎학교에서는 부모 중에서도 특히 어머니의 역할을 강조하였다.

(4) 유아의 자발적 활동을 강조

자연적 질서 안에서 유아가 자신의 흥미와 관심을 가지고 사물을 대할 때 더욱더 능동적이고 적극적으로 학습할 수 있음을 인지하고 유아의 자발적 참여와 유도를 할 수 있도록 자율적이고 개방적인 분위기를 유도할 수 있도록 하였다.

(5) 제도화된 학교교육의 중요성을 강조

학교교육을 통해 인간은 사회화가 되고 학문의 전문화를 이룰 수 있다고 하였다. 학교교육을 통해 공동체 의식은 물론 바람직하고 긍정적인 자아감을 형성하며, 사회화과정을 통해 참된 인간이 된다고 강조하였다.

(6) 누구나 교육받을 수 있는 교육균등의 기회를 강조

빈부격차, 연령, 성별, 장애가 있는 사람과 없는 사람의 구분 없이 인간이라면 누구나 똑같이 교육을 받아야 한다고 강조하였다. 특히 장애인들과 소외당한 사람들에 대한 관심을 쏟고 이들도 반드시 교육을 받아야 한다고 주장하였다.

(7) 감각교육의 강조, 감각훈련을 중시

감각훈련을 통해 이성을 일깨울 수 있도록 강조하였다. 그는 감각을 활용함으로써 사물과 세상을 바르게 이해할 수 있다고 강조하였다.

(8) 단계적, 체계적인 교육을 강조

학교교육을 위해서는 단계적이고 체계적인 교육내용과 이를 담당하는 사람이 있어야 한다고 하였다. 학교교육은 지역사회의 발전뿐 아니라 누구나 교육을 받을 수 있는 기회를 열어 주기 때문에 필요하다고 하였다. 따라서 많은 학교를 설립하여 교육을 해야 한다고 주장하였다.

(9) 가정교육을 강조

유아기 가정교육을 통해 유아는 도덕성도 발달되고 신앙교육도 이루어진다고 하였다. 유아기에는 가정의 역할에 따라 덕성을 기를 수 있다고 보고 이를 실천할 수 있다고 보았다. 가정에서는 일상생활에 필요한 여러 가지 지식과 경험을 쌓을 수 있고 언어, 도덕적 습관, 신앙에 대한 기초 지식 등도 배울 수 있는 좋은 터전이 된다고 보았다.

(10) 유아의 흥미, 욕구, 개인차를 존중

교육은 인간 본성에 근거하여 이루어지는 것이므로 유아 자신의 흥미와 욕구, 개인차를 존중하면 그들의 잠재능력을 이끌어 낼 수 있다고 보았다. 따라서 강제적인 학습, 엄격한 학습 분위기를 지양하도록 하였다.

(11) 신과의 합일을 강조

인간은 원래 신에 귀의하는 마음을 갖고 있으며 궁극적 목적은 내세에서 신과 합일을 이루는 것이라고 하였다. 신과 합일하기 위해서는 교육을 통해 학식과 덕성을 쌓아야 한다고 강조하였다.

2) 루소(J. J. Rousseau, 1712-1778)의 자연주의

루소는 코메니우스의 사상과 자연주의적 사상을 기초하여 유아중심 교육활동을 강조하였다. 유아의 자연스러운 발달을 강조하였으며, 유아들 스스로 충분히 경험하고 느끼고 생각할 수 있는 기다리는 교육, 여유 있는 교육을 강조하였다.

루소의 교육사상을 잘 표현한 『에밀』에서는 성인은 유아들을 안내해 주고 이끌어 주는 안내자의 역할을 해야 한다고 강조하고 있다. 인간은 태어나면서부터 선천적으로 가지고 태어난 그들의 능력이 있으며 그들의 발달단계에 맞춰 스스로 학습할 수 있도록 격려하고 지지하는 것이 더욱더 중요하다고 한다. 또한 루소는 감각을 통한 훈련을 강조하고 있으며 감각활동은 놀이를 통해 자연 속에서 자연스럽게 이루어질 때 가장 바람직하다고 하였다.

루소는 『에밀』에서 유아기(출생-2살), 아동기(2-12살), 소년기(12-15살), 청년기(15-20살)로 구분하여 설명하였으며, 특히 유아기에는 선한 본성에 따르는 자연주의 교육을 해야 한다고 강조하고 있다. 그리고 모유수유를 중요하게 생각했으며 자녀교육은 특히 어머니가 맡아서 책임지고 교육해야 함을 강조하였다(Crain, 1980: Conant, 1971).

루소의 교육사상을 정리하면 다음과 같다(Crain, 1984; Katz & Chard, 1989).

(1) 자연주의 교육을 강조

인간은 선천적으로 본래 타고난 능력이 있으므로 자연적 환경 속에서 자연스럽게 성장·발달할 수 있다. 그가 말한 '자연인'이란 자연주의 교육을 통해 육성되는 것으로 스스로 경험하고 느끼고 터득해 나가는 과정에서 한 인간으로 성장해 나간다는 것을 의미한다.

(2) 인간주의 교육을 강조

자연이라는 거대한 환경 속에서 생활하고 자연의 흐름에 따르면서 경험하고 훈련하면 진정한 인간이 된다. 자연의 이치를 깨닫게 되고 그 과정 속에서 진정한 인간임을 스스로 깨닫게 된다.

(3) 인간의 자율성, 개성을 강조

인간 본성의 발로, 내면적 표현의 자유, 자율적인 개성의 표현 등을 매우 중요하게 여긴다. 자연은 자유로움을 의미하는 것이고 자유로움은 인간 본연의 욕구이며 권리이기도 하다.

(4) 어머니의 책임을 강조

유아기에는 특히 어머니의 책임감을 강조하고 있다. 인간은 어머니의 다정하고 온화한 분위기에서 자연스런 교육이 이루어질 때 성장한다. 선한 본성을 유지하고 그 본성을 발달할 수 있도록 노력해야 한다. 또한 모유를 수유하게 되면 심리적 안정감을 얻게 되고 동시에 신뢰감을 형성할 수 있다.

(5) 감각 및 신체활동을 강조

유아기에는 이성보다는 감각을 통한 교육이 이루어지는 것이 바람직하다. 유아는 감각을 통해 세상을 이해하고 지적인 호기심도 충족시켜 나간다. 감각을 발달시키기 위해서는 자연 속에서 마음껏 뛰어놀며 감각훈련을 해야 한다.

(6) 도덕교육을 강조

유아기에는 도덕성 발달에 관심을 가져야 한다. 선과 악의 올바른 판단은 유아기에 형성되므로 중요하다.

(7) 풍부한 상상력을 강조

유아기와 아동기는 풍부한 사고력과 함께 상상력이 발달하는 시기이므로 다양한 경험이 필요하다. 허황되고 공허한 공상은 인간을 불행하게 만들 수 있지만, 풍부한 상상은 기쁨과 즐거움을 준다.

(8) 자유와 평등의 원리를 강조

자유와 평등 개념을 어렸을 때부터 심어 주게 되면 사회 정의에 대한 개념을 이해하는데 도움이 된다. 자연주의 교육을 통해 자유를 경험하게 하고 더불어 책임도 느끼게 한다. 또한 평등의 원리를 놀이를 통해 경험할 수 있도록 한다.

(9) 사랑하는 방법을 강조

자기 자신을 사랑하고 타인을 사랑할 줄 아는 마음을 갖도록 한다. 더불어 자연을 사랑하고 아끼는 마음을 통해 서로 사랑하는 방법을 터득하게 한다. 사랑하는 마음을 갖고 사랑을 실천하는 과정에서 진정한 인간교육, 자연교육이 된다는 것을 깨닫게 한다.

(10) 어려움을 극복할 수 있는 훈련을 강조

자연 속에서 활동하고 경험하는 과정은 스스로 어려움을 극복할 수 있는 힘을 갖게 한다. 끈기와 인내와 도전의 힘은 억지로 강요에 의해 시킨다고 생기는 것이 아니라 자연 속에서, 일상생활 속에서 다양한 경험과 놀이를 통해 스스로 터득되는 것이다.

3) 페스탈로치(J. H. Pestalozzi, 1746-1827)의 가정교육

스위스에서 태어난 페스탈로치는 루소의 자연주의에 영향을 받아 사상을 더욱더 정립시켜 나갔으며 사회적 인간 개조를 교육의 목적으로 두었다. 사회를 개혁하는 길은 인간을 도덕적으로 개조하는 것으로 보고 이를 교육을 통해 실천하였다.

자연주의 사상에 입각한 그의 교육철학은 유아의 흥미와 욕구에 관심을 갖게 하였고 자발적인 참여를 강조하게 되었다. 그리고 합자연의 원리로써 자연의 질서에 순응하고 자연의 법칙에 따르는 교육을 강조하였다. 이런 원리를 근간으로 교육의 핵심은 유아 자신이고, 유아 내부로부터 자연스럽게 흘러나올 수 있도록 해야 함을 주장하였다. 합자연의 원리로써 인간내부의 능력을 자연스럽게 표출될 수 있도록 스스로 노력할 것을 강조하였다.

그는 또한 '어머니를 위한 책(Book of the mothers)'을 통해 가정교육의 중요성을 역설하였으며 부모와 자녀 간의 신뢰와 사랑, 상호존중과 존경의 마음, 도덕성의 중요성을 거듭 강조하였다. 그리고 빈민학교를 운영하면서 인간교육을 하였고 노동의 신성함을 통해 노작교육의 중요성을 강조하기도 하였다.

페스탈로치의 교육사상을 정리하면 다음과 같다(Weber, 1984).

(1) 유아중심 교육을 강조

인간 내부에 있는 잠재능력을 개발하고 이끌어 낼 수 있도록 스스로 노력해야 한다. 그러기 위해서는 자기 스스로, 자율적 방법으로 능력을 개발시켜 나가야 함을 주장하였다.

(2) 합자연의 원리에 따를 것을 강조

합자연의 원리라고 하는 것은 자연에 순응하면서 자연의 질서에 의해 나아가고 자연의 여러 가지 현상과 법칙을 이해함으로써 그 과정에서 유아들이 자연스럽게 성장 · 발달한다는 것을 의미한다.

(3) 조화와 균형을 강조

정신적, 신체적, 도덕적인 면이 조화와 균형을 이룰 수 있도록 해야 한다. 세 가지 면이 조화와 균형을 이루게 되면 전인적 인간으로 성장할 수 있다고 보았다.

(4) 노작의 원리를 통한 노작교육을 중요시

노동의 신성함을 통해 땀의 중요성과 결실의 대가에 대해 알 수 있다. 이는 유아에게 성취감을 느끼게 해 줄 뿐 아니라 다음 단계로의 목표를 설정해 주는 목표 지향적 태도를 형성하는 데 도움이 된다.

(5) 가정교육의 중요성을 강조

교육의 출발점은 가정이라고 하였으며, 가정이 인간의 관계를 최초로 맺는 장이며 가장 우수한 관계라고 표현하면서 가정에서 행해지는 교육을 강조하였다. 특히 부모와 자녀간은 사랑과 신뢰를 밑바탕으로 이루어져야 하고 서로 존중하는 마음을 갖도록 하였다.

(6) 사랑의 실천을 강조하고 자율성을 강조

유아중심 사상에 입각한 그는 사랑의 실천가였고 유아들의 개인차를 존중하였으며 자율성을 강조하였다. 획일화되고 정형화된 표현보다는 자유롭고 다양한 표현을 중요하게 여겼다.

(7) 직관의 원리를 통한 직관교육을 강조

모든 인식을 직관에 두고 사물을 보고 이해하는 것으로, 먼저 감각을 훈련시키고 활용하는 작업을 많이 해야 한다고 강조하였다. 이런 감각적인 교육은 직관을 발달시키고 직관교육은 학습지도의 기초가 됨을 역설하였다.

(8) 교사는 유아의 개성과 인격을 존중

유아의 개인차를 존중하고 그들의 개성을 인정하고 존중하였다. 그리고 그들의 인격을 존중함으로써 그들이 존중받고 있다는 생각을 갖도록 하였다. 이는 자아존중감의 바탕이 된다.

(9) 전인적 성장을 강조

교육은 전인적 성장을 목표로 한다. 어느 한 곳에 치우친 성장과 발달은 오히려 조화와 균형을 깨뜨려 발달의 불균형을 초래하게 된다. 따라서 균형과 조화를 이룬 교육을 하여야 하고 이를 통해 인간은 전인적 성장을 한다고 강조하였다.

(10) 인간교육을 강조

페스탈로치 교육의 목적은 인간개혁과 사회개혁이다. 이 목적을 달성하기 위해서는 노작교육을 통한 실천이 우선시되어야 한다고 강조하고 특히 인간을 통한 교육, 인간교육을 강조하였다.

(11) 실물교육을 강조

페스탈로치는 모든 교육은 감각적 인상을 통해 이루어진다고 보았고 감각적 인상을 통해 유아의 내재된 잠재력이 발현될 수 있다고 보았다. 그는 수많은 아이디어나 개념을 학습할 때에는 무엇보다 조작적 경험이 중요하다고 생각하였다.

4) 프뢰벨(F. W. A. Froebel, 1783-1852)의 어린이 정원

독일에서 태어난 프뢰벨은 유아중심 사상을 바탕으로 자연주의교육, 인간교육, 신과 자연과 인간의 합일을 이루는 통일교육을 강조하였다. 또한 유아의 흥미와 욕구를 중요시하고 자기활동을 강조하며 노작을 통한 교육을 중요하게 생각하였다. 그에 따르면 교육활동은 계속 이루어져야 하고 교육을 통해 사회화가 되어야 한다고 강조하였다.

프뢰벨은 『인간 교육』이라는 저서에서 그의 교육적 사상을 표현하였다. 그는 인간교육의 원리를 기초로 삼고 있다. 그리고 그는 최초로 '어린이 정원(Kindergarten)' 이라는 용어를 사용하였으며, 유치원을 창설하였다. 1837년 그가 세운 유치원에서는 정식으로 훈련받은 교사가 유아들을 교육하였으며 놀이를 통한 학습을 하였다. 또한 그는 '은물(gift)'이라는 교재 · 교구를 개발하기도 하였다. 은물은 '신이 주신 특별한 선물'이란 의미이기도 하다. 은물이라는 교재 · 교구를 통해 유아는 자연의 원리, 우주의 진리를 스스로 깨닫게 된다고 한다.

또한 그는 식물의 성장을 인간의 성장과 발달에 비유하였으며 교사는 유아들 개개인이 그들의 소질과 능력을 계발할 수 있도록 도와주어야 한다고 주장하였다. 그리고 놀이를 통한 학습을 강조하였으며 놀이는 가장 순수한 정신적 활동이라고 표현하기도 하였다(Crain, 1980; Weber, 1984).

프뢰벨의 교육원리는 다음과 같다(Weber, 1984; Spodek, 1991).

(1) 통일의 원리

신과 인간과 자연의 통합, 삼위일체를 이루는 교육의 원리를 따르고 있다.

(2) 자기활동의 원리

유아는 자신의 내적인 능력과 소질을 자발적인 활동을 통해 표출해 냄으로써 자기의 잠재적 능력과 소질을 발휘하게 된다.

(3) 노작의 원리

유아들이 하는 모든 활동과 작업은 자기를 완성하는 과정이고 자기를 발전시켜 나가는 것이라고 본다. 노작을 통해 얻는 신성한 기쁨은 유아들의 정신세계를 자유롭게 만든다.

(4) 계속성의 원리

인간의 발달과 성장은 멈추는 것이 아니라 계속 진행하고 있으며 유아의 놀이과정은 성장의 계속성을 부여한다.

(5) 사회화의 원리

교육을 통해 인간은 사회화되고 성장해 나간다. 개인의 이기심을 버리고 타인, 국가, 인류 공동체를 위해 노력하는 것은 사랑이 기본적으로 있어야 한다.

프뢰벨의 교육사상을 정리하면 다음과 같다(Spodek, 1986; Weber, 1984).

(1) 놀이를 강조

놀이는 곧 학습이라고 하였으며 놀이를 통해 내적인 자유로움이 표현된다고 보았다. 즉 놀이는 정신활동의 표상이며 그 자체가 학습이고 교육이라고 강조하였다.

(2) 조화를 통한 전인교육을 강조

프뢰벨의 교육사상은 조화, 통합이라고 말할 수 있다. 자연의 법칙에 의해 조화를 이루고 그 과정에서 전인교육이 이루어진다고 보았다.

(3) 자연적 발달에 순응하는 것을 중요시

자연의 법칙에 의해 순응하면서 인간의 발달단계에 맞춰 교육하는 것을 강조하였다.

(4) 은물과 작업을 중요시

신의 선물이란 뜻의 은물이라는 교구를 고안하여 신, 인간, 자연의 조화와 통합의 원리를 놀이로서 구현하도록 하였다.

(5) 노작을 통해 정신적 풍요로움을 추구

노작을 통해서 신성함을 표현하고 그로 인해 정신적 풍요로움을 느낄 수 있으며 정신세계를 보다 자유롭게 만들 수 있다고 하였다. 신체적인 작업을 통해 정신세계의 완성을 이룬다고 표현할 수 있다.

(6) 유아의 동기유발을 강조하였으며 잠재적 능력을 계발

내적인 자기발로의 원리에 따라 내적 동기를 강조하였으며, 내적 동기로 인해 스스로 놀이 활동에 참여하게 되어 내재되어 있는 잠재능력을 계발하도록 하였다.

(7) 자연의 법칙에 따르는 교육을 강조

자연의 법칙을 이해하고 따르면서 자연과 조화를 이룰 수 있어야 한다고 강조하고 자연의 질서에 순응하면서 자연스러운 성장과 발달을 이룰 수 있도록 하였다.

(8) 신체활동과 정신적 활동을 강조

감각기능을 활용하여 인지를 발달시킬 수 있어야 한다고 강조하고 이를 위해 은물을 고안하고 제작하였다. 이런 놀이와 작업은 정신적 활동으로 이어지게 되고 결국 신체활동과 정신활동이 통일을 이룬다고 하였다.

(9) 신적인 존재를 중요시

신은 만물의 중심이며 모든 만물은 신성의 작용으로 자기활동을 전개해 나간다. 모든 것은 신적인 존재이고 신에 의해 조절되고 통제되어진다고 본다.

5) 홀(G. S. Hall, 1844-1924)의 반복이론

20세기 초 아동연구의 선구자 역할을 한 홀은 다윈의 진화론의 영향을 받아 인간의 발달은 이미 예정된 시간표대로 진행되어진다고 주장하였으며 진화론적 발생학을 체계화하였다. 또한 그는 관찰을 통해 아동을 연구하였으며 아동연구의 창시자로 알려져 있다. 질문지법, 일화기록 등 보다 체계적이고 과학적인 접근을 통해 아동연구를 시작한 홀은 인간은 유전적 요인의 영향을 받아 발달된다고 하였다(Cleverly & Phillips, 1988).

따라서 그는 자연에 따르는 교육, 유아중심의 교육, 선천적 능력에 순응하고 기다리는 교육에 강조를 두었으며 유아의 발달특성에 맞는 교육을 강조하였다.

홀의 이론을 정리하면 다음과 같다(Cleverley & Philips, 1988; weber, 1984).

① 유아를 연구하기 위해서는 관찰법에 입각하여 연구하기를 강조하였다.

② 교사가 유아를 바르게 이해하기 위해서는 유아를 연구하고 탐구해야 한다고 주장한다.

③ 유치원교육과정에는 유아발달에 관한 자료가 내용으로 되어야 한다.

즉 유치원은 유아의 발달적 특성을 가장 잘 반영할 수 있는 곳이어야 함을 강조하였다.

④ 프뢰벨의 직관적 방법에서 벗어나기를 주장하고 과학적 방법을 채택하기를 강조하였다.

⑤ 진화론에 심취하여 인간은 계통발생론(phylogeny)을 반복한다고 주장한다.

개체에게는 종족의 조상이 겪은 경험, 즉 한 개인이 출생에서 사망에 이르기까지 전 과정에서 겪은 경험과 일을 되살려 보려는 욕망이 있으며 이를 반복하게 된다고 한다(Cleverly & Phillips, 1988).

⑥ 아동중심학교(child-centered school)라는 말을 사용하고 아동중심 원리를 강조하였다.

⑦ 곱셈, 알파벳, 문법, 수, 성경 등을 강조하는 학습에서 벗어나야 한다고 강조하였다.

⑧ 교사는 모성애를 가지고 있어야 한다.

⑨ 유아 행동발달을 연구하도록 학자들에게 자극을 주었다.

⑩ 유아와 관련된 모든 분야는 유아발달 특성을 반드시 고려해야 하고 유아의 패턴에 맞추어야 한다고 강조하였다.

⑪ 교사는 유아의 언어, 조절력, 상상력, 놀이, 발달 등을 이해하여야 한다.

⑫ 유아에게 지나친 소근육 발달을 강요하는 것은 옳지 않다고 강조하였다.

예를 들면 아직 발달되지 않은 소근육을 사용하여 놀이하는 것은 유익하지 못하다고 생각하였다.

6) 프로이드(G. Freud, 1856-1936)의 정신분석이론

프로이드는 인간의 본능을 공격과 성(sex)으로 보았다. 그는 인간의 모든 행동은 공격적이고 성적인 무의식의 발로라고 보았다. 그리고 우리 인간은 자신도 모르는 무의식적인 동기에 의해 행동으로 표현되어지는 존재라고 생각하였다.

그는 인간의 마음을 빙산에 비유하고 원초아(id), 자아(ego), 초자아(super ego) 셋으로 나누어 설명하였다(Weber, 1984).

(1) 원초아(id)

원초아는 출생 시 갖고 태어나는 것으로 본능적이고 공격적이고 즉각적이고 즉흥적이고 충동적인 특징을 갖고 있다. 원초아는 즉각적 만족을 충족시키려고 하는 '쾌락의 원리'에 의해 지배가 되는데 만약 쾌락원리가 충족되지 않으면 심리적 억압이나 갈등이 생기고 긴장상태가 유발되며 욕구불만이 생기게 된다.

(2) 자아(ego)

자아는 '현실의 원리'에 지배를 당하며 이성적인 힘과 분별 있는 능력을 말한다. 원초아의 즉각적이고 충동적인 만족을 추구하기보다는 보다 이성적이고 현실적으로 생각하여 충동을 지연시키고 현실적 만족을 이끌어 낸다.

(3) 초자아(super ego)

초자아는 '양심의 원리'에 따르는 것으로 도덕적이고 옳고 그름을 판단할 줄 안다. 만약 본능적인 쾌락의 원리에 지배되어 하지 말아야 할 일이나 양심에 저버리는 일 등에 있어 자신의 본능적 욕구를 충족했을 경우, 초자아는 양심적, 도덕적으로 죄의식을 느끼게 한다. 반면 정의와 사회구현을 위해 용기를 갖고 도전해야겠다고 생각하거나 자유와 평등을 위해 희생하고 헌신해야겠다고 생각하는 등 이상사회의 구현 등에 대한 강한 의지와 희망을 갖게도 한다.

그는 또한 성적 본능 에너지를 리비도(libido)라고 했고, 리비도에 따라 성적 에너지가 집중되는 시기가 있는데 성적 에너지가 집중되는 시기는 연령이 증가됨에 따라 다른 양상으로 보여진다. 그는 이를 심리성적인 단계라 표현하고 구강기(oral stage), 항문기(anal stage), 남근기(phallic stage), 잠복기(latent period), 생식기(genital period) 5단계로 나누어 설명하였다(Freud, 1961; Freud, 1968; Cleverly & Phillips, 1988; Weber, 1984).

프로이드의 이론을 정리하면 다음과 같다(Crain, 1980; weber, 1984).

① 인간의 본능을 성적 혹은 공격적이라고 생각하였다.

② 한 개인의 삶을 끊임없는 갈등과 투쟁으로 보았다.

③ 성적 에너지인 리비도는 입, 항문, 성기로 이동하며, 이런 과정은 타고난 생물적인 요인에 의해 지배되어진다.

④ 부모는 심리성적 단계가 이루어질 때 유아로 하여금 심리성적 만족이 지나치게 부족하거나 과도하게 이루어지지 않도록 주의해야 한다. 왜냐하면 그 다음 단계로 진행되어질 때 고착(fixation)이 되어 발달적 진행이 어려워지기 때문이다.

⑤ 원초아, 자아, 초자아의 성격구조 3요소에 대해 주장하였으며, 무의식적 동기를 인정해야 함을 강조하였다.

7) 몬테소리(M. Montessori, 1870-1952)의 어린이집

이탈리아에서 태어난 몬테소리는 정신지체아의 교육방법에 대해 연구를 하였으며 이후 정상아들에 대해서도 관심을 갖게 되었으며 교재 · 교구 개발에 힘을 기울였다. 그녀는 최초로 '어린이집'을 설립하였고, 그녀가 개발한 교재 · 교구를 선보였으며 이를 교육에 활용하게 되었다. 또한 교원양성에도 힘을 기울였다.

그녀의 저서 『어린이의 발견』에서는 '스스로 성장하려고 하는 내적 생명력을 가지고 있는 자율적 존재'라고 유아를 표현하고 있다. 유아는 자발적으로 자기조절을 할 수 있으며 독립심이 강하고 질서를 지키며 온순하고 진정으로 기쁨을 표현할 줄 안다고 표현하고 있다. 이런 유아를 '정상화'라고 하였다. 정상화된 유아는 작업과 자기 활동을 능동적으로 주도한다고 하였다. 또한 유아기에는 어떤 능력을 획득하는데 매우 민감하게 작용하고 반응하게 되는 '민감기'가 있다고 보았다. 그리고 이 시기 유아는 모든 것을 흡수할 수 있는 '흡수 정신(absorbent mind)'이 있다고 보았다(Baumrind, 1971; Weber, 1984).

몬테소리의 교육사상을 정리하면 다음과 같다(Cleverley & Phillips, 1988).

(1) 개별화 교육이 이루어짐을 강조

유아는 각각 독특한 특성이 나름대로 있으며 그 개인차를 존중하여 개별화 교육이 이루어져야 한다고 강조하였다. 자칫 성인의 요구나 성인의 생각에 맞추어 교육하다 보면 유아 본래의 개성이나 특성은 말살되어지고 유아 스스로 성장할 수 있는 기회도 상실된다고 하였다.

(2) 유아는 흡수정신이 있어 스스로 자신을 교육

교육이란 것이 다른 사람의 압력에 의해 이루어지는 것이 아니라 유아 스스로 자신을 교육하는 것이라고 생각하였다. 특히 유아기에는 모든 것을 흡수할 수 있는 것이 유아 내부에 자리잡고 있어 충분히 사물과 환경을 받아들일 수 있다고 한다.

(3) 민감기에 최적의 발달에 필요한 경험을 제공

유아 개개인마다 민감기가 조금씩 다르긴 하지만 민감기가 있어 어느 특정한 능력이나 기술을 아주 쉽게 습득할 수 있다는 것이다. 민감기에는 다른 시기보다 학습능력이 뛰어나고 집중력도 높기 때문에 흡수정신이 더욱도 높아지게 된다.

(4) 준비된 환경을 강조

유아가 자신이 하고 싶은 활동을 마음껏 선택하여 활동할 수 있도록 교사와 부모는 준비된 물리적 환경을 구비해 놓아야 하고 심리적 안정을 느낄 수 있도록 배려해 주어야 한다.

(5) 시행착오를 중요시

실수를 통해 스스로 잘못된 것을 알게 되고 스스로 고쳐 나갈 수 있도록 한다. 실수를 인정하고 실수를 통해 성공할 수 있도록 돕는다. 계속적인 실수와 반복을 통해 유아는 자신의 잘못을 인정하고 더 이상 되풀이하지 않게 된다. 결국 시행착오를 통해 유아는 자동교육이 이루어진다고 볼 수 있다.

(6) 감각교육을 강조

시각, 청각, 후각, 미각, 촉각 등 감각의 기능을 활용할 수 있도록 하여 감각기능을 발달시킬 수 있도록 한다. 감각적 경험은 곧 학습으로 이어진다.

(7) 일상생활의 훈련과 기본적 생활습관을 강조

몬테소리 교구를 통해 일상생활에 필요한 훈련을 쌓을 수 있도록 하였다. 그리고 이런 모든 활동은 감각을 통한 것이고 옷 입는 과정, 구두닦기, 손씻기, 탁자닦기, 예의범절 등 기본생활 습관을 기를 것을 강조하였다.

(8) 유아가 학습의 주체가 되고 교사는 안내자의 역할을 강조

모든 학습은 유아가 주체가 되고 교사는 소극적인 역할을 한다. 교사는 안내자, 환경제공자, 관찰자, 조력자로서의 역할을 한다.

8) 게젤(A. Gesell, 1880-1961)의 성숙이론

게젤은 인간 행동의 방향을 결정짓는 유전적 요소의 중요한 기제를 '성숙'이라고 표현했으며 성숙은 계획되어 있는 대로 진행되며 이는 내재적 요인에 의해서만 통제되어지는 것이라고 하였다. 그는 외적인 자극이나 환경은 인간의 성숙을 위해서는 별 효용가치가 없다고 여겼으며, 보다 과학적이고 객관적인 연구를 위해 '표준행동목록(normative data)'을 만들어 제시하였다. 표준행동목록은 종단적 자료수집을 통한 연구결과로 유아의 발달영역과 연령별 발달 기준이 제시되어져 있다. 여기에는 물론 각 개인에 따라 약간씩 개인차를 보이기는 하나 일반적 준거가 된다고 한다(Weber, 1984).

표준행동목록은 당시 정상적인 보통 유아의 발달준거를 제시한 것이고 교사나 아동연구를 하는 학자들에게 좋은 근거를 제시하였다. 또한 게젤은 때가 되면 자연스럽게 성숙한다고 보았다. 따라서 부모와 교사는 서두르지 말고 기다리라고 충고했다. 연령이 증가하고 성숙이 진행되어짐에 따라 또 다른 성숙을 위해 적당한 시기와 적당한 경험이 필요할 때가 있으니 그 때까지 준비하고 기다리는 것이 필요하다고 강조하였다.

유아가 준비되어 있지 않는 상황에서는 아무리 외적 자극과 환경을 주어도 성숙하는 데는 도움이 되지 않는다. 결국 그는 인간 발달에 있어 환경적 요인보다 유전적 요인을 강조하였으며 인간 내적인 힘이 저절로 외부로 나올 수 있도록 기다릴 것을 강조하였다.

게젤의 이론을 정리하면 다음과 같다(Cleverly & Phillips, 1988).

① 발달은 유전적 성숙에 의해서 이루어진다.
② 외적 환경을 자극하기보다는 유아 내부의 성숙이 이루어지기를 기다려야 한다.
③ 교사와 부모는 유아를 잘 관찰하여 반응하여야 한다.
④ 인간의 예정된 발달을 주장하였다.

9) 에릭슨(E. Erikson, 1902-1994)의 심리사회적 발달이론

에릭슨은 프로이드의 이론을 한 단계 심화시킨 사람이며 보다 더 포괄적이고 광범위한 시각으로 인성발달을 연구하였다. 그는 인생 전반에 걸쳐 어떻게 자아가 발달되는지 알아보았고 사회문화적 환경에 따라 인간의 발달단계를 8단계로 나누어 제시하였다.

그는 각 단계마다 심리적 위기가 있고 이 위기를 극복하고자 하는 가운데 자아정체감이 형성된다고 하였다. 연령이 증가함에 따라 충족시켜야 할 과업이 있으며 그렇지 못했을 때 심리적 위기에 직면하게 되는데 우리는 이를 극복하기 위해 노력해야 한다고 주장한다(Cleverly & Phillips, 1988).

다음은 에릭슨의 심리사회적 8단계이다(Erikson, 1963; Erikson, 1982; Weber, 1984).

(1) 기본적 신뢰감 대 불신감 (출생-1세)

이 시기는 프로이드의 구강기에 해당하는 시기로 어머니와의 애착을 가장 중요하게 생각하는 단계이다. 생의 가장 초기에 관계를 맺는 양육자와의 관계는 나중에 성격형성에 중요한 영향을 미치게 되기 때문에 양육자와의 신뢰적 애착관계가 형성되어야 한다. 이 때 양육자의 일관성 있는 태도가 중요하다. 일관성 있는 태도는 유아가 양육자에 대한 신뢰감을 쌓게 하지만 반대로 일관성 없는 태도로 양육한다면 신뢰감 대신 양육자에 대한 불신감을 가지게 된다.

(2) 자율성 대 수치 · 회의 (1-3세)

프로이드의 항문기에 해당하는 시기로 배변훈련이 주가 되는 시기이다. 배변훈련은 자기를 통제하고 조절하는 매우 중요한 발달과업 중 하나이다. 배변훈련을 할 때 너무 엄격한 통제 하에서 이루어진다면 유아는 자율성 대신 수치심과 회의감을 느끼게 될 것이다.

(3) 주도성 대 죄책감 (3-6세)

이 시기는 프로이드의 남근기에 해당하는 시기로, 이 때 유아는 무엇이든지 자기 혼자 스스로 하려고 하고 자신이 목표를 세운 것을 반드시 이루려고 애를 쓴다. 목표를 향해 나아가려는 주도성이 생기지 않는다면 유아는 죄책감을 느끼게 된다.

(4) 근면성 대 열등감 (6-12세)

이 시기는 프로이드의 잠복기에 해당된다. 또래와의 관계형성을 더욱더 많이 하는 시기로 또래관계를 매우 중요하게 생각한다. 이 시기는 특히 자신이 좋아하는 분야와 활동에 관심을 갖게 되는데, 그 때 근면성이 생긴다. 만약 친구나 다른 사람들로부터 자신의 일을 인정받지 못하게 되면 근면성 대신 열등감을 느끼게 된다.

(5) 자아정체감 대 정체성 혼란 (12-20세)

이 시기는 청소년, 청년기에 해당하는 시기이다. 자신에 대한 정체성을 고민하는 시기로 만약 부정적 자아감 등 긍정적 정체성이 형성되지 않으면 정체적 혼란에 빠진다.

(6) 친밀성 대 고립감 (20-40세)

성인 전기로 이 시기에는 사회 여러 사람들과의 대인관계를 통해 자신의 위치를 확인하게 되고 자신의 능력과 소질을 발휘하게 되고 타인들로부터 인정받기도 한다. 타인과의 관계에서 친밀성이 형성되지 않으면 고립감을 맛보게 된다.

(7) 생산성 대 침체성 (40-65세)

성인 후기로 중년기에 해당된다. 이 시기는 직장생활에서 자신의 능력을 발휘하고 가정생활에서도 자신이 생산해 낼 수 있는 능력을 모두 발휘하게 된다. 하지만 생산성이 없다면 침체감에 빠지게 될 것이다.

(8) 통정성 대 절망감 (65세 이상)

이 시기는 노년기로 자신의 삶을 되돌아보고 삶이 만족스럽다고 느끼면 통정성이 생기게 된다. 하지만 후회만 남은 인생을 살았다고 생각되면 통정성 대신 절망감에 빠지게 된다.

에릭슨의 이론을 정리하면 다음과 같다(Erikson, 1982; Weber, 1984).

① 인성은 사회문화적 영향을 받는다고 강조하였다.
② 인간의 발달은 연령이 증가함에 따라 수행해야 할 과업이 있다고 강조하

였다.

③ 프로이드보다 포괄적이고 광범위한 시각으로 인간의 발달을 연구하였다.

10) 보울비(J. Bowlby, 1907-)의 애착이론

보울비는 영국 런던에서 태어났으며, 아동정신분석학의 이론을 연구하였다(Crain, 1980). 그는 양육자와 유아 간의 생후 첫 해의 애착(attachment)형성이 매우 중요함을 시사하고 미소짓고, 웃고, 매달리고, 양육자를 따라다니고 하는 행동은 본능적인 애착행동이라고 하였다(Bowlby, 1989). 애착행동은 선천적인 것이며 모든 종에 관계없이 애착형성을 한다고 하였다(Crain, 1980).

보울비는 애착발달 단계를 다음의 4단계로 나누었다(Bowlby, 1989; Santrock, 2003).

(1) 1단계(출생-2개월)

이 시기는 본능적으로 인간에게 초점을 맞추며 이 시기의 영아는 모든 사람들에게 비슷한 반응을 보인다. 보울비에 의하면 이 시기의 영아는 특히 사람의 목소리와 사람의 얼굴을 좋아하며 사람을 바라보며 미소짓거나 웃거나 하면서 사회적 미소를 보이며 애착을 형성한다고 한다.

(2) 2단계(2-7개월)

이 시기의 유아는 자신을 돌봐 주는 양육자에게 초점을 맞춘다. 낯익은 사람과 그렇지 않은 사람을 구분할 줄 알게 되고 낯익은 사람에게 미소를 짓거나 웃거나 한다. 이 시기의 유아에게 적절한 반응을 해 주면 유아는 그 반응에 강한 애착을 느낀다.

(3) 3단계(7-24개월)

이 시기의 유아는 애착을 느끼고 있는 사람에 대해 인지하고 애착대상이 어딘가로 떠나가 버리면 울음으로써 관심을 보인다. 애착대상과 적극적으로 접촉을 시도한다.

(4) 4단계(24개월 이후)

이 시기의 유아는 애착대상에 대한 이해를 하기 시작하며 동반자 행동을 보인다. 즉 애착대상의 계획을 미리 알고 애착대상이 어딘가 가려해도 예전처럼 울거나 떼쓰지 않고 기다릴 줄 안다. 애착이 형성되면 유아는 양육자와 믿음과 신뢰가 쌓이게 되고 더불어 정서적 안정감도 느낀다.

보울비의 이론을 정리하면 다음과 같다(Crain, 1980; Santrock, 2003).

① 인간은 태어날 때부터 애착행동을 한다.

② 양육자와 애착이 형성되지 않으면 정서적 불안감과 함께 문제행동을 유발시킨다.

③ 애착이 형성되지 않으면 애정결핍이 생겨 타인과 사랑하는 관계를 지속시키지 못한다.

④ 애착형성을 위해 양육자는 유아가 웃을 때 함께 웃어 주고, 미소지을 때 미소짓는 등 반응에 민감해야 한다.

⑤ 애착형성은 믿음과 신뢰감을 형성시켜 준다.

2. 행동주의에 기초한 사상과 이론

1) 로크(J. Locke, 1632-1704)의 백지설

로크는 경험을 강조한 경험론자로 잘 알려져 있으며 백지설을 주장하였다. 즉 그는 인간의 선천적인 능력보다는 후천적인 경험이나 환경을 어떻게 해 주느냐에 따라 인간이 다른 모습으로 변화할 수 있음을 알게 해 주었고 더불어 경험의 중요성을 강조하기도 하였다.

그는 『교육론』에서 "건전한 정신에 건전한 육체가 있다."라는 말을 하였으며, 정신과 육체의 조화와 균형을 강조하였다. 정신의 건강함과 더불어 육체적 건강교육의 중요성을 강조한 그는 유아의 영양공급에 대해서도 관심을 기울였다(Locke, 1963).

또한 바람직하고 좋은 일상생활습관을 형성하기 위해서도 건전한 정신과 건강한 육체가 조화를 이루어야 한다고 하였으며 부모의 권위를 인정하고 부모를 존경하는 마음을 가져야 한다고 하였다.

로크의 교육사상을 정리하면 다음과 같다(Kohlberg, 1981; Locke, 1963).

(1) 백지설을 강조

인간의 정신세계는 태어나면서는 아무것도 없는 백지상태이지만 태어나면서 갖게 되는 여러 가지 경험과 활동은 인간의 가치관과 지식과 관념 등 다양한 이성적 능력을 발휘할 수 있는 원천이 된다.

(2) 후천적 교육을 강조

선천적으로 타고난 능력보다는 후천적인 교육과 학습을 더욱더 강조하였다. 외부의 환경이나 자극으로 인해 얼마든지 인간의 능력이 달라질 수 있음을 강조하였다.

(3) 유아기 교육의 중요성을 강조

어린 시절의 경험은 평생을 좌우할 만큼 중요하다는 것을 인식하고 경험이 바로 인간형성의 중요한 요소가 된다는 것을 강조하였다.

(4) 정신과 육체의 조화와 균형을 강조

건강한 정신에 건강한 육체라는 말이 있듯이 심신의 조화로운 균형을 유지해야 함을 강조하였다. 특히 유아기에는 다양한 경험과 활동을 위해서 균형잡힌 건강이 있어야 한다고 주장하였다.

(5) 일상적인 기본생활습관을 중요시

어떤 습관을 갖고 있느냐 하는 문제는 인간의 삶을 결정짓는 중요한 요소가 된다. 따라서 어렸을 때부터 바람직한 기본생활습관을 형성하도록 노력해야 한다.

(6) 풍부한 경험과 환경을 강조

유아기의 풍부하고 다양한 환경을 제공해 줌으로써 갖게 되는 다양한 활동과 경험은 인간형성의 기본이 된다.

(7) 체벌을 반대

체벌을 통한 교육은 유아로 하여금 정신적인 압력을 가하게 하므로 정신적인 힘과 근면성을 상실할 우려가 있다고 하였다.

(8) 적절한 부모의 훈육과 칭찬 방법을 모색해야 한다고 강조

체벌을 통한 훈육보다는 부모는 유아의 행동에 대해 적절한 칭찬 방법을 고민하고 모색해야 한다고 강조하였다.

(9) 부모와 자녀간의 신뢰를 중요시

부모와 자녀간의 신뢰와 믿음을 쌓기 위해서는 적절한 대화를 통한 길이 바람직하다고 한다.

(10) 도덕교육을 강조

지적인 교육보다는 도덕적 교육이 먼저 우선시되어야 한다고 강조하였다. 도덕교육은 인위적인 교육을 하는 것보다 일상생활 속에서 자연스럽게 이루어질 수 있도록 해야 한다고 한다.

(11) 가장 유아스러운, 자연스런 교육을 강조

자연을 닮은 교육, 이것은 가장 유아스러운 교육이라고 강조하였다.

2) 오웬(R. Owen, 1771-1855)의 성격형성학원

코메니우스, 로크, 페스탈로치의 영향을 받은 오웬은 영국 웨일스(Wales)의 뉴타운에서 태어났다. 그는 성격형성학원(New Institute of the Formation Character)을 설립하고 방직공장의 자녀들을 위한 교육을 시작하였으며, 자선교육기관의 성격인 유아학교(infant school)를 설립하여 유아교육에 주력하였다. 유아학교에서는 유아의 흥미와 호기심, 관심과 욕구를 존중해 주었으며 교사와 유아간의 언어적 상호작용을 중요하게 생각하였다. 또한 코메니우스의 영향을 받은 그는 실물교육을 중요하게 여겼다.

그는 『새로운 세계(The New Word)』에서 인간의 인격은 본래 타고난 형질이나 체질과 함께 외부환경에 영향을 받아 형성된다고 하였으며, 외부 환경은 인간이 죽을 때까지 영향력을 행사하여 개인의 성격을 형성한다고 강조하였다. 결국 그는 인간의 성격을 결정짓는 중요한 요소는 환경, 즉 경제적, 사회적, 교육적 환경이라고 보았다. 따라서 그는 인간의 바람직한 성격형성을 위해 출생에서부터 계획적으로 교육을 시켜야 한다고 강조하였다. 그가 강조한 유아학교의 목적은 올바른 성격형성과 범죄, 빈곤이 없는 이상사회 건설에 노력하는 것이라고 한다(김영우, 1987).

일반적으로 노동자 계급을 위한 유아학교는 탁아와 교육이 결합된 형태이다. 유아학교의 대상은 6세 이하의 유아로 유아의 바람직한 습관을 길러 주고 유아의 심신을 보호하는 것에 주력하였다. 또한 유아 스스로 자발적인 참여를 강조하는 유아 자신에 의한 교육, 사랑과 행복을 강조하고 직관적 교수, 생산과 노동이 결합된 교육을 강조하였다. 그리고 체벌을 금지하였다.

오웬의 교육사상을 정리하면 다음과 같다(Gallahue, 1996).

① 환경에 의해 인간의 성격이 형성된다고 보았으며 환경을 중요하게 생각했다.

올바른 성격형성을 위해 출생부터 조직적으로 계획하여 훈련하고 교육받아야 한다고 강조하였다.

② 무지와 빈곤을 벗어나기 위해 교육을 강조하고 노동과 교육을 결합하여 사회 재건에 노력하였다.

③ 유아를 보호하고 바람직한 습관을 형성하는 것이 목적이었다.

④ 유아의 자발적 참여를 강조하였으며 유아의 흥미와 호기심을 중요하게 여겼다.

⑤ 체벌, 욕설, 위협, 강요를 금지하였다.

⑥ 생산 노동과 교육을 결합하였다.

⑦ 종교교육에 반대하고 동 · 식물을 관찰하고 유희를 강조하였다.

⑧ 혼합연령 반으로 구성하였으며 교사와 유아간의 밝고 긍정적인 언어적 상호작용을 강조하였다.

⑨ 실물교육을 강조하고 직관을 중요시 여겼다.

⑩ 자연과 자연물을 강조하고 교실 안의 환경구성도 자연물로 구성하도록 한다.

3) 파블로프(I. P. Pavlov, 1849-1936)의 고전적 조건형성이론

파블로프는 우연한 기회에 개의 타액분비 실험을 통해 고전적 조건형성이라는 이론을 제시하였다. 어느 날 실험실에 있는 개를 관찰한 결과, 개가 음식을 보면 타액을 분비한다는 것을 알았다. 그러나 실제로 먹이를 주지 않았음에도 불구하고 음식 주는 사람의 걸음걸이 소리만 듣고도 입 안에 있는 타액이 분비된다는 것을 발견하였다. 이를 계기로 그는 종이라고 하는 자극이 전혀 없는 중성자극을 연결시켰다. 즉 개에게 먹이를 주면서 종소리를 들려주었다. 여기서 먹이(음식)는 무조건 자극이고 음식을 보고 타액을 분비하는 것은 음식에 대한 무조건 반응이다. 이 사이에 종소리라는 중성자극을 첨가시킨 것이다.

그랬더니 개는 나중에 음식을 주지 않아도 종소리만 듣고도 타액을 분비하였다. 즉 개는 종소리와 음식을 연합하여 종소리라는 중성자극만 있어도 곧 음식이 나올 거라는 것을 예측하고 타액을 분비했던 것이다.

결과적으로 이 실험은 개라는 동물을 이용하였지만 이를 계기로 인간도 동물과 마찬가지로 반응을 일으키는 자극에 전혀 관계없는 중성적 자극을 연합시켜 학습을 시키면 실제 반응을 유도하는 자극이 없어도 중성적 자극만 가지고 얼마든지 반응을 이끌어 낼 수 있다는 것을 보여 주었다(Gulick & Urwick, 1973; Hohmann & Weikart, 1995).

파블로프의 이론을 정리하면 다음과 같다(Crain 1980).

① 고전적 조건형성에 의해 인간의 정서반응이 학습된다.
② 무의식적인 인간의 행동에 관심을 갖게 한다.
즉 고전적 조건형성은 인간을 무의식적으로 행동하게 한다(임상도, 2002).
③ 인간의 행동을 이해하는 데 도움이 된다.

4) 손다이크(E. L. Thorndike, 1874-1949)의 시행착오이론

미국의 매사추세츠 주에서 태어난 손다이크는 실험절차 및 통계분석 등에 능력을 보였으며, 동물실험을 통해 학습의 법칙(law of learning)을 만들었다(Weber, 1984). 그는 동물실험을 통해 얻은 결과를 인간에게 적용하려고 했으며 미국 교육심리학의 창시자로서 그의 업적을 평가받았다(한국유아교육학회 편, 1996).

그는 동물실험을 통해 문제를 해결하기 위해서 끊임없는 반복적 행동이 유발됨을 알게 되었고, 특히 문제를 성공적으로 해결한 반응에 대해서는 학습한다는 것도 알게 되었다. 그는 이런 실험을 통해 문제를 성공적으로 해결하기 위해서 동물은 여러 가지 반응을 하게 되는데, 이런 학습을 '시행착오학습(trial-and-error learning)'이라고 하였다.

그리고 그는 문제를 성공적으로 해결하기 위해 만족한 결과를 얻었다면 그 반응에 대해서는 학습이 되고, 그렇지 않은 결과에 대해서는 학습이 되지 않았다는 것도 알게 되었다. 손다이크는 이를 '효과의 법칙(law of effect)'이라고 하였으며, 학습은 시행착오를 통한 효과의 법칙에 의해 영향을 받는다고 강조하였다(Weber, 1984).

손다이크의 이론을 정리하면 다음과 같다(Crain, 1980; Weber, 1984).

① 인간의 학습은 시행착오를 통한 효과의 법칙에 의해 이루어진다.

② 인간의 감각과 사고는 자극과 반응이 자주 반복될수록 자극과 반응 간의 결합은 더욱더 지속되고 강화되어진다.

즉 정신훈련에 의해 학습이 일어나기보다는 자극들과의 연합들로 구성된다고 보았다.

③ 모든 학습은 과학화가 이루어져야 한다고 강조한다.

즉 결과는 객관적이고 실증적인 자료 수집을 통해 가능하다.

④ 유치원교육의 결과를 평가하기 위해 성취능력을 측정하는 도구를 개발하였다.

⑤ 교사는 과학적 훈련이 필요해야 함을 역설하고, 유아의 지적 성장과 발달을 위해 교사는 측정도구를 개발하고 활용할 줄 알아야 한다고 강조하였다.

⑥ 유치원에서는 유아의 능력에 대한 정확한 평가를 해야 한다. 그러기 위해 교사는 정확한 측정을 해야 한다고 주장하였다.

⑦ 유아의 신체적 건강을 중요시하였으며 신체적 건강이 유아의 지적, 도덕적, 사회적 생활의 기본 바탕이 된다고 하였다.

그는 신체활동과 실내의 활동과의 균형 유지도 중요하다고 보았다.

⑧ 유아의 바른 습관을 위해 교사는 구체적인 습관을 가르치고 이에 대한 결과를 측정해야 한다고 강조한다.

5) 왓슨(J. B. Watson, 1878-1958)의 행동주의

미국 캘리포니아에서 태어난 왓슨은 관찰 가능한 행동을 연구해야 한다고 주장하였다. 왓슨은 환경을 매우 중요하게 생각하였으며 심리학의 대상은 내성(introspection)이 아닌 행동이어야 한다고 강조하였다. 인간의 행동은 자극과 반응의 형태로 되어 있으며 인간의 모든 행동은 조건화로 설명되어진다고 하였다

(Weber, 1984; Osborn, 1975). 왓슨의 행동주의 이론은 스키너에게 영향을 주었다.

왓슨의 이론을 정리하면 다음과 같다(Crain, 1980; Osborn, 1975).

① 인간의 행동을 자극과 반응 관계로 설명하였다.
② 심리학의 과학화를 주장하였으며, 관찰 가능한 행동을 연구해야 함을 강조하였다.
③ 공포실험을 통해 정서도 조건형성으로 학습된다고 주장하였다.
④ 부모는 자녀를 교육함에 있어 철저한 계획과 함께 엄격해야 한다고 주장한다.
⑤ 유아를 대할 때 성인처럼 대우하라고 강조하였다.
즉 지나친 신체접촉과 입맞춤보다는 어른처럼 악수를 하라고 충고하기도 하였다.

6) 스키너(B. F. Skinner, 1904-1990)의 조작적 조건형성이론

스키너는 환경이 인간의 행동을 통제하는데 결정적 역할을 한다고 보았으며, 유기체는 자극에 의해 반응을 하게 되고 반응 후에 보상이나 벌에 의해 행동은 강화된다고 하였다. 그는 비둘기를 통한 실험을 통해 조작적 조건형성이론을 제시하였다. 스키너는 자신의 이름을 '스키너상자'라 하는 장치를 설치하였다. 스키너 상자 안에는 지렛대를 설치하였고 이것을 비둘기가 누르게 되면 자동적으로 먹이가 하나씩 나오도록 장치하였다. 비둘기는 상자 안을 이리저리 돌아다니다가 우연한 기회에 지렛대를 누르게 되고, 이 때 자동장치되었던 곳에서 먹이가 나오도록 했다. 먹이는 여기서 지렛대를 누르게 될 때 생기는 보상이었다.

신기하게도 시간이 지남에 따라 비둘기는 지렛대를 누르는 횟수가 계속 증가되었고, 따라서 먹이를 보상받게 되었다. 즉 비둘기가 지렛대를 누르는 행동을 조작적 행동이라고 하고 먹이는 강화이며, 강화를 받기 위해 비둘기는 지렛대를 누르는 횟수가 점차 증가한다.

행동에 영향을 미치는 강화(reinforcement)에는 정적 강화(positive reinforcement)와 부적 강화(negative reinforcement)가 있다. 정적이라는 것은 어떤 반응 후에 보상을 주거나 칭찬, 미소, 안아 주기 등 긍정적인 강화를 주는 것이다. 긍정적 강화를 주면 행동의 횟수가 증가됨을 볼 수 있다. 이에 비해 부적 강화는 행동의 증가를 위해 부정적인 영향을 미쳤던 것을 제거시켜 주는 것을 말한다. 이는 벌(punishment)과는 다른 의미로 사용된다(Crain, 1980; Weber, 1984).

스키너의 이론을 정리하면 다음과 같다(Crain, 1980; Weber, 1984).

① 인간은 환경이라는 자극을 주면 반응을 한다.
② 강화의 개념을 정리하였다.
③ 강화의 방법으로 인간행동을 바람직한 쪽으로 유도할 수 있다.
④ 행동수정기법의 원리로서 작용하였다.
⑤ 벌의 장기적 효과는 없다.

7) 반드라(A. Bandura, 1925-)의 사회학습이론

반드라는 관찰과 모방을 통해 무의식적으로 학습해 간다라는 이론을 내세웠다. 직접적인 학습보다는 우리는 타인의 행동을 보고 관찰함으로써 자기도 모르게 그 행동을 따라 한다는 것이다. 그의 이론은 형식적인 제도적 틀 안에서 이루어지기보다는 우리가 살아가는 일상적인 삶 속에서 대부분 이루어지는 것이기 때문에 '사회학습이론(social learning theory)'이라고 말한다. 반드라의 관찰학습(observation learning)에 의하면 유아는 자신의 주변에 있는 사람들의 행동을 관찰하면서 모방학습한다고 한다. 긍정적인 강화가 따르는 행동을 관찰한 후에는 더욱더 모방학습이 빠르게 된다는 것이다(Weber, 1984).

다음은 반드라의 관찰학습의 과정을 단계별로 정리하였다(Johnson, 1999; Weber, 1984).

(1) 주의집중(attention) 단계

관찰과 모방학습이 일어나는 처음 단계로 모델이 되는 타인의 행동에 주의를 기울이고 관심을 집중하는 단계이다.

(2) 보유(retention) 단계

모델의 행동의 주의 깊게 관찰한 후 관찰한 것을 기억하고 보유하는 단계를 말한다. 이때 모델의 행동을 보유하기 위해 나름대로 상징체계를 활용한다. 그래야 다음 단계에서 재생을 할 수 있기 때문에 행동의 특징을 잘 관리하고 기억해 두는 것이다.

(3) 운동재생(moter reproducation) 단계

모델의 행동을 기억하고 보유했다가 유사한 맥락이나 새로운 환경에서 새롭게 기억한 내용을 재생시키는 단계이다. 즉 관찰한 모델의 행동 특징을 기억해 두었다가 실제로 모방행동을 하는 것을 말한다.

(4) 동기화(motivation) 단계

관찰한 행동을 실제로 행동으로 옮길 때 긍정적 강화를 받게 된다면 그 행동은 계속 증가될 것이다. 즉 정적 강화를 받음으로써 관찰된 행동이 지속적으로 유지되어진다. 혹은 벌을 받게 된다면 스스로 평가하여 관찰했던 행동을 하지 않게 되기도 한다. 즉 내적 동기에 따라 행동의 지속력이 좌우된다고 볼 수 있다.

반드라의 이론을 정리하면 다음과 같다(Stone, 1993).

① 무의식적 학습, 모방학습을 강조하였다.
② 환경과 인간행동의 중요성을 일깨워 주었다.
③ 부모 및 교사의 올바른 모델링을 강조하였다.

3. 상호작용주의에 기초한 사상과 이론

1) 듀이(J. Dewey, 1859-1952)의 진보주의

듀이는 시카고 대학에서 유아를 위한 실험학교를 운영하면서 자신의 교육철학을 현장에서 실천하였다. 그의 교육사상은 실용주의를 표방하고 있으며 경험을 강조한 교육을 중요시하였다. 실제로 유용하고 활용 가능한 지식을 강조하였고 진리는 생활 속에서 존재하는 것으로 생각하였다. 따라서 절대적이고 관념적이고 추상적이고 상징적인 것을 비판하고 인간의 경험, 인간의 자발성, 자율성 등을 중요시하였다. 그는 흥미중심, 경험중심, 개성중심의 생활중심교육을 지향하였다.

특히 그는 경험을 통한 학습이 이루어져야 한다고 하였다. 경험은 일생 동안 끊임없이 하는 것으로, 경험을 통한 교육은 결국 멈추지 않고 계속 발달된다는 것이다. 그는 '교육이란 끊임없는 경험의 재구성 과정'이라고 보았다(Kohlberg, 1981).

듀이의 사상을 정리하면 다음과 같다(Kohlberg, 1981; Weber, 1984).

(1) 일상의 경험을 강조

생활중심, 일상의 경험을 중요하게 생각하였다. 관념적이고 영원불변의 진리에 관심을 갖기보다는 실제로 활용 가능한 지식을 선호하였으며 교육은 경험 속에서 이루어지는 것이라고 강조하였다.

(2) 유아의 사회적 활동을 강조

인간과의 관계, 가정을 중심으로 사회를 중심으로 한 사회적 활동 참여를 강조하고 있다. 사회화를 통한 개인의 성장과 발달, 타인과의 관계 형성의 중요성, 학급의 민주적 분위기 등을 강조하였다.

(3) 탐구의 과정을 중요시

결과보다는 과정을 강조하였다. 즉 결론에 도달되기까지의 과정에 초점을 두고 방법적인 면을 더욱더 강조하였다.

(4) 끊임없는 변화, 경험의 재구성을 강조

교육이라고 하는 것은 정지된 상태가 아닌 계속적으로 성장하고 발달되어지는 것으로 보았으며 끊임없이 변화되어 가고 재조직, 재구성되는 것이라고 주장하였다.

(5) 흥미에 기초한 활동중심 교육과정을 운영

흥미중심, 유아중심의 교육과정을 통해 유아가 자발적인 참여를 할 수 있도록 한다. 자발적 참여는 능동적이고 적극적인 학습자로 만들 수 있다.

(6) 경험, 놀이를 통해 문제를 해결

일상생활 속에서의 경험은 곧 놀이로 이끌어지고 놀이를 통해 유아는 일상적인 문제가 일어나면 해결할 수 있는 능력으로 발전된다.

(7) 질문과 발견의 기회를 갖도록

지적인 호기심을 자극하여 질문하고 스스로 발견할 수 있는 기회를 제공할 수 있어야 한다고 강조하였다. 이런 기회를 마련하기 위해서는 민주적인 분위기를 창출하도록 한다.

(8) 자기 자신의 경험을 평가하는 기회를 갖도록

자신의 경험을 객관적으로 바라볼 수 있는 눈을 키운다는 것은 곧 자기 성장을 하는 지름길이기도 하다.

(9) 상호작용을 강조

인간과 인간과의 상호작용, 인간과 환경과의 상호작용, 인간과 교재 · 교구와의 상호작용을 통해 성장할 수 있도록 하였다. 상호작용이란 일방적인 관계가 아닌 상호협조 관계이다.

2) 피아제(J. Piaget, 1896-1980)의 인지발달이론

피아제는 인간의 지식구조 체계에 대해 관심을 갖고 연구를 하였다. 특히 유아는 성인에 비해 독특한 지식체계를 가지고 있음을 알게 되었다. 피아제는 개인이 가지고 있는 지식의 틀인 '도식(schema)'이라는 개념을 설명하고 있으며, 도식은 지식의 기본적 단위라고 하였다. 인간의 정신적 구조라고 말하는 도식은 환경과의 상호작용하면서 형성되고 습득된다고 보았다.

새로운 지식이나 정보는 개인이 가지고 있는 도식의 체계 안에 들어가는데 이때 새로운 정보 간에 불균형이 일어나면 조절하는 과정이 생기고, 정보나 지식이 이미 가지고 있는 도식 안에 맞추려고 하는 것은 동화라고 말하며 동화(assimilation)와 조절(accommodation)의 관계를 거치면서 지식의 평형화 상태에 이른다고 하였다. 이런 평형화(equilibration)는 인지적으로 평형상태가 되는 것이다. 다시 말해 동화란 새로운 정보나 지식 등을 이미 자신이 가지고 있는 도식 안에 맞추려고 하는 것이고, 조절이란 것은 기존에 가지고 있는 지식체계와 새로운 정보와 지식 간에 갈등이 생겨 기존의 지식체계가 새로운 지식과 정보에 맞추려고 조정하고 조절하는 것을 말한다(Johnson, 1992; Johnson & Christie, 2001).

다음은 인지발달이론 4단계를 정리한 것이다(John & Christie & Yawkey, 1999; Morrison, 1976).

(1) 감각운동기(sensorimotor stage): 출생-2세

감각운동기는 출생에서부터 2세에 이르는 시기로 주로 잡기, 빨기 등 반사적 행동이 주로 나타난다. 그리고 새로운 경험을 하게 되면 그 경험을 계속해서 하려고 하는 반복적 경향이 강하고 새로운 행동을 시도해 보려는 경향도 강하다. 이 시기에는 '대상영속성 개념'이 획득되게 되는데 이는 눈에 직접 보이지 않아도 대상, 즉 물체가 어디에 있는지 알고 있는 개념이다.

(2) 전조작기(preoperation stage): 2-7세

전조작기는 주로 2세에서 7세 사이로 유치원아들에게 해당된다. 이 시기에는 유아만의 독특한 사고 특징이 있다. 언어라고 하는 상징체계를 사용하여 사물을 표상하는 능력이 생기고, 자신의 입장에서 모든 것을 생각하고 파악하려고 하는 자기중심성이 강한 시기이다.

그리고 물활론적 사고체계를 가지고 있고, 직관적 사고를 하며 언어가 두드러지게 발달된다. 이 시기어는 보존개념이나 가역성의 개념 등이 획득되지 않아서 같은 양의 물을 보고도 서로 다른 컵에 옮겨 놓았을 때 서로 양이 같음을 인정하지 못한다.

(3) 구체적 조작기(ccncrete operational stage): 7-12세

이 시기는 주로 초등학교에 해당되는 시기로 전조작기에 획득되지 못했던 수나 양의 보존개념이나 가역성의 개념이 발달된다. 또한 논리적 사고력이 발달되고 수학적이고 유목화하는 능력도 생긴다.

(4) 형식적 조작기(formal operational stage): 12세 이후

형식적 조작기에는 추상적 사고력이 발달되고 보다 세련되게 논리적 사고를 하며 연역적 추리나 귀납적 추리를 자유자재로 할 수 있게 된다.

피아제의 이론을 정리하면 다음과 같다(Johnson & Christie, 2001).

① 유아는 끊임없이 환경과 상호작용을 한다고 강조하였다.
② 유아의 도식체계는 동화와 조절과정을 겪어 평형화에 이른다.
③ 유아의 인지발달을 위해 풍부한 환경을 제공해 주어야 한다.
④ 유아는 적극적인 학습자로서 환경과 상호작용해야 한다고 강조하였다.

3) 비고츠키(L. S. Vygotsky, 1896-1934)의 사회문화적 이론

비고츠키는 사회적 맥락 속에서 인간의 지적인 구조를 이해하려고 하였다. 그는 사회문화적 환경의 중요성을 강조하였고 유아의 인지발달을 위해서는 부모, 교사 그리고 유아보다 유능한 또래관계의 적극적 개입이 중요하다고 보았다. 따라서 성인과 유아와의 언어적, 사회적 상호작용을 중요시하였으며 개인의 인지발달은 사회문화적 환경 안에서 형성되고 발달된다고 보았다.

그의 이론 중 중요한 개념을 살펴보도록 한다(Crain, 1980; Katz, 1994; Katz & Chard, 1996).

(1) 근접발달영역(Zone of proximal Development)

근접발달영역이란 유아 스스로 문제를 해결할 수 있는 능력인 실제적 발달수준과 유아 혼자서는 할 수 없던 것도 부모나 교사 그리고 유능한 또래들의 도움을 얻어 문제해결을 할 수 있는 잠재적 발달수준과의 차이를 말한다.

(2) 비계 설정(Scaffolding)

비계라는 말은 발판을 세우는 것이라고 말할 수 있다. 즉 건물을 세우거나 수리할 때 발판을 잘 세우는 것이라고 표현할 수 있다. 즉 유아가 새로운 지식이나 정보를 통해 자신의 인지구조를 형성해 나가고 지식체계를 구축해 나가는 일은 건물을 짓고 세우는 일이라고 비유될 수 있다. 이 때 그 발판을 잘 마련해야 튼튼하고 멋진 건물이 될 수 있다. 따라서 유아가 자신의 지식체계를 구성해 나갈 수 있도록 주변의 사회적, 문화적 환경을 충분히 조성해 주고 구비해 놓아야 한다는 것이다.

(3) 언어(language)

비고츠키에 의하면 사고에 비해 언어를 먼저 사용함으로써 사고가 발달된다고 하였다. 즉 개인이 속한 사회문화적 환경 속에서 상징체계인 언어를 사용함으로써 사고도 발달된다고 보았다. 즉 언어는 인간의 사고과정을 구성하고 형성하는데 있어 필수적인 역할을 한다고 보았다.

비고츠키의 이론을 정리하면 다음과 같다(Johnson & Christie, 2001).

① 인지발달을 위해 사회문화적 환경을 중요하게 생각하였다.
② 부모와 유능한 또래 등의 적극적 도움이 필요하다고 강조하였다.
③ 언어를 중요하게 생각하였고, 언어적 상호작용을 강조하였다.
④ 풍부한 환경, 적극적인 안내자로서의 교사역할을 강조하였다.

4) 콜버그(L. Kohlberg, 1927-1987)의 도덕성 발달이론

콜버그는 피아제의 인지발달 이론과 도덕성발달 이론에 영향을 받았으며, 도덕성을 중심으로 연구를 했다. 그에 따르면 도덕성의 판단기준은 인지발달과 함께 발달된다고 하였다(Kohlberg, 1981).

다음은 콜버그의 도덕성 발달이론에 대한 것이다(Kohlberg, 1981).

(1) 제 1수준: 전인습적 단계(preconventional level)

① 1단계: 처벌과 복종 지향

벌을 피하기 위해 규칙을 지켜야 한다고 생각하는 단계이다. 행동의 결과에 의해, 즉 처벌을 받는 행동은 나쁜 행동이라고 판단한다. 외부적이고 물리적 요인에 의해 도덕적 기준을 세운다.

② 2단계: 욕구충족 지향(도구적 상대주의)

이 단계에서는 자신의 욕구를 충족시키고 만족을 얻게 되면 그 행동이 올바르다고 생각한다. 즉 자신의 욕구를 만족시키느냐 그렇지 않느냐에 따라 도덕성 판단기준이 달라진다.

(2) 제 2수준: 인습적 단계(conventional level)

③ 3단계: 착한 소년과 소녀 지향

이 단계에서는 물리적이고 외부적인 요인보다는 타인에게 인정을 받은 행동은 옳다고 보는 입장이다. 따라서 교사나 부모에게 칭찬받으면 그 행동이 도덕적으로 바르다고 인정한다. 즉 집단의 판단으로 도덕적 가치기준을 생각한다.

④ 4단계: 법과 질서 지향

사회질서를 위한 법과 질서 그리고 규칙에 대해서 책임과 의무를 반드시 지켜야 한다고 생각하고 그 행동이 도덕적으로 옳다고 판단하는 단계이다. 사회적으로 공인되는 법이나 질서를 따르는 행동은 올바르다고 판단한다. 즉 법과 질서의 유지에 가치기준을 둔다.

(3) 제 3수준: 후인습적 단계(postconventional level)

⑤ 5단계: 사회적 계약과 합법적 지향

이 단계에서는 개인의 권리와 가치를 존중하고 다수가 인정하는 법을 따르고 지키는 행동은 옳다고 생각한다. 사회계약이나 개인의 합법적 권리에 도덕적 판단기준을 둔다. 따라서 사회적 계약이지만 개인의 자유와 권리를 침해하는 법은 얼마든지 바꿀 수 있다고 생각한다.

⑥ 6단계: 보편적 양심원리

이 단계에서는 인간의 존엄성과 가치를 높이 생각하는 단계로 도덕적 가치기준은 개인의 양심원리에 따라야 한다고 생각한다. 결국 도덕적 판단기준은 개인의 내면화된 양심적 원리에 따르게 된다. 즉 행동의 결과만이 아닌 행동의 원인과 동기를 고려하여 윤리적 기준과 일치하는 양심의 원리에 기초하여 옳고 그르다고 판단한다. 하지만 마지막 단계는 일반인이 이르기에는 매우 힘든 과정이라고 한다.

콜버그의 이론을 정리하면 다음과 같다(Gilligan, 1977; Peters, 1981).

① 도덕적 판단기준도 인지발달과 마찬가지로 단계를 거쳐 발달한다고 주장한다.

② 도덕적 개념을 도덕적 판단으로 보았으며, 도덕이란 한 개인의 내면화된 사회적 행위라고 강조하였다.

③ 남아를 대상으로 도덕성 발달이론을 설정하였으며, 남성의 가치를 높게 평가하였다.

④ 도덕성 발달이론은 단계적으로 발달되며. 단계를 건너 뛰어 발달되지는 않는다.

⑤ 도덕교육의 주제는 일상생활과 밀접한 경험을 토대로 잡아야 한다.

5) 브론펜브레너(U. Bronfenbrenner, 1917~)의 생태학적 이론

브론펜브레너는 환경 안에서 인간의 성장과 발달을 이해해야 한다고 강조한다. 따라서 '맥락 속의 발달(development-in-context)' 혹은 '발달의 생태학(ecology of development)'을 강조하였다. 그는 인간에게 직접 · 간접적으로 연결되어 있는 모든 환경적 상황을 고려하여 인간을 이해해야 한다고 한다. 즉 생태학적 이론은 인간 유기체가 경험하고 있는 가족, 또래관계, 지역사회, 문화 등 환경을 체계적으로 구조화하고 이들 환경체계와 개인간의 관계를 이해하는 것이 무엇보다 중요하다고 본다(Baumrind, 1978).

그는 인간이 속한 생태계의 체계를 미시체계, 중간체계, 외체계, 거시체계, 시간체계 등 5가지로 나누어 설명하고 있다(Bronfenbrenner, 1979).

(1) 미시체계(microsystem)

미시체계는 유아에게 가장 밀접하게 접근해 있는 환경체계이다. 예를 들면 가정, 유아교육기관 및 보육기관, 이웃 등의 환경이 이에 속한다. 가정에서의 환경에 따라 유아의 발달이 얼마든지 달라질 수 있으며, 유아교육기관에서의 환경적 상호작용에 의해서도 인간발달은 얼마든지 달라질 수 있다. 또한 또래들의 관계에서도 유아의 발달을 이해할 수 있다.

(2) 중간체계(mesosystem)

중간체계는 미시체계 안에 있는 환경과의 상호관계를 나타내는 것으로 이해하면 된다. 즉 인간의 발달은 전체적인 맥락에서 이해되어지고 상호연관성이 있기 때문에 환경체계를 따로 분리하여 이해할 수 없다. 따라서 중간체계는 유아가 성장하면서 참여하게 되는 미시체계들과의 상호작용 관계를 의미한다. 예를 들어 유아교육기관에서의 부모참여나 상담, 가정 내의 지원 등 다양한 활동에 의해서 인간의 발달은 영향을 받는다.

(3) 외체계(exsosystem)

외체계는 유아가 직접적으로 참여하는 환경은 아니지만 어느 정도 유아의 발달에 영향을 미치는 환경 체계이다. 예를 들어 부모의 직업상태, 직장 내의 동료와의 관계형성, 재정적 여건, 지역 내의 복지 및 건강센터 활용 등 이런 환경적 영향이 유아의 발달에 영향을 미칠 수 있다는 것이다.

(4) 거시체계(macrosystem)

거시체계는 사회의 질서, 규칙, 법, 문화, 습관, 가치관 등을 포함하는 환경체계를 말한다. 유아를 둘러싼 환경은 끊임없이 변화되고 있다. 따라서 유아를 둘러싼 환경 내에서의 다양한 가치관과 문화적 양상, 이념 등은 유아의 발달에 끊임없이 영향을 미친다.

(5) 시간체계(chronosystem)

시간체계는 어느 한 시점을 의미하는 것이 아니라 사회문화적 환경을 의미한다. 즉 시대의 흐름에 따라 사회적 가치나 태도 등이 많이 변화되어지고 있다. 그런 변화도 인간의 발달에 영향을 미친다.

브론펜브레너의 이론을 정리하면 다음과 같다(Bronfenbrenner, 1979).

① 인간을 둘러싼 환경은 행동을 이끌어 내는 실제 환경을 지배한다.
② 유아의 발달적 특성을 이해하기 위해서는 환경적 맥락을 고려해야 한다.
③ 인간의 발달을 위해서는 환경과의 끊임없는 상호작용이 있어야 한다.
④ 가정, 또래, 유아교육기관, 지역사회와 같은 체계화된 환경적 상황에서의 인간의 학습과 발달을 강조하였다.

6) 가드너(H. Gardner, 1943~)의 다중지능이론

가드너는 인간지능의 다양성에 대해 우리의 인식 자체를 변화시켜 주었다. 이는 인간 능력의 무한한 잠재가능성을 인정하는 것이고 인간 개개인의 개성과 능력을 보다 새롭게 인정하는 것이었다. 따라서 다양한 지능에 알맞게 다양한 교수방법도 함께 개발하여 교육하면 인간의 잠재력을 훨씬 끌어낼 수 있으며 자신의 기존 역량보다 보다 많은 능력과 소질을 계발할 수 있음을 시사해 주었다(Gardner, 1993; Gardner, 2003).

그의 지능에 대한 새로운 시각과 방법은 특히 개인차를 존중하고 개성을 존중하며 그들의 욕구와 흥미 분야에 보다 더 깊은 관심을 갖게 하는 교육방법이 필요함을 알려주었고 다양한 잠재능력을 계발하여 자신의 능력을 펼쳐 나갈 것을 시사해 주었다(Hoerr, 2000).

다음은 그가 제시한 8가지 지능을 정리하였다(Gardner, 1993; Gardner, 1999;

Gardner, 2003; Hoerr, 2000).

(1) 언어적 지능

언어적 지능은 여러 가지 언어적 기능이 민감하여 언어적 표현능력이 뛰어난 것을 말한다. 문장 표현력, 언어 구사력, 이야기 구성 능력 등 언어적 능력이 뛰어나 말을 잘하고 유머가 있으며 달변가, 작가, 변호사, 교사, 언론인 등이 언어적 지능이 높다고 말할 수 있다.

(2) 논리-수학적 지능

논리적이고 수학적 지능이 높은 사람은 과학적이고 체계적인 방법으로 문제를 해결하려는 경향이 강하고 원인관계, 유추관계 등 수리적이고 연역적, 귀납적 사고과정을 즐긴다. 논리-수학적 지능이 뛰어난 사람은 주로 과학자, 수학자, 통계사, 회계사 등 다른 사람들보다 수학적이고 논리적인 해석과 문제해결 능력을 갖고 있다.

(3) 음악 지능

소리의 민감성, 음률의 민감성, 악기를 다루는 솜씨 등 감수성이 예민하고 음악적 재능이 뛰어난 사람들이 음악 지능이 높다. 주로 음악가, 작곡가, 지휘자, 성악가, 악기 연주가 등이 이에 속한다.

(4) 공간 지능

공간적 감각이 뛰어난 사람들은 공간에 대한 지각력이 민감하기 때문에 장소나 위치에 있어 다른 사람들에 비해 뛰어난 능력을 가지고 있다. 공간에 대한 활용도 뛰어나고 시각적 능력도 뛰어나다. 공간 지능이 뛰어난 사람들은 한 번 간 길도 잘 찾고, 등산할 때, 길을 잃어버렸을 때에도 위치와 공간을 잘 파악하여 길을 잘 찾는다. 주로 건축가, 조각가, 산악인, 미술가 등이 공간지능이 뛰어나다.

(5) 신체 · 운동 지능

자신의 신체를 자유자재로 활용하거나 신체를 통해 여러 가지 아름다움이나 완벽한 동작을 보여주는 능력이 뛰어난 사람들이 이에 속한다. 예를 들면 운동선수, 무용가 등이 이에 속한다.

(6) 개인내적 지능

개인내적 지능은 내성지능이라고 하는데 자신의 내적인 심리적 상태를 잘 파악하고 내적 통찰력이 타인에 비해 뛰어나다. 따라서 자신에 대한 이해와 성찰이 있으며 자아존중감이 높고 자기이해력이 뛰어나다. 주로 철학자, 종교인, 예술가들이 이에 속한다고 볼 수 있다.

(7) 대인관계 지능

대인관계 지능은 인간과의 원만한 관계에 있어 탁월한 능력을 발휘하는 사람들이 이에 속한다. 일종의 사회적 지능으로 타인의 입장을 잘 고려하고 이해하며 분위기를 잘 맞춘다. 또한 인간과의 갈등이 있을 때에 원만하게 갈등을 조정하고 해결하는 능력이 있으며 친구들이 많고 친구들에게 인기가 많다. 여기에는 정치인, 사업가, 종교인 등 다양한 분야에서 인간관계에서 능력을 발휘하는 사람들이 이에 속한다.

(8) 자연탐구 지능

자연탐구 지능은 동 · 식물에 관심이 많고 자연을 관찰하고 탐색하고 연구하기를 좋아하는 사람들에게 많이 있다. 이들은 자연의 풍부한 환경을 즐기며 동 · 식물 채집을 좋아하고 자연현상에 대한 관심을 갖고 연구를 한다. 주로 식물 채집가, 사육가, 동물 연구가, 자연탐험가 등이 자연탐구 지능이 높다고 볼 수 있다.

가드너의 이론을 정리하면 다음과 같다(Gardner, 1999; Gardner, 2003; Hoerr, 2000).

① 인간의 무한한 잠재적 능력을 강조하였다.
② 인간 지능의 다양성을 강조하였다.
③ 개성의 차이, 개별화를 강조하였다.
④ 지능의 다양성에 알맞은 다양한 교수-학습법을 강조하였다.
⑤ 다양한 지능의 상호연관성을 강조하였다.

제3장

영유아 프로그램의 종류

1. 몬테소리 프로그램
2. 뱅크 스트리트 프로그램
3. 카미-드브리스 프로그램
4. 디스타 프로그램
5. 하이/스코프 프로그램
6. 프로젝트 접근법
7. 발도르프 프로그램
8. 레지오 에밀리아 접근법
9. 다중지능이론에 기초한 프로그램
10. 자연친화 프로그램
11. 반편견 · 다문화 프로그램
12. 장애아통합 프로그램

현재 유아교육 현장에서 활용되고 있는 영유아 프로그램은 매우 다양하다. 수많은 프로그램은 저마다 철학적, 심리학적, 사회적인 기초 토대 위에서 형성되어졌으며 각 프로그램이 추구하고 있는 교육목표, 하루일과표, 교사의 역할, 환경구성 등 저마다 독특한 특성이 있다.

영유아교육 프로그램이란 교육목표, 교사의 역할, 하루일과 시간 운영, 교재·교구 및 시설과 설비, 환경 구성 등 특정 프로그램이 지향하고 있는 명확하고 분명한 특색을 가지고 있는 프로그램을 의미한다고 설명한다(Gray, Ramsey & Klaus, 1982).

본 장에서는 현장에서 많이 활용되어지고 있는 프로그램을 소개하고자 한다. 각 프로그램들의 이론적 배경과 교육목표, 교육내용, 교수-학습방법, 교사의 역할, 환경구성 등에 대해 살펴보고자 한다. 본 장에서 소개하고 있는 프로그램들은 유아교육개론에서 다루고 있는 일부 내용을 발췌함을 미리 밝힌다(이은경, 2008).

1. 몬테소리 프로그램

1) 이론적 배경

몬테소리 프로그램은 이탈리아의 몬테소리(Maria Montesorri) 이론에 기초를 둔 프로그램이다. 그녀는 프랑스의 의사이며 정신지체아 교육의 선구자였던 이타르(Itard)와 세강(Sehuin)의 영향을 받아 정신지체아 교육을 하기 시작했으며 장애아를 대상으로 한 교육방법을 만들었다. 또한 그녀는 코메니우스, 로크, 루소, 프뢰벨, 페스탈로치 등의 영향을 받기도 하였다.

따라서 유아는 내부적인 힘이 있고 타고날 때부터 부여받은 능력이 있어 작업을 스스로 계획하고 과제를 해결하려고 한다는 것이다. 몬테소리는 감각적 경험을 매우 중요시 여겼으며 유아는 감각적 경험을 통해 스스로 사물의 이치를 깨달아

가고 스스로 배우게 된다고 하였다. 그리고 그녀는 자연주의 교육, 유아 중심적 사고, 개별화를 인정하고 개인차를 존중하며 유아의 자발적이고 능동적인 참여를 강조하였다. 그녀는 교육사상가들의 영향뿐 아니라 인류학과 의학적, 생리학적인 영향을 토대로 그녀의 이론을 정립시켜 나갔으며 몬테소리 교재 · 교구를 제작하기도 하였다. 그녀의 교육철학과 몬테소리 프로그램 그리고 교재 · 교구는 세계적으로 널리 퍼지게 되었으며 현장에서 많이 활용되어지고 있다.

몬테소리 여사가 본 유아의 특성을 정리하면 다음과 같다(Lillard, 1972).

① 유아는 놀라운 집중력을 가지고 있다.
② 유아는 반복을 즐긴다.
③ 유아는 질서를 좋아한다.
④ 유아는 선택의 자유를 원한다.
⑤ 유아는 단순히 노는 것보다 작업하는 것을 더 좋아한다.
⑥ 유아는 상과 벌을 원하지 않는다.
⑦ 유아는 침묵을 좋아한다.
⑧ 유아는 단 것을 거절할 줄도 안다.
⑨ 유아는 인간의 존엄성에 대한 감각을 지니고 있다.
⑩ 유아는 쓰기의 집중시기가 있다.
⑪ 유아는 스스로 읽기를 하려고 한다.
⑫ 유아는 자발적으로 자기 내적 훈련을 한다.

몬테소리 프로그램을 만든 그녀가 품고 있는 유아관을 살펴보면 다음과 같다(Gottstein, 1984).

① 유아는 끊임없이 자신을 창조해 낼 수 있는 무한한 잠재적 가능성을 가지고 있다.

② 유아는 사물과 환경에 대해 적극적으로 탐색하고 그것을 통해 지적 성장을 이룬다.

③ 유아는 독립적인 존재로 그들의 인격을 존중해 주어야 한다.

④ 유아는 개별적인 존재로 개성을 인정하고 개별화교육을 하여야 한다.

⑤ 유아는 내적 에너지가 선천적으로 존재하기 때문에 스스로 환경을 탐색하며, 적극적인 학습자가 될 수 있다.

⑥ 유아는 창조적 본능을 타고 났으며 환경을 통해 내적 정신세계를 구축해 나간다.

몬테소리 프로그램의 기본개념과 특징을 살펴보면 다음과 같다(Gettman, 1987; Lillard, 1972).

(1) 유아의 민감기(sensitive period)

유아기는 다른 시기보다 감수성이 예민해서 어떤 특성행동에 대한 이해와 기술에 있어 훨씬 잘 받아들이는데 이 시기를 '민감기(sensitive period)'라 표현하였다.

민감기는 6세 이전에 나타나는 시기이므로 그 시기에 유아는 능동적으로 환경과 상호작용을 하여 탐색한다고 한다. 특히 이 시기는 어떤 과제에 대해 관심이 높아지게 된다. 따라서 유아의 흥미와 호기심이 있는 주변의 현상이나 과제에 대해서는 상당한 집중력을 발휘하게 된다. 때문에 유아가 민감하게 반응할 수 있도록 매력적이고 풍부한 환경을 마련해 주는 일이 필요하다. 유아는 환경과의 상호작용을 통해 자신의 정신세계를 구성해 나가고 환경에 적응해 나가는 방법을 터득하게 된다.

유아에 따라 민감기는 시기가 조금씩 다르기도 하고 각기 다른 양상을 나타내기도 한다. 하지만 각 민감기에 나타나는 양상은 점차 통합적으로 발달한다. 연령에 따라 민감기는 다양하게 나타나는데 흡수정신 민감기, 언어 민감기, 근육발달 민감기, 작업 민감기, 질서 민감기, 감각 민감기, 촉각 민감기, 쓰기 민감기, 냄새 민감기, 작은 사물 민감기, 맛 민감기, 읽기 민감기, 예의 민감기, 운동 민감기 등으로 나타난다(Lillard, 1997).

① 흡수정신 민감기(absorbent mind)

출생에서 시작하여 5세 반 혹은 6세까지 지속된다. 이 시기의 유아는 시각, 청각, 후각, 미각, 촉각을 통해 환경과 사물의 모든 인상, 즉 이미지를 받아들인다.

② 언어 민감기(language)

생후 4개월부터 5세 반까지 지속된다. 2세 반부터 5세까지는 특히 자발적인 언어발달이 이루어지게 되며 단어만 사용하는 것이 아니라 문장을 표현하기도 한다. 언어적 민감기 시기에는 듣고 말하는 것을 장려하고 정확한 발음과 올바른 문장을 이용하여 유아와 언어적 상호작용하는 것이 필요하다. 그리고 그림책이나 동화를 많이 들려주고 말을 많이 시켜보는 것도 중요하다.

③ 근육발달 민감기(muscular)

2세 반 혹은 3세부터 6세 사이에 지속적으로 나타난다. 이 시기의 유아는 근육을 이용하여 무엇인가 잡고 만지고 조작하는 활동을 하려고 한다. 그리고 다양한 신체활동을 통해 기본적 운동능력을 기르게 된다.

④ 작업 민감기(work)

2세 혹은 2세 반에서부터 6세까지 지속적으로 나타난다. 이 시기의 유아는 자신이 스스로 신체를 조절하여 움직이려고 한다. 그것을 통해 작업을 한다. 작업을 통해 소근육이 발달할 뿐 아니라 인지능력도 발달된다.

⑤ 질서 민감기(order)

출생에서 시작하여 6세까지 지속된다. 특히 6개월에서 2세 사이에 질서 민감기는 가장 발달하게 된다. 일상생활을 통해 유아는 생활의 질서를 이해하게 된다. 질서에는 내적 질서와 외적 질서가 있다. 내적 질서는 공간 및 위치의 관점에서 자신의 신체 일부를 인지하는 것이다. 외적 질서는 환경과 자신과의 연관성을 이해하게 되고 사물과 공간의 관계에 대해서 깨닫게 되는 것이다. 따라서 이 시기의 유아는 준비된 환경을 통해 스스로 작업한 후 작업한 교재 · 교구를 제자리에 정리 정돈하게 된다. 결국 준비된 환경을 통해 유아는 자신의 내적 질서체계를 이해하게 되어 내적 발달을 이루게 된다.

⑥ 감각 민감기(sensibility)

출생에서 6세까지 지속된다. 이 시기의 유아는 감각을 활용하여 사물을 인지한다. 시각, 청각, 후각, 미각, 촉각 등 다섯 가지 감각을 충분히 활용하여 사물과 환경을 탐색할 수 있도록 도와주는 것이 필요하다.

⑦ 촉각 민감기(tactile sense)

3세 반에서 5세 반까지 지속된다. 이 시기의 유아는 촉각, 즉 피부의 감촉을 통해 사물을 인지하는데 민감하다. 따라서 많이 만지도록 하고 느낌을 자유롭게 말할 수 있도록 기회를 주는 것이 필요하다.

⑧ 쓰기 민감기(writing)

3세 반에서 4세반 사이에 쓰기 민감기가 있는데, 이 시기의 유아는 쓰는 것에 집중적인 관심을 보인다. 일반적으로 읽기보다 쓰기가 더 먼저 발달한다.

⑨ 냄새 민감기(smell sense)

3세부터 6세까지 지속된다. 후각을 이용하여 다양한 냄새를 맡아 보려고 하는데 이때 풍부하고 다양한 환경을 준비해 주는 것이 필요하다.

⑩ 작은 사물 민감기(small objects)

2세부터 6세까지 지속된다. 이 시기의 유아는 큰 사물보다는 작은 사물에 더욱 더 민감한데 작은 사물에 대해 호기심과 흥미를 갖고 집중하게 된다. 다양한 작은 사물을 준비해 주는 것이 필요하다.

⑪ 맛 민감기(taste sense)

3세부터 6세까지 지속된다. 미각을 통해 다양한 맛의 느낌을 알 수 있도록 한다. 그러기 위해서는 풍부한 미각적 환경을 준비해 두는 것이 필요하다. 일상생활 속에서 여러 가지 맛을 볼 수 있도록 해 준다.

⑫ 읽기 민감기(reading)

주로 4세 반에서 5세 사이에 나타난다. 이 시기의 유아는 글자에 대한 의미를 이해하게 되고 글자와 말과의 관계에 대해 이해하기 시작한다. 따라서 유아의 흥미와 관심에 알맞은 그림책을 읽어 주도록 한다.

⑬ 예의 민감기(courtesy)

출생하면서부터 6세까지 지속적으로 나타난다. 특히 2세 반에서 4세 사이에 더욱더 민감하게 발달한다. 따라서 예의를 갖추어 말하고 행동하는 성인의 모습이 더욱더 필요하다. 왜냐하면 유아는 성인의 행동을 모방하고 그것을 좋아하기 때문이다. 성인의 바람직한 모델링이 필요하다.

⑭ 운동 민감기(movement)

출생 전부터 운동 민감기는 있으나 일반적으로 2세 반에서 4세 사이에 강하게 발달되고 6세까지 지속적으로 나타난다. 자신의 신체를 원활히 조절하고 사용할 수 있도록 다양한 신체적 움직임을 하는 것이 필요하다.

(2) 유아의 흡수정신(absorbent mind)

유아의 내부에 잠재되어 있는 흡수정신은 마치 스폰지 같아 환경을 모두 받아들이고 수용한다. 흡수정신은 유아에게만 존재한다고 생각하고 유아는 무의식적으로 환경을 빨아들이는 능력이 있다. 즉 무의식적 기억으로서 흡수활동을 한다고 한다. 따라서 유아가 일상생활에서 경험한 모든 것들이 유아의 사고 일부를 형성한다고 말해도 과언이 아니다. 몬테소리에 따르면 유아의 흡수정신은 6세까지 지속된다고 한다(Montessori, 1966).

흡수정신은 무의식적으로 흡수하는 단계와 의식적으로 흡수하는 단계가 있다(Gettman, 1987).

① 1단계(0-3세) 무의식적 단계

이 시기의 유아는 모든 것을 무의식적으로 받아들이고 흡수한다. 유아 자신의 의지에 의해서가 아닌 의지와 관계없이 받아들이게 된다. 시각, 청각, 후각, 미각, 촉각의 오감각을 통해 모든 환경을 흡수하게 된다. 무의식적 흡수하는 단계이지만 이 시기의 유아는 능동적으로 흡수하게 되는 현상이 보이는데, 모방이나 손끝으로 무언가를 잡으려고 하는 행동 등이 나타나게 된다. 이런 능동적인 흡수를 통해 유아는 자신의 내적 정신을 발달시켜 나간다.

② 2단계(3-6세) 의식적 단계

초기에 무의식적으로 받아들인 의식을 이 시기에는 보다 적극적으로 흡수하게 되며 흡수한 인상들을 통합시키게 된다. 자신이 계획적으로 환경과 상호작용하려고 하며 유아 자신이 흥미 있고 관심 있는 것에는 더욱더 흡수하고 받아들이려고 하는 의지가 강하게 되며 더욱더 정교해지고 세련되어진다.

(3) 유아의 자동교육(auto education)

환경이 준비되어 있으면 유아는 환경을 스스로 탐색하고 활동하면서 스스로 배우게 된다. 즉 풍부하고 다양한 환경이 준비되어 있으면 유아는 자발적이고 능동적으로 환경과 상호작용을 하여 학습이 가능하다는 것이다. 이때 유아는 자신의 실수나 오류를 발견하고 인정하며 스스로 고쳐 나가게 된다.

(4) 유아의 정상화(normalization)

정상화라 함은 유아가 어떤 활동을 할 때 흥미를 느껴 집중적으로 활동을 계속하여 즐겁고 만족한 상태가 되며, 만족한 상태로 인해 스스로 자신감을 갖고 내적 훈련을 할 수 있는 상태를 말한다. 정상화를 이루기 위해서는 준비된 환경을 먼저 마련하는 것이 중요하다. 유아는 준비된 환경 안에서 스스로 활동을 선택하여 집중함으로써 성취감과 행복을 느끼기 때문이다.

(5) 준비된 환경을 강조

교사는 몬테소리 교구를 중심으로 환경을 철저하게 준비시켜 주어야 한다. 준비된 환경은 유아의 호기심을 불러일으켜 활동을 할 수 있는 동기를 발생하게 한다. 준비된 환경 속에서 유아는 스스로 자신에게 맞는 교구를 선택하여 상호작용하게 된다. 준비된 환경 안에서 유아는 몬테소리 교육목적인 '정상화'에 도달되게 되는 것이다.

몬테소리에 의하면 준비된 환경은 비단 물리적 환경뿐 아니라 유아 자신, 또래, 부모, 교사 등 다양한 인적 환경, 즉 심리적 환경까지 포함해야 한다고 한다. 잘 준비된 환경이야 말로 유아의 내적 성장을 이룰 수 있는 최적의 구비조건이라고 볼 수 있다(Lillard, 1972).

2) 교육목적

몬테소리 교육의 목적은 '정상화(normalization)'를 이루는 것이다(Lillard, 1972).

정상화는 전인적 인간으로 성장시키는 것으로 지덕체의 조화, 언어, 인지, 정서, 사회성, 신체 등의 발달이 조화를 이루어 균형을 찾아 유아 스스로 행복과 즐거움을 느낄 수 있는 것을 말한다. 정상화는 유아가 관심 있는 것을 스스로 선택하여 흥미를 가지고 작업을 계획하고 작업에 몰두하고 반복해 가면서 기쁨과 행복을 맛보는 것을 의미한다.

결국 유아의 정상화를 위해서 교사는 풍부한 환경, 즉 준비된 환경을 마련하는 것이 중요하다.

정상화가 이루어진 유아의 특성을 살펴보면 다음과 같다(Standing, 1966; Gettman, 1987).

① 환경을 사랑하는 감각을 가지고 있다.

환경을 사랑하는 감각은 환경의 질서를 유지하고 지키는 데 사용된다.

② 스스로 선택한 작업을 수행했을 때 즐거움과 행복을 느낀다.

내적 동기를 가지고 자발적으로 선택한 작업은 유아에게 기쁨과 만족감을 줄 뿐 아니라 자신감과 성취감을 갖게 한다.

③ 자발적이고 능동적인 자세를 보인다.

적극적으로 사물과 환경을 탐색함으로써 내적 질서를 유지한다.

④ 현실에 민감하고 애착을 갖는다.

현실은 가상적인 것이 아니라 현실 세계의 접촉을 통해 구성되는 구체적인 현실세계를 의미한다. 따라서 유아는 현실을 직시하고 민감하게 받아들이며 애정을 갖는다.

⑤ 작업에 집중하며 침묵을 좋아한다.

자발적으로 선택한 작업에 스스로 집중하고 열중한다.

⑥ 자신이 좋아하고 관심 있어 하는 교재·교구를 소유하려고 하는 소유의식이 없다.

이는 인간의 욕구인 소유의식을 승화시킬 수 있다는 것을 의미한다. 즉 자신이 좋아하고 흥미 있어 하는 교재와 교구를 자기 것으로 소유하려고 하는 마음보다는 작업을 통해 기쁨과 만족을 얻는 것에 더 집중하게 된다는 의미이다.

⑦ 단순한 순응이 아닌 자신의 의지가 담긴 순응을 한다.

무조건 어른의 말을 따르는 단순한 순응이 아닌 스스로 의지가 담긴 순응을 의미한다.

⑧ 독립성과 주도성이 있다.

혼자 스스로 하려고 하는 특성이 있고 어떤 목표를 세워 끊임없이 도전하고 성취해 내려고 하는 특성이 있다.

⑨ 자발적인 훈육을 한다.

스스로 자발적인 자기 훈육을 한다.

⑩ 스스로 만족감과 성취감을 느낀다.

성인의 압박이나 의도에 의한 학습이 아닌 유아주도적인 학습이기 때문에 스스로 선택한 활동을 하면서 유아는 스스로 만족감을 느끼고 이룰 수 있다는 자신감 및 성취감을 느낀다.

⑪ 내적 훈련을 발달시킨다.

자발적인 작업을 선택하고 집중함으로써 유아는 기쁨과 만족감 뿐 아니라 우주의 보편적 질서를 이해하게 되고 스스로 자기조절을 할 수 있다.

⑫ 목적 지향적이다.

작업을 통해 자신감과 함께 성취감을 맛본 유아는 수동적이 아닌 능동적인 자세로 무엇인가 도전하고 이루려고 하는 목적지향적인 특성을 갖는다.

3) 교육내용

몬테소리 교육은 유아중심적인 사고로 유아의 흥미를 강조하여 유아가 자발적이고 능동적으로 환경과 상호작용할 수 있도록 준비된 환경을 구성한다. 유아 스스로 교재 · 교구를 선택하고 자신이 선택한 교재 · 교구에 집중, 반복하는 과정을 거쳐 학습하게 된다. 즉 시행착오를 통해 학습을 한다.

몬테소리 교육내용은 크게 다섯 가지로 나눈다. 일생생활 훈련 영역, 감각 훈련 영역, 언어 교육 영역. 수학교육 영역 그리고 문화교육 영역으로 분류할 수 있다 (Torrence & Chattin-McNichols, 2000).

(1) 일상생활 훈련

일상생활 훈련은 가장 기본이 된다. 일상생활 훈련을 통해 유아는 기본적 생활습관을 기르고 독립심과 함께 바른 인성을 기를 수 있다. 따라서 유아가 일상생활에서 경험하는 모든 것들이 바로 일상생활 훈련으로 이어질 수 있도록 한다. 특히 일상생활 훈련을 위해서 교사는 모범적인 행동모델이 될 수 있도록 해야 한다. 이 시기의 유아는 교사의 모든 행동을 흡수하고 모방하려는 욕구가 있기 때문이다.

일상생활 훈련을 위한 교구는 유아가 자신의 생활 습관을 기르고 바른 인성을 기르도록 도와준다. 여기에는 환경과 관련된 활동, 인간과 관련된 활동, 사회적 관계에 관련된 활동, 운동의 조정과 분석에 대한 활동 등으로 구분하여 활동이 전개된다(Gettman, 1987).

① 환경과 관련된 활동

환경을 보호하고 관리하는 활동이다.

예를 들어, '책상 닦기', '껍질 벗기기', '자르기', '먼지 털기', '곡물 따르기', '스펀지 사용하기', '간식 상차리기와 정리하기', '마당 청소하기', '잔디 가꾸기', '동식물 키우기', '물 따르기', '물건 옮기기', '수건 빨기', '금속제품 닦기', '다리미질하기', '도시락 싸기와 풀기', '책꽂이에 책 바르게 꽂기', '꽃꽂이하기', '동식물 키우기', '말기와 펴기', '장갑 끼고 벗기' 등이 있다.

② 인간에 관한 활동

유아 자신을 보호하고 스스로 할 수 있는 활동이다.

예를 들어, '손씻기', '옷 벗고 정리하기', '머리 빗기', '이닦기', '모자 쓰기와 벗기', '신발 신기와 벗기', '양말 신기와 벗기', '장갑 끼고 벗기', '구두 닦기', '코풀기' 등이 있다.

③ 사회적 관계에 관한 활동

사회적 관계에 관한 활동은 또래와의 관계, 협력하고 배려하기, 상황에 적절하게 대처하기 등에 관한 활동이다.

예를 들어, '인사하기', '악수하기', '존중하기', '예의 바르게 행동하기', '친구에게 도움을 구하기', '감사하기', '사과하기', '초대하고 초대받기', '축하하기' 등이 있다.

④ 활동의 조정과 분석

유아가 경험하는 모든 일상생활 연습은 활동의 조정과 분석이라고 말할 수 있다. 여기에는 '선 위를 걷기', '침묵 게임' 등이 있다. 이는 유아의 성장과 발달을 돕기 위함이다.

첫째, '선위를 걷기'는 교실 바닥에 타원의 선을 표시해 놓고 그 선을 중심으로 유아가 선 위를 한 발 한 발 조심스럽게 걷는 활동을 말한다.

처음에는 매우 힘들어하지만 활동의 조정능력이 생기게 되고 증가하게 되면 선을 따라 잘 걸을 수 있게 된다. 이 활동이 익숙해지면 머리에 물건바구니를 얹고 선위를 따라 걷기 등을 해 보기도 한다.

둘째, '침묵 게임'은 침묵이 무엇인지 유아 스스로 느끼게 해 주기 위한 활동이다.

교사는 먼저 유아 전체가 침묵할 수 있도록 유도한다. 그 다음 유아 한 사람씩 이름을 작은 소리로 부른다. 이때 다른 유아들은 친구의 이름을 듣고 다른 어떤 말도 하지 않는다. 전체 유아들의 이름이 모두 다 불려 질 때까지 유아들은 침묵한다. 이 과정이 모두 끝나면 유아들은 저마다 원위치로 돌아가 자신이 선택한 작업 활동을 하게 된다. 이를 통해 유아는 친구들의 이름이 모두 불려 질 때까지 침묵을 지키며 기다릴 줄 아는 자기 조절력을 갖게 되고 누가 지시적으로 가르쳐 주지 않아도 침묵의 의미를 스스로 깨닫게 된다.

(2) 감각 훈련

시각, 촉각, 후각, 청각, 미각 등의 감각기관의 능력을 기르고 감각기관을 활용할 수 있는 내용을 다룬다. 원기둥, 갈색계단, 분홍탑, 촉각판, 후각병, 미각병 등의 교구를 통해 오감각의 기능 발달과 활용을 유도한다.

다시 말해 감각 훈련은 유아들로 하여금 사물을 관찰하고 탐색하고 비교하여 인간의 오감각의 기능을 발달시키고 훈련하기 위한 활동이다. 더불어 온도감, 입체감, 무게감 등 복합적인 감각을 키우고 활용하는 데도 큰 도움이 된다. 그리고 읽기능력이나 사고능력의 기초가 된다.

① 시각 훈련

색깔을 지각하기 위한 활동으로는 '색깔판' 등의 교구가 있다. 그리고 형태를 지각하기 위해서 '기하도형 서랍', '기하도형 카드', '겹쳐지는 기하도형', '피타고라스 계산' 등의 교구가 있다. 그리고 차원 지각을 위해서는 '꼭지 달린 원기둥과 꼭지 없는 원기둥', '분홍탑', '긴 막대', '갈색 계단' 등이 있다.

② 촉각 훈련

근육의 촉각을 구별하는 활동으로는 '거칠고 부드러운 판', '촉각 판 맞추기', '직물 상자' 등의 교구가 있다. 입체감을 위한 교구는 '기하학적 입방체', '비밀주머니'가 있으며, 온도감을 위한 훈련은 '온도병', '온도판' 등의 교구가 있다. 그리고 중량감의 감각을 위해서는 '무게판'이라는 교구도 있다.

③ 청각 훈련

청각 훈련을 위해서는 '소리상자', '종' 등의 교구가 있다. 다양한 소리를 들어보고 소리의 종류를 구분할 수 있으며, 이를 통해 유아는 소리의 다양성을 알게 된다.

④ 미각 훈련

미각 훈련을 위해서는 '맛보기 병'이 있다. 이를 통해 유아는 혀의 느낌이나 맛의 느낌을 구별해 낼 수 있다.

⑤ 후각 훈련

후각 훈련을 위해서는 '냄새 맡기 상자'가 있다. 이 상자를 통해 유아는 후각적 경험을 하게 되고 후각의 민감함을 느낄 수 있다. 유아는 여러 종류의 다양한 냄새를 통해 냄새의 종류를 구별할 수 있다.

(3) 언어교육

언어교육을 위해서는 먼저 감각 훈련이 충분이 이루어져야 한다. 따라서 감각 교구의 활용은 유아의 언어교육, 수학교육, 그리고 문화교육에 직접 혹은 간접적 영향을 줄 수 있다.

언어교육은 유아의 일상생활을 벗어날 수 없다. 유아의 일상생활 속에서 듣고, 말하고, 읽고 · 쓰기의 활동이 이루어져야 한다. 따라서 교사는 사물의 이름을 명확하게 말해 주거나 발음을 정확하게 하거나 문장을 정확하게 구사할 수 있는 능력이 있어야 한다.

몬테소리 프로그램에서의 교사는 유아와 언어적 상호작용이 비교적 적은 편이지만 필요하다면 유아에게 반복적으로 단어를 말해 주거나 이야기를 들려준다. 언어발달을 위해 말잇기, 낱말짝짓기, 질문하기, 이야기나누기, 글자 순서 맞추기, 모래글자놀이 등 다양한 언어활동을 한다.

언어교육의 방법은 다음과 같다(Montessori, 1966; Lillard, 1972).

① 다양한 듣기 활동을 통해 어휘를 풍부하게 한다.

듣는 활동으로 유아는 언어의 개념, 구조 등을 이해하게 된다.

② 듣기와 말하기는 동시에 이루어질 수 있도록 한다.

듣기와 말하기는 각기 독립적인 것이 아닌 통합적으로 이루어지도록 한다.

③ 말소리가 글자로 된다는 것을 이해할 수 있도록 지도한다.

유아는 소리를 상징적으로 표현하는 것이 글이라는 것을 알게 된다. 유아 자신이 원하는 생각과 느낌을 말로 표현하게 한 다음, 그것이 곧 글자가 될 수 있음을 인지하도록 한다.

④ 읽기를 위해서는 가장 작은 요소인 낱말, 구절, 문장의 순으로 확대되어 교육한다.

⑤ 언어교육은 결국 다른 영역과 분리가 아닌 통합하여 이루어져야 한다.

(4) 수학교육

유아의 수학교육을 위해서는 언어교육과 마찬가지로 일상생활을 벗어나 교육할 수 없다. 유아에게 친숙한 일상생활 속에서 수교육이 이루어질 수 있도록 한다. 유아 스스로 수학적 경험을 할 수 있도록 기회를 많이 만들어 주는 것이 좋다. 유아가 좋아하는 장난감 수를 세어 보게 하거나 양과 수와의 연관을 통해 수학적 활동을 직접해 볼 수 있도록 한다.

예를 들어 숫자카드, 숫자판, 수 막대, 구슬 꿰기, 색 구슬, 100의 사슬, 숫자배열하기, 덧셈판, 뺄셈판 등 다양한 수세기 및 수 활용 교구를 통해 수학적이고 논리적인 사고력을 기를 수 있다. 이런 수학적 경험과 활동은 유아의 수학적 사고능력을 기르게 하고 사물과 현상을 논리적으로 생각할 수 있도록 한다.

수학교육의 특징은 다음과 같다(Torrence & Chattin-McNichols, 2000).

① 1세부터 6세 사이에 수학적 경험을 하는 것이 수학적 세계를 형성하는데 도움이 된다.

② 감각적인 식별에서 시작하여 점차 추상적 개념으로 이어지도록 한다.

③ 동적인 수학활동에서 시작하여 정적인 수학활동으로 전개해 나간다.

④ 자율적인 학습 분위기를 조성해 줌으로써 스스로 오류를 인정하고 고쳐 나가도록 한다.

⑤ 주로 십진법을 중심으로 수학교구가 이루어졌다.

⑥ 유아의 개별적 수준에 맞추어 수학교육을 하도록 한다.

(5) 문화교육

유아가 현재 자신이 살아가고 있는 세상을 바르게 이해하고 더불어 역사와 미래까지 이해할 수 있는 능력을 기르기 위한 것이다. 다양한 사람들의 생활모습이나 환경 등을 통해서 여러 사물과 현상 그리고 사람들에 대한 다양성을 이해할 수 있도록 한다. 더불어 세계 여러 나라에 호기심을 갖게 하고 인간은 혼자서가 아닌 함께 더불어 살아가야 하는 존재임을 느끼게 해 준다.

또한 자연의 소중함을 이해하고 감사하는 마음도 갖도록 한다. 이를 위해서는 여러 나라의 국기 및 퍼즐 조각놀이, 습관, 예술 등 활동을 해 본다. 이런 활동을 통해 유아는 보다 더 다른 나라에 대한 관심을 갖게 되고 다양한 문화와 풍습, 예절 등에 대해 흥미를 갖게 된다. 그럼으로써 다양성과 보편성의 개념에 대해서도 차차 이해하게 된다.

4) 교수-학습 방법

몬테소리 프로그램에서의 교수-학습 방법은 유아 스스로 작업을 할 수 있도록 도와주는데 있다. 따라서 유아의 흥미를 위주로 학습이 일어나고 교사는 유아에게 풍부한 준비된 환경을 마련해 주는 것이 중요하다.

다음은 몬테소리 프로그램의 교수-학습 방법에 대해 정리한 것이다(Lillard, 1972; Torrence & Chattin-McNichols, 2000).

(1) 몬테소리 교구를 통한 '자동교육(auto education)'을 강조

유아 스스로 자신의 활동을 선택하고 이 과정에서 자연스럽게 학습한다는 것이다. 즉 유아의 능동적이고 자발적인 학습 참여를 강조한다.

(2) 시행착오를 통한 학습을 강조

자신의 실수와 오류를 스스로 깨닫고 실수를 통해 자신의 활동과 경험을 수정해 나간다. 만약 작업을 하다 잘못했다면 스스로 고치고, 교정해 나가면서 깨달아 가는 과정을 중요하게 생각한다. 결과보다는 과정을 더욱더 중요하게 생각한다.

(3) 유아의 능동적, 적극적 학습을 강조

수동적이기보다는 적극적인 학습자로서의 유아를 강조한다. 따라서 스스로 학습을 선택하고 자신의 능력을 점진적으로 발달시켜 나간다.

(4) 유아-교구(환경)와 상호작용을 강조

유아와 환경과의 상호작용을 통해 학습이 이루어진다고 생각한다. 따라서 교사의 역할을 지나치게 강조하지 않는다. 유아를 수동적인 학습자로 보는 관점에서 탈피하여 능동적인 학습자의 자세를 요구한다. 즉 유아를 하나의 인격체로 보고 스스로 학습할 수 있는 능력이 있다고 믿는다. 단 교사는 유아의 성장과 발달을 돕는 촉매자, 안내자, 도움을 주는 조력자로서의 역할만 강조한다.

(5) 몬테소리 교구를 통한 감각훈련을 강조

감각 훈련을 통해 오감각을 발달시키고 오감각의 기능과 활용은 모든 교육의 근간이 된다고 생각한다. 감각을 통한 직접 경험은 유아의 정신세계를 보다 깊고 넓게 이끌어 준다. 몬테소리 교구는 쌓기, 닫기, 열기, 닦기, 꿰매기 등 다양한 신체적 활동을 할 수 있어 유아의 감각을 발달시킨다.

(6) 교사와 유아와의 상호관계 속에서의 학습

교사와 유아간의 관계는 수직적인 관계가 아니다. 교사는 유아를 하나의 독립적 인격체로 생각하고 유아가 스스로 학습을 이끌어 갈 수 있도록 지원하고 안내하고 도와주는 역할을 하게 된다. 이 때 교사는 유아에게 직접적인 교수를 하기보다는 유아가 자신이 행한 오류를 인정하고 고쳐 나갈 수 있도록 유도하는 역할을 한다. 그 과정에서 유아는 다시 한 번 자신의 작업 활동을 생각해 보게 되고 스스로 오류를 고쳐 나가게 된다.

(7) 유아와 유아간의 상호관계 속에서의 학습

유아와 유아 간의 관계형성은 매우 중요하다. 유아와 교구와의 상호작용을 강조한다고 하지만 또래간의 관계를 통해 유아는 많은 것을 학습한다는 것을 잊어서는 안 된다.

(8) 혼합연령으로 학급을 구성하여 잠재적 능력 및 인지발달을 향상시키고 협동과 배려 등 사회성을 발달

그뿐 아니라 언어발달, 도덕성발달, 신체발달 등 여러 면에서 다양한 기회를 가져 자신의 능력보다 더 큰 능력을 발달시키도록 한다. 이는 발달의 통합과 조화를 이루는 것이다.

몬테소리 프로그램의 교수-학습 방법에서 중요한 구성요소인 몬테소리 교구는 유아의 흥미와 관심을 이끌 수 있도록 고안되어졌으며, 유아로 하여금 매력적으로 보일 수 있도록 구성되어져 있다. 몬테소리 교구는 유아의 내적인 세계를 자유롭게 형성하고 더불어 긍정적 자아형성을 위한 것이다(Torrence & Chattin-McNichols, 2000).

몬테소리 교구의 특징을 살펴보면 다음과 같다(Lillard, 1972).

① 교구는 단순한 것에서부터 복잡한 것으로 전개될 수 있도록 한다.
② 교구는 유아가 앞으로 학습할 것에 대해 미리 준비하는 차원으로 구성되었다.

③ 개념을 이해하기 위해서 교구는 처음에는 구체적인 것을 사용하도록 하고 다음에는 점차 추상적인 것으로 전개될 수 있도록 고안되어졌다.

④ 교구는 유아 스스로 할 수 있도록 고안되어졌다.

몬테소리 프로그램에서의 교수-학습 방법은 결국 몬테소리 교재 · 교구를 이용하여 작업 활동을 통해 이루어진다고 볼 수 있다. 교구를 통한 작업 활동은 유아의 내면적 정신세계를 형성하고 그들의 잠재적 능력을 일깨워 주며 자아형성에 도움을 준다. 교사는 개방적이고 자유로운 분위기를 형성하고 준비된 환경을 마련해 주어 유아가 스스로 배우고 학습하는 자동교육이 될 수 있도록 돕는 것이 중요하다.

5) 환경

몬테소리 프로그램에서는 준비된 환경을 강조한다. 준비된 환경이란 교수-학습에 필요한 교재 · 교구 및 환경적 분위기 등을 말하는 것으로, 유아는 준비된 환경을 탐색하고 관찰하고 작업(work)하면서 그들의 내적 세계를 형성한다. 준비된 환경은 유아가 외부 세계의 인식을 질서화하고 조직화할 수 있도록 도와주고 미래를 예견할 수 있는 감각과 정서적 안정성을 준다고 한다(Karmer, 1988).

따라서 교사는 유아가 스스로 자신의 활동을 선택할 수 있도록 미리 다양하고 풍부한 교구와 환경을 준비하고 마련해 두어야 한다. 또한 실수를 인정하고 실수와 반복을 통해 스스로 자신의 활동과 경험을 교정하고 고쳐 나갈 수 있도록 개방적이고 자유로운 환경을 마련한다.

그리고 어린이집은 유아의 발달을 고려하여 환경구성을 해야 한다고 강조한다. 유아들이 편안하고 정서적으로 안정을 느낄 수 있도록, 즉 가정과 유사한 분위기가 될 수 있도록 분위기를 조성해야 한다. 또한 깨끗하고 견고하며 소방시설이 잘 갖추어져 있어야 한다.

몬테소리 프로그램에서의 환경은 다음을 강조하고 있다(Gettman, 1987).

① 건물외관은 교육기관이라는 느낌보다는 일반 가정집 같은 온화한 느낌이 들어야 한다.

② 건물모양은 육각형이나 팔각형으로 작은 안마당이 가운데 있는 것이 좋다.

③ 위험한 것과는 반드시 떨어져 있어야 한다.

④ 소방시설이 있어야 하고 깨끗하고 견고하여야 한다.

⑤ 외부 및 내부의 모든 시설은 유아의 발달을 고려하여야 한다.

⑥ 외부 색은 지나치게 화려한 것은 피하고 밝고 세련된 것이면 좋다.

⑦ 내부 환경은 안락하고 편안한 분위기여야 한다.

⑧ 정리 정돈이 잘 되어 있으며 모든 교재 · 교구는 유아에게 매력적이어야 한다.

⑨ 교실에는 교재 · 교구, 교재 · 교구장, 개인보관용 사물함 등이 갖추어져야 한다.

⑩ 실내 · 외 모든 시설은 유아의 크기에 맞는 것이어야 한다.

예를 들어, 의자는 유아가 앉았을 때 발이 바닥에 닿아야 하고, 책상은 팔꿈치가 움직일 수 있도록 하고, 테이블 매트는 펠트로 만든 것이어야 하고 이는 선반에 놓을 수 있도록 한다. 또한 바닥 매트는 매트꽂이에 꽂아 정리할 수 있도록 준비한다.

⑪ 전신거울, 얼굴 높이의 거울, 신발을 볼 수 있는 거울 등을 준비하여 유아가 스스로 자기수정할 수 있도록 환경을 설정한다.

⑫ 유아의 눈높이에 모든 사물을 배치한다.

⑬ 실외는 자연이 가깝게 자리잡을 수 있도록 한다.

뜰이나 정원 그 밖의 사육장, 연못이 있으면 좋다.

⑭ 실외 놀이시설은 유아의 발달을 고려하여 안전하고 견고한 것을 마련한다.

⑮ 놀이시설은 유아의 일상생활과 밀접한 것, 그리고 유아의 자연스런 발달을 유도할 수 있도록 마련한다.

6) 교사의 역할

일반적으로 몬테소리 프로그램에서의 교사의 역할은 유아를 잘 관찰하여 유아가 호기심 있어 하고 흥미 있어 하는 환경을 잘 제공해 주고, 편안한 분위기를 조성해 주는 역할을 해야 한다. 이는 유아의 전인적 성장과 발달을 위해 반드시 필요하다. 주의해야 할 점은 지나친 개입은 허용하지 않는다. 즉 교사는 관찰자, 보호자, 감독자, 안내자, 촉진자, 환경제공자로서의 역할을 해야 한다.

다음은 교사의 역할을 정리한 것이다(Gettman, 1987; Lillard, 1972).

① 준비된 환경을 마련한다.
② 유아의 실수를 인정하고 스스로 교정할 수 있도록 도와준다.
③ 유아의 학습에 직접적 개입이 아닌 안내자, 조력자, 보호자, 감독자의 역할을 한다.
④ 유아의 자동교육을 위해 내적 동기를 유발할 수 있도록 한다.
⑤ 유아의 발달수준을 파악하여 유아수준에 맞는 작업을 제시, 안내하도록 한다.
⑥ 유아를 독립된 인격체로 존중한다.
⑦ 유아를 믿고 신뢰하는 마음을 갖는다.
⑧ 유아에게 스스로 선택할 수 있는 기회를 준다.
⑨ 유아와 교구(환경)와의 상호작용이 자연스럽게 이루어질 수 있도록 도와주는 촉진자의 역할을 한다.
⑩ 교구에 대한 정확한 지식이 있어야 한다.
⑪ 교사는 유아가 매일 스스로 교재·교구를 선택해서 작업하는 것을 놓치지 말고 관찰한다.
⑫ 유아가 편안하고 안락하게 작업을 할 수 있는지 환경을 점검한다.
⑬ 유아가 다른 유아로 인해 작업이 방해받지 않도록 교실 내 질서를 유지하도

록 돕는다.

⑭ 유아의 작업이 제대로 이루어질 수 있도록 안내하고 돕는다.

⑮ 교구를 활용하는 방법 등을 정확하게 시범 보여 준다.

살펴보았듯 몬테소리 교사는 준비된 환경을 마련해 주고 유아의 학습과 발달을 이룰 수 있도록 도와주어 유아의 잠재능력을 최대한 발현할 수 있도록 이끌어 주어야 한다. 또한 내적 동기를 유발하여 학습 의욕을 북돋아 주고 학습이 잘 이루어질 수 있도록 동기를 촉진해 주며 유아를 보호하고 관찰하는 역할을 해야 한다. 이런 모든 교사의 노력과 역할은 유아의 정상화를 이룩하는데 있다. 몬테소리 프로그램에서는 반일제와 종일제로 나누어 실시하고 있으며 반일제는 오전 8시에서 시작하여 오후 3시경에 끝난다. 그리고 종일제는 오전 8시에서 시작하여 오후 6시에 하루일과를 마치게 된다.

다음은 몬테소리 프로그램을 실시하고 있는 J유치원의 하루일과 구성표이다. 제시한 하루일과는 종일제반 프로그램이다. 각 유치원마다 융통성 있게 운영되니 참고하기 바란다.

[몬테소리 J유치원의 하루일과]

시 간	활 동 내 용
08:30 ~ 09:00	ㅇ 등원 및 자유선택 활동 유아는 등원하여 개인 소지품을 정리함에 정리 정돈한 후, 교재·교구를 자유롭게 선택하여 활동을 한다.
09:00 ~ 09:40	ㅇ 교구 정리 정돈 및 화장실 다녀오기 ㅇ 집단 활동 이름 부르기, 이야기 나누기, 노래하기, 동화듣기, 게임 등의 활동을 한다.
09:40 ~ 10:40	ㅇ 몬테소리 교구를 이용하여 개인 활동하기 유아는 교실바닥이나 책상 위에서 자유롭게 작업을 한다. 유아는 자신의 흥미와 관심, 욕구에 맞게 교구를 선택하여 활동한다.
10:40 ~ 10:50	ㅇ 정리 정돈 및 화장실 다녀오기 자신이 선택한 교구를 교구장에 정리 정돈하고 화장실 다녀온다.
10:50 ~ 11:30	ㅇ 집단 활동 노래 부르기, 게임하기, 미술놀이 활동을 한다.

11:30 ~ 12:00	○ 실외놀이 바깥에서 놀이기구를 타거나 사육장에서 동물 먹이주기, 꽃밭에 물주기, 모래놀이 등을 자유롭게 한다.
12:00 ~ 12:40	○ 점심 먹기 및 정리 정돈 유아는 손을 씻은 후 식사할 준비를 한다. 식사예절을 지키며 즐겁게 식사한다. 모든 유아들이 식사가 끝날 때까지 미리 먹은 유아는 의자에 앉아서 기다려 준다.
12:40 ~ 1:30	○ 실외놀이 유원장에서 놀이기구 타기, 정원 가꾸기, 모래놀이 등의 활동을 한다.
1:30 ~ 2:00	○ 휴식 및 음악 감상 화장실을 다녀온 후, 휴식을 취하거나 조용한 음악을 감상한다.
2:00 ~ 4:30	○ 자유선택 활동 몬테소리 교구를 자유롭게 선택하여 작업 활동을 한다.
4:30 ~ 5:00	○ 오후 간식 먹기 간식을 먹은 후 정리 정돈하기
5:00 ~ 5:30	○ 게임 및 집단 활동 게임이나 조형 활동, 율동 등 집단 활동을 한다.
5:30 ~ 6:00	○ 소그룹 활동 및 대집단 활동 음악 듣기, 그림 그리기, 동화 듣기, 요리하기 등의 활동을 한다.
6:00 ~	○ 정리 정돈 및 귀가 귀가 준비를 하며 정리 정돈을 하고 귀가한다.

2. 뱅크 스트리트 프로그램

1) 이론적 배경

미국의 뱅크 스트리트 사범대학의 미첼(Mitchell)과 비버(Biber)에 의해 개발된 프로그램으로 프로이드의 정신역동이론과 피아제 등 인지이론 그리고 듀이의 진보주의에 기초를 둔 발달적 상호작용 프로그램이다. 첫째, 프로이드(Freud)의 정신역동이론에 기초하고 자율적인 자아를 형성하는 것에 관심을 둔 에릭슨(Erikson)의 영향을 받았다. 둘째, 피아제(Piaget), 비고츠키(Vygotsky) 등 인지이론에 기초를 두고 있으며 셋째, 듀이(Dewey), 아이작(Isaacs), 미첼(Mitchell), 존슨(Johnson) 등 진보주의 이론에 기초를 두고 있다(Cuffaro, Nager, & Shapiro, 2000). 즉 유아의 정서발달을 강조하고 유아의 흥미와 욕구 중시, 개인차, 흥미영역 중심의 자유선택 활동, 자기 주도적 학습활동을 강조하고 있다.

뱅크 스트리트 프로그램은 인간의 발달은 자연스런 흐름에 맞게 진행되어짐을 강조하는 성숙주의 이론 토대 위에 인지발달과 언어발달을 강조하고 더불어 유아의 일상생활과 밀접한 경험을 강조하는 진보주의 경향이 강한 프로그램이다. 또한 인간의 발달과 학습과의 상관관계를 강조하고 서로 유기적인 면을 중시하며 환경의 중요성도 역설하였다(Biber, Shapiro, & Wickens, 1977).

결국 뱅크 스트리트 프로그램은 인간의 자연스런 발달을 위해 자유롭고 개방적인 학습 분위기를 강조하였고 인지발달, 언어발달, 대인관계 등 사회성 발달, 창의성, 개성 등을 강조하고 그것들을 자유롭게 표현하는 것을 중요하게 생각하였으며 정서발달에도 많은 관심을 보였다. 더불어 유아의 발달을 도울 수 있는 환경을 제공해 줌으로써 유아의 전인적 발달을 꾀하였다(Gwathmey & Mott, 2000).

2) 교육목적

창의적이고 자신감을 가진 유능한 인간을 육성하는데 있다. 그러기 위해서는 유아 자신이 스스로 유능하다고 느낄 수 있도록 조력하는 것이 중요하다. 그리고 대인관계, 개성, 창의성을 증진시켜 자신감 있고 책임감 있고 발명적이고 생산적인 인간을 육성하는데 교육의 목적을 두었다. 그러기 위해 유아는 주변의 사회적 환경 및 물리적 환경과 끊임없이 상호작용을 해야 한다. 결국 정서발달, 인지발달 그 밖의 여러 가지 발달이 균형과 조화를 이루는 전인적 인간으로 성장하기를 희망하고 기대한다.

뱅크 스트리트 프로그램을 통해 기대되는 인간상은 다음과 같다(Levinger & Mott, 1992).

① 깨어 있는 오감각을 통해 세상을 바라보고 참여하는 삶에 대한 열정을 가진 인간을 기대한다.

② 생활하는 모든 터전이 학습의 장이 되고, 유아 스스로 세상을 호기심 있고 흥미 있게 바라보는 적극적이고 능동적인 학습자로서의 면을 기대한다.

③ 끊임없이 변화하는 것에 대해 융통성을 갖고 대처해 나가는 인간을 기대한다.

④ 현재에 어울리지 않거나 적합하지 않는 것은 과감하게 버릴 줄 아는 마음을 기대한다.

⑤ 상황에 대해 적극적으로 대처하고 효율적으로 문제를 처리할 수 있는 인간을 기대한다.

⑥ 새로운 욕구와 갈등을 해결하며 독특하고 새로운 생각을 할 줄 아는 인간을 기대한다.

⑦ 타인에 대해 관용적인 마음과 배려를 하는 인간을 기대한다.

⑧ 정의와 용기 있는 인간을 기대한다.

⑨ 타인의 삶에 대해 민감하게 반응하는 센스를 기대한다.

⑩ 민주적 태도를 함양할 것을 기대한다.

⑪ 일상생활에서 노력하는 열정적인 모습을 기대한다.

뱅크 스트리트 프로그램의 교육목적을 정리해 보면 다음과 같다(Roopnarine & Johnson, 2000).

(1) 유능한 인간을 육성

유아 스스로 자신이 유능하다고 느낄 수 있어야 한다. 유능감(competence)을 형성에는 데는 네 가지 영역이 있다(Gilkeson, Smithberg, Bowman, & Rhine, 1981).

① 인지적 유능감

상징적이고 표상할 수 있는 능력, 읽고 · 쓰고 · 셈하기 등을 학습할 수 있는 능력, 사물과 현상을 관찰하고 탐구할 수 있는 능력, 문제를 해결할 수 있는 능력, 논리적이고 추상적인 사고를 할 수 있는 능력 등이 이에 포함된다.

② 정서적 유능감

자신에 대한 긍정적 자아감을 갖고 올바른 자아정체성을 확립하며 학습에 있어서도 적극적이고 능동적으로 참여할 수 있는 힘, 심리적인 억압을 긍정적인 방법으로 표출해 내고 표현할 수 있는 능력, 자신의 일과 삶에 대해 긍정적으로 바라보는 안목 등이 이에 해당된다.

③ 사회적 유능감

또래집단과 더불어 활동하고 더불어 생활할 수 있는 능력, 친사회적인 행동을 하고 남을 배려하고 협동할 수 있는 것, 자신의 생각과 느낌을 정확하게 전달하여 의사소통을 원활하게 진행시킬 수 있는 것, 인종 및 지역과 환경에 대해 편견을 배제하고 반편견 사고를 함양하는 것, 다른 사람을 이해하고 상황에 대해 적절하게 대처하는 방법을 아는 것 등이 이에 해당된다.

④ 신체적 유능감

신체적 기능을 원활하게 활용하고 자신의 신체의 소중함을 아는 것, 운동기능을 활용하여 신체적 활동을 즐겁게 하는 것, 자신의 몸과 마음을 소중히 여기는 것, 자신의 몸을 위험으로부터 안전하게 대처하는 것 등이 이에 포함된다.

(2) 자신감 있는 인간을 육성

자신감 있는 인간을 육성하기 위해서는 무엇보다 자신에 대한 긍정적 자아감을 형성해야 한다. 긍정적 자아감은 양육자와의 깊은 신뢰와 믿음에서 출발하기 때문에 양육자는 유아에게 애착을 형성시킬 수 있도록 애정을 많이 주어야 한다. 결국 자신감은 긍정적 자아감과 더불어 타인과 형성된 믿음, 신뢰를 바탕으로 형성되는 것이라 말할 수 있다.

(3) 발명적인 인간을 육성

사물과 현상에 대한 호기심이 강하고 무엇인가 탐구해 내려는 열정과 의욕을 갖고 있는 인간을 육성하도록 한다. 탐구하고 탐색하는 과정에 사고능력도 발달되고 과학적이고 창의적인 문제해결력도 생기게 된다.

(4) 책임감 있는 인간을 육성

자신에 대한 성실성을 갖고 타인의 입장을 생각하고 배려하는 마음을 갖는 인간은 책임감 있는 인간으로 육성된다. 자신의 임무를 끝까지 완수하고 그것을 통해 성취감을 느낄 수 있는 유아는 성실하고 근면하며 책임감 있는 인간으로 된다.

(5) 생산적인 인간을 육성

자율성을 갖고 목표를 향해 나아가려는 적극적인 자세는 무엇인가 만들어 내고 창출해 내려는 생산적인 인간으로 육성할 수 있도록 돕는다. 건설적이고 바람직한 생산성을 발휘할 수 있도록 한다.

다음은 뱅크 스트리트 프로그램의 세부적인 교육 목표이다(Biber, 1984).

① 유아의 흥미와 요구에 부응하도록 한다.
② 자신의 경험을 인지적으로 재구성할 수 있도록 한다.
③ 물리적 환경과 사회적 환경에 대한 유아의 지식을 확장한다.
④ 놀이를 통해 자신을 표현할 수 있도록 한다.
⑤ 자신의 감정 및 충동을 조절할 수 있도록 한다.
⑥ 인지적 및 사회적 갈등을 해결할 수 있도록 한다.
⑦ 자신에 대한 긍정적 자아감을 형성할 수 있도록 한다.

⑧ 사회적 상호작용을 통해 또래와의 협력적 관계를 형성할 수 있도록 한다.
⑨ 유아의 전인적 성장을 돕도록 한다.

뱅크 스트리트 프로그램의 교육목적을 달성하기 위해 다음의 구체적인 노력을 기울여야 한다(Gilkeson, Smithberg, Bowman, & Rhine, 1981).

① 유아가 직접 환경과 상호작용하면서 탐색하도록 한다.
② 유아가 인지적 전략을 통해 자신의 경험을 순서화하고 정리할 수 있도록 한다.
③ 주변 환경의 탐색을 통해 지식을 확장시키도록 한다.
④ 유아의 경험을 통합시킬 수 있도록 한다.
⑤ 유아 자신의 내적 충동을 조절할 수 있도록 한다.
⑥ 원만한 대인관계를 형성하도록 한다.
⑦ 긍정적 자아개념을 갖도록 한다.
⑧ 유아-유아, 유아-성인, 유아-환경과의 상호작용을 하여 상호 협력할 수 있도록 한다.

정리해 보면 뱅크 스트리트 프로그램은 유아의 잠재적 능력, 대인관계 능력, 용기와 자신감 향상, 개성존중, 창의성 능력 등을 발달시켜 책임감 있고 유능하고 창의적이고 생산적인 인간을 육성하는데 그 목적이 있다고 하겠다.

3) 교육내용 및 교수-학습 방법

교육내용은 유아의 발달이 골고루 균형이 이루어질 수 있도록 통합적으로 전개되고 운영되어져야 한다. 유아 자신이 이미 알고 있는 지식과 경험을 새로운 경험과 정보를 통해 이전의 경험과 지식과 정보를 연관되어 함께 통합되어 지식의 체계를 이룰 수 있도록 돕는다. 따라서 다양한 경험을 강조하고 유아의 흥미와 능력, 요구 등에 중점을 둔다. 결국 통합적 접근을 통해 다양한 학습의 경험을 갖고 각 발달간의 조화를 이룰 수 있도록 한다.

교육내용은 일반적으로 언어발달, 사회성 발달, 신체발달, 정서발달, 인지발달을 위해 언어, 사회생활, 극화놀이 및 미술을 통한 표현생활, 수 활동, 감각운동 활동, 과학 활동 등을 다루고 있다.

교육내용 및 활동을 정리하면 다음과 같다(Biber, 1984; Roopnarine & Johnson, 2000).

① 흥미영역별 구성을 통해 다양한 경험을 갖도록 한다.

유아중심 프로그램으로써 유아 스스로 자신이 선택한 활동을 자유롭게 할 수 있도록 한다. 유아가 자율적으로 선택한 활동에 대해서는 주의집중이 강하며 성취감도 느끼게 된다. 따라서 적극적인 학습자로서 학습을 주도하기를 기대한다.

② 감각운동 기능을 증진시킬 수 있도록 한다.

소근육과 대근육을 발달시킬 수 있도록 하여 신체적 유능감을 기를 수 있도록 한다. 예를 들면 그네타기, 뜀틀놀이, 자전거 타기 등의 대근육 활동을 하고 소근육 발달을 위해서는 그리기 활동, 종이접기 활동을 한다.

③ 극놀이 및 역할놀이를 통해 정서발달을 증진시킬 수 있도록 한다.

음악놀이, 극화놀이, 미술놀이를 통해 정서발달을 이룰 수 있도록 한다. 자신의 생각과 느낌을 자유롭게 표현할 수 있는 기회를 제공해 준다.

④ 인지적 놀이를 한다.

유아들이 이미 알고 있는 것과 새롭게 알게 된 것들에 대해 의미를 부여하고 유아들이 스스로 흥미 있게 환경을 탐색할 수 있도록 기회를 많이 주도록 한다. 수학적 활동과 과학적 활동을 통해 수학적, 과학적 사고능력이 발달되고 창의적 사고력도 발달된다.

⑤ 자신에 대한 이해와 타인을 이해할 수 있는 사회성 교육을 한다.

타인의 입장을 배려하고 서로 협력할 수 있는 놀이를 한다. 특히 뱅크 스트리트 프로그램에서는 대인관계의 중요성을 역설하고 사회성 발달에 많은 강조를 두었다. 타인을 이해하고 양보하며 더불어 살아가는 태도와 민주적인 시민으로서 살아갈 수 있는 기본 토대를 형성해야 한다고 강조한다.

⑥ 논리적, 직관적, 연상적 사고를 기를 수 있도록 한다.

이런 사고는 창의적 사고를 할 수 있는 밑바탕이 되기 때문이다. 따라서 다양한 사물과 환경을 탐색할 수 있도록 동식물 뿐 아니라 물체와 물질 등 여러 자연환경과 현상을 관찰하고 탐색할 수 있는 도구를 준비해 놓는다.

다음은 뱅크 스트리트 프로그램의 교수-학습 방법을 정리한 것이다(Roopnarine & Johnson, 2000).

① 유아의 능동적이고 적극적 자세가 필요하다.

학습의 수동자가 아닌 적극적 학습자로서의 유아를 기대한다. 유아의 자율성을 인정하고 그들의 흥미와 욕구 그리고 관심을 중요하게 생각해야 한다.

② 결과 위주보다는 과정 중심으로 이루어진다.

활동을 전개해 나가고 무엇인가 탐색하는 과정 중에 유아는 의미 있는 사고를 하게 된다. 결과에 연연하지 말고 과정을 통해 의미 있는 학습이 될 수 있도록 격려를 해야 한다.

③ 탐색과 탐구중심 방법으로 이루어진다.

오감을 활용하여 다양한 사물과 환경을 관찰하고 탐색한다. 스스로 발견해 나감으로써 만족감과 성취감, 기쁨을 느낄 수 있도록 한다.

④ 일상생활의 경험을 중요하게 생각하고 장려한다.

유아에게 친숙하고 친밀한 경험과 아이디어가 상호 연관될 수 있도록 한다.

⑤ 수학적, 과학적 학습에 긍정적인 태도를 갖도록 한다.

이는 창의적이고 과학적인 문제해결 능력을 기르기 위함이다. 따라서 다양하게 생각하고 문제를 해결할 수 있도록 격려하고 지원한다.

⑥ 유아 개인의 개인차를 존중하고 개별화 교수방법을 강조한다.

각 유아들의 개인차를 중요시 여기고 개성을 존중해 준다. 독자성을 인정하는 것은 곧 개성을 인정하는 것이고 이는 유아의 독특하고 다양한 사고를 수용한다는 의미와 같다.

⑦ 또래와의 협력을 강조한다.

개별화도 강조하지만 한 개인은 동시에 집단 구성원으로서 협력을 할 수 있어야 한다. 따라서 또래간의 공유감을 형성하고 함께 협동하면서 활동하기를 강조한다.

⑧ 유아의 내적 동기유발이 일어날 수 있도록 한다.

학습의 동기유발은 외적 동기유발보다는 내적, 즉 스스로 하고 싶다는 내부적인 욕구가 일어나는 것이 더욱더 바람직하다. 따라서 지적인 호기심이 일어날 수 있도록 동기를 자극하여야 한다.

4) 환경

뱅크 스트리트 프로그램에서의 환경은 물리적 환경 뿐 아니라 사회적 환경의 중요성도 강조한다. 유아와 물리적 환경과의 상호작용도 중요하지만 교사, 또래, 부모, 지역사회 인사 등 사회적 환경과의 상호작용도 매우 중요하다. 이는 타인과 함께 더불어 살아가는 방법과 협력하는 태도를 배울 수 있기 때문이다. 따라서 유아의 발달적 욕구와 흥미를 충족시킬 수 있도록 풍부한 실내, 실외 환경을 제공하도록 노력해야 한다. 이는 유아가 사물, 즉 환경과의 끊임없는 상호작용을 통해 지식을 구성해 나가기 때문에 중요하다.

다음은 뱅크 스트리트 프로그램의 환경을 정리한 것이다(Gwathmey & Mott, 2000; Levinger & Mott, 1992).

① 풍부하고 다양한 교재 · 교구 및 자유로운 환경을 구성한다.

뱅크 스트리트 프로그램에서는 다양한 흥미영역별 선택활동을 할 수 있도록 하는데 이 때 교구는 교육적 효과가 있고 탐구적이고 실험적이며 여러 가지 문제를 해결할 수 있는 창의적인 교구이어야 한다.

각 흥미영역에 있는 다양한 교재·교구들은 다음과 같은 것들이 있다(Cuffaro, Nager, & Shapiro, 2000).

첫째, 언어영역 교구는 일반도서, 잡지, 신문, 유아들이 만든 책, 녹음기, 이어폰, 다양한 크기의 종이와 글쓰기 도구, 사진, 색종이 등

둘째, 수영역 교구는 수세기 게임판, 수세기 교구, 수게임, 퍼즐, 다양한 수 활동 게임판 등

셋째, 과학영역 교구는 식물, 화분, 식용색소, 비누조각, 갖가지 물체와 물질, 자석, 현미경, 돋보기, 건전지, 프리즘 등

넷째, 미술영역 교구는 색연필, 크레파스, 물감, 도화지, 그림재료, 손인형, 콜라주 재료 등

흥미영역을 두어 유아들의 자유로운 선택을 장려하도록 하며 이런 환경은 유아의 신체적이고 지각적인 경험을 제공하는 환경을 만들기 위한 것이다.

② 또래와 협동할 수 있는 기회를 자주 마련한다.

③ 유아의 연령, 흥미, 발달 수준에 맞도록 한다.

④ 교실의 배치는 자유롭게 이동 가능하도록 한다.

⑤ 다양한 흥미영역별 구성을 한다.

예를 들어 수영역, 과학영역, 미술영역, 극놀이영역, 적목영역 등 실외 환경을 조성한다.

⑥ 블록, 점토, 퍼즐 등 자료들을 풍부하게 마련한다.

⑦ 현장학습의 기회를 주어 유아로 하여금 직접경험을 할 수 있도록 한다.

뱅크 스트리트 프로그램에서의 환경은 유아들이 자유롭게 그들의 호기심과 흥미중심으로 사물과 현상을 탐색하고 발견할 수 있도록 한다. 능동적인 학습자로서 유아는 스스로의 활동을 선택하고 행함으로써 자율성, 독립성을 키울 수 있고

자아성취감도 느낄 수 있어 긍정적인 자아감을 형성할 수 있다.

실내에서 뿐 아니라 실외에서의 환경도 관찰, 탐색, 발견이 이루어지도록 다양하고 풍부하게 마련한다. 예를 들어 정원을 가꿀 수 있도록 하거나 사육장을 두기도 하며 안전하고 견고한 놀이기구도 마련해 둔다. 모든 공간이 안전과 자유가 있어야 하고 유아들의 경험이 사고와 연합하여 의미 있는 학습이 전개되어질 수 있도록 수용적이고 개방적인 분위기를 만드는 것이 필요하다.

또한 교실에서는 문해 능력을 기르기 위해 읽고 · 쓰는 풍부한 언어적 환경을 마련해 두는 것이 필요하다. 언어와 사고가 연합하여 언어발달 뿐 아니라 인지발달이 이루어질 수 있도록 환경을 조성한다. 더불어 자신의 감정과 느낌을 자유롭게 표현할 수 있는 기회를 많이 주어 정서발달에도 도움이 될 수 있도록 한다. 언어적 활동 뿐 아니라 비언어적 표현활동에도 많은 기회를 주며, 지역사회와의 연계를 통해 타인과 협력하고 더불어 살아가는 민주적인 태도를 함양할 수 있도록 현장견학이나 지역사회 기관 방문 등의 기회를 많이 갖는다. 그리고 부모와의 협력도 매우 중요하게 생각하기 때문에 부모들의 적극적인 참여를 할 수 있도록 부모교육 및 부모와 유아협동 프로그램을 실시한다. 유아, 부모, 지역사회 등이 상호연계, 통합적으로 운영되고 교육이 이루어질 때 유아의 전인적 성장을 이룰 수 있다고 본다.

환경적으로 유아에게나 부모에게나 지역사회에게나 열린 마음으로 개방적 분위기와 수용적 분위기를 만들고 유아에게 다양하고 풍부한 환경적 기회를 준다면 뱅크 스트리트 프로그램에서 추구하는 유능한 인간, 책임감 있는 인간, 생산적이고 창의적 인간, 민주적 인간으로 성장할 것이다.

5) 교사의 역할

뱅크 스트리트 프로그램의 교사는 먼저 유아의 발달 정도를 정확하게 파악하여 유아의 관심과 흥미 그리고 욕구를 충족시켜 줄 수 있도록 다양하고 풍부한 환경을 마련해 주어야 한다. 그리고 획일화된 교육보다는 개방적이고 자유롭고 융통성 있는 교육을 할 수 있도록 수용적 분위기, 열린 마음을 가지고 유아를 맞이해야 하며, 유아가 편안하게 활동을 할 수 있도록 해야 한다. 무엇보다 유아가 정서적 안정을 할 수 있도록 심리적 분위기를 조성해야 한다.

교사는 무엇보다 유아를 적극적이고 능동적인 학습자로서 생각하여야 한다. 유아는 적극적인 학습자로서 그들의 호기심을 충족시키기 위해 사물과 끊임없이 상호작용을 하고 그들의 경험을 의미 있게 확장시켜 나가고 심화시켜 나갈 것이라는 생각을 해야 한다. 따라서 교사는 유아의 호기심을 자극하고 흥미를 이끌어 줄 수 있는 교육환경을 마련해 주고 개방적 질문을 통해 그들의 지적 자극을 확장시켜 나가도록 유도하여야 한다.

다음은 교사의 역할을 정리한 것이다(Oppenheim, 1984; Shapiro & Biber, 1972).

① 유아의 발달수준과 흥미를 잘 관찰하여 환경을 준비한다.
② 유아 자신에 대한 긍정적 자아감이 형성될 수 있도록 도와준다.
③ 친구들과의 관계형성에 도움이 될 수 있도록 한다.
④ 언어발달을 위해 이야기나누기 및 극놀이, 역할놀이를 장려한다.
⑤ 지각적인 경험을 제공하고 자신의 사고를 표현할 수 있도록 한다. 즉 유아의 사고과정을 이해하고 격려해 준다.
⑥ 유아의 발달단계를 고려한 개별화된 교육을 할 수 있도록 한다. 교사는 무엇보다 유아의 흥미와 욕구에 관심을 기울인다.
⑦ 유아의 자발적이고 적극적인 학습 자세를 격려한다.
⑧ 유아의 정서적 안정을 위해 심리적으로 편안한 분위기를 만들어 준다. 편안한 분위기일 때 유아는 더욱더 자신의 감정을 솔직하고 자유롭게 표현할 수 있다.
⑨ 교실은 흥미영역별로 구성하여 유아들이 자유롭게 그들의 흥미에 맞는 활동을 할 수 있도록 돕는다.
⑩ 교사는 부모와 협력관계를 유지하여야 한다.

유아교육기관과 부모와 긴밀한 협조체제를 구축하여야 유아에 대한 개별상담뿐 아니라 미래의 설계까지 가능하게 된다. 가정과 유아교육기관과 유아 간 삼위일체가 되도록 한다.

⑪ 실외환경은 신체발달과 휴식 그리고 또래간 협력을 증진하기 위한 공간으로 마련한다.

무엇보다 안전을 고려하여 놀이기구 및 모래놀이, 물놀이 공간 등 다양한 형태의 공간을 마련해 주도록 한다.

⑫ 교사는 유아들이 지식과 개념을 형성하도록 안내하는 역할을 해야 한다.

유아에게 지식을 확장하고 새로운 정보를 주기 위해 주입식 방법보다는 개방적인 질문을 하여 유아가 스스로 사고할 수 있도록 도와주고 더불어 다양한 경험을 할 수 있도록 기회를 많이 주도록 한다.

⑬ 하루일과 계획은 융통성 있게 조정하여야 한다.

상황에 따라 각 활동에 대한 시간이나 다양한 스케줄로 얼마든지 조정가능하다. 융통성 있는 하루일과는 유아들에게 그들의 경험과 아이디어를 연관지어 생각할 수 있도록 해 주고, 이로 인해 지식과 정보를 의미 있게 확장시켜 준다.

⑭ 유아의 실생활에 밀접한 것을 학습하도록 한다.

유아의 일상생활을 주제로 하여 그들의 경험을 이야기하고 갈등상황에 대해 어떻게 해결할 수 있는지 생각해 보도록 유도한다.

⑮ 교사는 주입식 교육방법이 아닌 유아의 흥미와 호기심을 끌 수 있는 구체적인 활동을 할 수 있도록 한다.

유아들은 구체적인 활동을 통해 스스로 문제를 해결해 나갈 수 있는 힘이 생기게 된다. 즉 유아는 일상생활에서 경험하는 모든 것들이 학습이 된다는 것을 스스로 깨닫게 된다.

다음은 뱅크 스트리트 프로그램의 하루일과 계획안이다. K유치원의 LEM교사가 계획한 하루일과이다. 앞에서 설명하였듯 교사는 하루일과 운영을 유아의 욕구와 흥미에 따라 얼마든지 활동과 시간을 융통성 있게 조절할 수 있다.

[뱅크 스트리트 프로그램으로 운영하는 K유치원의 하루일과표]

<table>
<tr><th colspan="2">주 제</th><td colspan="3">나뭇잎의 변화</td></tr>
<tr><th colspan="2">목 표</th><td colspan="2">• 주변의 나뭇잎에 관심을 갖는다.
• 여러 종류의 나뭇잎을 다양한 방법으로 탐색하고 표현한다.
• 나뭇잎의 변화 및 자연의 변화를 이해한다.</td><td></td></tr>
<tr><th colspan="2">일일시간표</th><td colspan="2">08:45 ~ 09:00 등원 및 인사
09:00 ~ 09:10 하루 놀이계획
09:10 ~ 10:10 자유선택활동
10:10 ~ 10:20 정리 정돈 및 평가, 간식
10:20 ~ 10:50 실내집단게임
10:50 ~ 11:10 음률활동
11:10 ~ 11:30 이야기나누기
11:30 ~ 11:50 실외 자유놀이
11:50 ~ 12:00 정리 및 손씻기
12:00 ~ 13:00 점심식사 및 휴식
13:00 ~ 13:10 동화 듣기
13:10 ~ 13:40 미술 조형활동
13:40 ~ 14:00 평가 및 귀가지도</td><td></td></tr>
<tr><th colspan="2">시간 및
활동명</th><th>활 동 목 표</th><th>활 동 내 용</th><th>준비물</th></tr>
<tr><td>08:45~
09:00</td><td>등원</td><td>바르게 인사하고
자기 물건을 스스로
정리한다.</td><td>• 선생님 친구들과 인사하기
• 등원하는 유아들의 건강상태 살핀다.
• 출석부 도장 찍고 옷장에 소지품 정리하기</td><td></td></tr>
<tr><td>09:00~
09:10</td><td>하루
놀이
계획</td><td>하루일과 순서를 안다.
스스로 계획하고
활동에 참여한다.</td><td>• 출석을 확인한다.
• 날짜, 날씨를 이야기한다.
-오늘은 10월 21일 화요일입니다.
-오늘의 날씨를 알아볼까요?
• 새로운 교구와 활동을 설명해 주고 더 좋은 방법이 있는지 유아들의 생각을 듣는다.
• 활동 시 지켜야 할 규칙과 사이좋게 지낼 수 있는 방법에 대해 이야기한다.
• 친구를 방해하지 않고 스스로 활동하도록 지도한다.
• 하고 싶은 놀이친구들과 의논하여 결정한다.
• 교사에게 계획한 놀이를 승인받는다.</td><td>새로운 교구,
개별 계획지</td></tr>
</table>

09:10~10:10	자유 선택 활동	자신의 생각을 자유롭게 표현한다.	언어 영역	〈나뭇잎 친구를 만난다면?〉 • 나뭇잎 친구를 만난다면 어떻게 하고 싶은지 생각하여 글이나 그림으로 표현하도록 한다. • 활동 후 언어 영역에 게시하여 살펴본다.	도화지, 사인펜, 연필, 지우개, 여러 나뭇잎, 색연필, 매직
		나뭇잎의 구조를 다양한 방법으로 탐색한다.	과학 영역	〈나뭇잎 관찰〉 • 여러 나뭇잎을 놓고 모양, 크기, 색깔, 잎맥 등을 다양한 측면에서 관찰한다. • 조사한 내용을 노트에 적는다.	여러 가지 종류의 나뭇잎, 연필, 지우개, 노트, 관찰 도구
		가을이 되면 잎 색깔이 변하는 나무가 있음을 안다.	수·조작 영역	〈나뭇잎이 물들었어요〉 • 주사위를 던져 나온 수만큼 게임판에 말을 옮겨간다. • 말이 옮겨간 칸이 가을이면 자신의 나뭇잎을 초록색에서 물든 색으로 뒤집는다. • 말이 출발점에 다시 왔을 때 자신의 나뭇잎이 몇 장 물들었는지 세어 본다.	게임판, 말 2개 입체형 은행나무와 단풍나무, 은행잎, 단풍잎, 주사위
		다양한 자료를 이용해 창의적으로 표현한다.	적목 영역	〈가을 나무 꾸미기〉 • 블록이나 상자로 나무기둥과 가지를 만들고, 다양한 나뭇잎들을 붙여 예쁘게 물드는 가을 나무를 꾸며 본다.	여러 가지 나뭇잎, 여러 종류의 블록, 나무, 상자
		곡식으로 만든 악기의 다양한 소리를 알아본다.	음률 활동	〈마라카스 연주〉 • 월요일에 만든 곡식 마라카스로 가을 주제 노래를 부른다.	곡식 마라카스, 동요악보
10:10~10:20	정리 정돈 및 평가 간식			• 5분 전에 정리 정돈 시간을 미리 알린다. • 종소리로 정리 시간을 알리고 놀잇감을 정리한 후 화장실을 다녀온다. • 자유선택활동을 할 때 재미있던 일, 기분 나빴던 일들에 대해 이야기해 본다. • 간식 도우미가 우유 간식을 나누어 준다. • 감사노래를 부른 후 우유 간식을 먹는다. • 간식을 먹은 유아들 자리를 스스로 정리하고 조용히 책을 읽는다.	신호 종, 간식

10:20~ 10:50	게임	시각적인 변별력을 기른다. 집단생활에 적극적으로 참여한다. 계절의 변화를 느낀다.		〈나뭇잎 뒤집기〉 • 준비된 자료를 제시하며 탐색해 본다. –이것은 무엇이니? • 단풍이 든 은행잎과 그림이 양쪽으로 그려진 나뭇잎 모양 카드의 수가 같도록 가을 나무 그림판에 걸어 놓으면서 게임 방법을 예측해 본다. –이렇게 준비된 것으로 어떤 게임을 할 수 있을까? • 게임 방법에 대해 이야기 나눈다. • 두 편으로 나누어 신호악기 소리를 듣고 양편에서 한 명씩 나와 자기편의 나뭇잎이 아닌 것을 자기편으로 보이도록 뒤집어서 걸어 둔다. • 신호 악기소리가 들리면 멈추고 돌아와 자리에 앉는다. • 게임이 끝나면 어느 편의 나뭇잎이 얼마나 더 많이 보이는지 세어 본다. • 게임에 대한 평가를 나눈다.	윗부분에 구멍있는 나뭇잎모양 카드(은행잎과 단풍잎이 양쪽으로 있는 그림) 가지에 고리가 달린 가을나무 그림판, 신호악기
10:50~ 11:10	신체 표현	낙엽의 움직임을 창의적으로 표현하고, 동시의 내용을 신체로 표현해 본다.	음률 및 동작	〈낙엽〉 • 전날 가을 동산 돌아보기를 하면서 본 가을 나무의 모습과 낙엽을 비디오로 시청한다. • 나뭇잎이 떨어지는 모습과 바람에 나뭇잎이 움직이는 모습이 어떠했는지 이야기한다. • 나뭇잎의 모습을 신체를 이용하여 표현해 본다(나뭇잎의 모양, 나뭇잎이 떨어지는 모양, 나뭇잎이 구르는 모습과 바람의 움직임 등을 표현해 본다). • 준비된 음악을 듣고, 느낌과 생각을 이야기한다. • 나무, 바람, 낙엽의 역할을 정하고 음악을 들으면서 표현해 본다. • 창의적으로 표현하도록 격려한다.	켐코더, 음악, 나무, 바람, 낙엽 모자
11:10~ 11:30	대집단 활동	종류별로 가을이 되	이야기 나누기	〈가을 나뭇잎 변화〉 –오늘은 가을 나무친구들에 대해서 알아보자. 지금 무슨 계절일까요? –겨울, 봄, 여름이 지나고 가을이 왔는	은행, 밤, 단풍, 감 나무잎, 그림카드 겨울옷, 봄옷, 여름옷, 가을옷

		면 잎의 색이 변화하는 것을 알아보고 계절에 따른 옷도 알아본다.		데 가을 숲에 가 보았어요? –가을 산의 무슨 색을 가지고 있을까요? –오늘은 가을나뭇잎 친구를 알아볼까요?. –"나는~ 가을이 되면 창피해서 얼굴이 빨개져요. 그리고 친구들 손가락처럼 생겼어요. 누구일까요?" • 단풍나무 그림카드를 붙인다. • 단풍나무에 대한 구조 및 서식지 모양을 설명한다. • 밤나무, 은행나무, 감나무도 설명한다. –오늘 선생님과 가을나뭇잎에 대해서 알아보았죠? 이렇게 가을에 울긋불긋 멋진 색깔 옷을 입은 나무가 많이 있어요. 친구들도 여름옷과 겨울옷과 가을옷이 다르죠? • 계절별로 준비한 옷의 촉감을 느낄 수 있도록 몇몇 유아로 하여금 만져 보게 한다. 이렇게 계절이 바뀔 때마다 나무 옷도 변하고 친구들 옷도 달라져요. • 다음 시간에 밖에 나가 나뭇잎을 직접 관찰하자고 한 다음 마무리한다.	
11:30~ 11:50	실외 자유 놀이			• 교실을 정리한 후 실외놀이터로 이동한다. • 놀이기구를 안전하게 이용하도록 한다.	
11:50~ 12:00	정리			• 활동을 정리하고 손을 깨끗이 씻는다. (손을 닦을 때는 비누로 깨끗이 닦도록 한다.)	
12:00~ 13:00	점심 및 휴식	적당한 양의 음식을 골고루 먹는다.		• 감사한 마음으로 점심을 먹는다. • 점심을 다 먹은 유아는 식기를 정리하고 이를 닦는다. 그리고 자유놀이를 하며 휴식시간을 갖는다.	
13:00~ 13:10	집단 활동	이야기 듣고 이해하기	동화 듣기	〈꿀을 뒤집어 쓴 토끼〉 –동화를 듣고 난 후, 자신의 생각과 느낌에 대해 자유롭게 이야기 나눈다.	그림동화 자료

13:00~ 13:40		여러 종류의 나뭇잎을 관찰해 보고 다양한 재료를 이용해 브로치를 만들어 본다.	미술 활동	〈나뭇잎 브로치 만들기〉 • 여러 가지 나뭇잎을 자세히 관찰한다. –은행잎의 모양은 어떠니 –색깔은 어떠니? –손으로 한번 만져 보자, 어떤 느낌이 드니? –앞면과 뒷면은 어떻게 다르니? • 활동을 소개하고 준비된 재료를 살펴 본다. –나뭇잎 브로치 만들기를 해 보자. –어떤 재료들이 필요한지 함께 알아 보자. • 활동방법에 대해 이야기를 나눈다. ① 지점토를 이용해 나뭇잎을 찍는다. ② 찍은 나뭇잎 모양 뒷면에 옷핀을 대고 지점토를 덧붙인 다음 그늘에서 말린다. ③ 신문지를 깔고 락카를 뿌린다. ④ 마르면 스팽클이나 구슬 등을 이용해 예쁘게 꾸민다. • 나뭇잎 브로치를 만든다. • 활동 후 이야기 나눈다. –지점토를 이용해 나뭇잎을 찍었을 때 어떤 것들이 나타났니? –나뭇잎마다 모양이 어떻게 나타났니?	여러 가지 나뭇잎, 밀대, 지점토, 락카, 스팽글, 옷핀, 본드, 부직포, 구슬 등 꾸미기 재료
13:40~ 14:00	평가 및 귀가 지도			• 하루의 활동을 회상하여 보고, 어떤 활동이 재미있었으며, 속상했던 일이 있었는지 이야기해 본다. • 인사노래를 부른 후 출석카드를 나누어 준다. • 한 명씩 안아 주고 인사를 한다. • 귀가한다.	

3. 카미-드브리스 프로그램

1) 이론적 배경

카미-드브리스(Kamii & Devries) 프로그램은 피아제의 인지발달이론에 기초하여 만든 프로그램이다. 하지만 이 프로그램은 인지발달 측면만 강조한 것이 아니라 정서, 사회성 발달도 강조하였다. 또한 도덕성을 강조하여 도덕적 규칙을 지키고 자기조절력을 키우는 것도 중요하게 여겼다.

초창기 카미는 피아제 이론의 단편적인 면만 강조하였으나, 드브리스와 함께 구성주의 이론을 더욱더 강조하여 프로그램을 수정해 나갔다. 따라서 인지적 발달만 강조하기보다는 언어발달, 사회성 발달, 도덕성 발달, 성격발달 등 여러 가지 측면을 모두 강조하여 프로그램을 수정하고 보완하였다. 구성주의는 유기체와 환경 간의 끊임없는 상호작용을 강조하며 유아의 개인차, 즉 개개인의 호기심, 관심, 욕구에 따라 적절한 환경구성이 이루어져야 함을 강조하고 있다. 피아제도 강조했듯이 유아의 발달은 개개인마다 속도도 다르고 양상도 다양하게 나타나기 때문에 카미-드브리스 프로그램에서도 개인차를 존중하며 환경과의 상호작용을 강조하고 있는 것이다(Fagot, 1973).

따라서 유아는 그들의 흥미와 욕구에 초점을 두고 자유롭게 활동을 전개해 나간다. 호기심 있는 여러 사물과 환경에 대해 갖가지 질문을 하며 사물을 탐색한다. 탐색하는 과정을 통해 유아는 사물의 유사점과 차이점을 발견해 나간다. 사물과 사물과의 상호연관성을 관계지어 봄으로써 유아의 인지 능력은 더욱더 발달된다.

카미-드브리스 프로그램은 결국 피아제의 인지이론과 구성주의 토대 위에 유아의 발달단계를 고려하여 개발된 프로그램이라 볼 수 있다. 인간의 지적 성장과 발달은 환경과의 끊임없는 상호작용을 통하여 지식구조가 형성된다고 보고 있기 때문에 카미-드브리스 프로그램에서는 유아가 사물과 환경을 탐색하고 상호작용하는 것을 무엇보다 중요하게 생각한다. 적극적이고 능동적인 학습의 주체로서 유아는 환경과 상호작용하게 되면 사물을 조작하고 탐색하는 과정 중에 유아의 지식체계는 더욱더 확장되고 심화된다(Katz, 1994).

유아의 개인차를 존중하고 유아의 내적 성장과 발달을 꾀하고 있으며 유아의 타고난 유전적 요인과 함께 환경과의 적극적인 상호작용을 강조하고 있다. 더불어 타인과의 상호작용도 강조하고 있다. 일반적으로 카미-드브리스 프로그램은 뱅크 스트리트 프로그램과 많이 닮아 있다.

2) 교육목적

카미-드브리스 프로그램의 교육목적은 전인적 인간 육성이다. 전인적 인간을 육성하기 위해서는 어느 한쪽으로 치우치는 발달과 성장이 아니라 조화롭고 균형적인 발달을 필요로 한다. 즉 인지발달, 언어발달, 신체발달, 도덕성 발달, 사회성 발달 등이 골고루 조화롭게 발달하여야 한다.

카미-드브리스 프로그램의 교육목적은 전인적 성장·발달이다. 이를 위해서 단기 목표로 사회 정서적 목표와 인지적 목표를 구분하여 제시하고 있다(Kammi & Ewing, 1996).

(1) 사회 및 정서발달

① 유아와 성인은 동등한 입장에서 상호작용한다.

② 유아의 자율성을 기르고 독립심을 증진한다.

③ 타인의 감정을 바르게 이해하고 그 권리를 존중해 주며, 자기중심성에서 벗어나 타인과 협력한다.

④ 환경에 흥미와 관심을 갖고 스스로 관찰하고 탐색한다.

⑤ 자신의 생각과 느낌을 자유롭게 표현한다.

(2) 인지발달

① 유아 자신이 관심 있고 흥미 있는 사물이나 현상에 호기심을 갖는다.

② 사물을 탐색하면서 사물간의 유사점과 차이점을 발견해 내며 상호연관성을 안다.

결국 카미와 드브리스는 사회, 정서발달과 인지발달은 상호작용을 통해 서로 유기적으로 발달한다는 것을 제시하고 있으며 이를 통해 전인적 인간을 육성할 수 있다고 생각하였다.

위에서 제시한 단기 목표를 달성하기 위해서는 다음의 주의해야 할 점이 있다(류현수 · 김주아, 2008).

① 피아제 실험에서 밝혀진 대로 그 실험 자체를 유아들에게 직접적으로 가르치지 말 것을 강조하였다. 이는 피아제 연구 자체를 직접 가르친다고 해서 유아들의 인지발달을 이룰 수 있다고 생각해서는 안 된다는 것이다.

② 각 활동이 마치 전혀 다른 별개의 것처럼 구분하지 말라고 당부한다. 즉 유아의 발달은 전체적, 통합적으로 이루어지기 때문이다. 따라서 어떤 활동을 하더라도 각 영역이 통합적으로 이루어질 수 있도록 연계하여 진행시켜 나가라는 것이다. 하나의 개념이 독립적으로 발달하기보다는 전체적으로 발달한다는 것이다. 이는 결국 유아의 통합적 발달을 의미한다.

전인적 인간으로 성장 · 발달시키기 위해 세운 구체적 교육목표는 다음과 같다(Kammi & Ewing, 1996).

① 창조적 인간을 육성한다.

② 분석적이고 비판적인 태도를 가진 인간을 육성한다.

③ 자율적 인간을 육성한다.

④ 타인과 협력하는 인간을 육성한다.
⑤ 탐구적 인간을 육성한다.
⑥ 바른 가치관을 가진 인간을 육성한다.

3) 교육내용

유아와 환경과의 상호작용, 적극적인 탐색과 사고활동을 강조하고 있는 카미-드브리스 프로그램은 크게 세 가지 차원으로 교육내용을 설명할 수 있다. 일상생활 교육, 유아의 발달과 흥미를 고려한 교육내용, 그리고 피아제 이론에 기초한 교육내용으로 구분하여 살펴볼 수 있다. 인지발달을 위한 놀이와 게임을 통해 유아의 사고를 확장하고 과학적이고 논리적이고 창의적인 문제해결 능력을 기를 수 있도록 돕는다.

다음은 일상생활, 유아의 발달과 흥미를 고려한 교육내용, 인지발달 이론에 기초한 교육내용 등을 구체적으로 살펴보도록 한다(Devries, 1992).

(1) 일상생활 교육내용

유아의 기본적 생활태도 및 습관을 중요하게 여기며 일상생활 자체가 교육이 된다는 생각을 갖고 있기 때문에 유아는 주변 환경과 적극적으로 상호작용을 하여야 한다. 따라서 유아가 일상생활에서 경험하게 되는 모든 것들이 교육내용이 되므로 교사는 유아가 일상생활에서 겪게 되는 여러 가지 상황들에 대해 적절한 행동을 할 수 있도록 도와주어야 한다.

유아가 직접 혹은 간접적으로 경험하게 되는 일상생활에 대한 전반적인 활동이 교육의 내용이 되기 때문에 유아가 보다 적극적이고 즐겁게 생활에 임할 수 있도록 안내하고 도와주는 것이 필요하다.

예를 들어 인사하기, 옷 입고 벗기, 정리 정돈하기, 바른 식습관 갖기, 즐겁게 생활하기, 청결, 질서와 규칙지키기, 위험한 상황 대처하기, 가족 사랑하기, 주변 지역에 관심 갖기, 친구와 사이좋게 지내기 등 이 외에도 우리가 생활하는 모든 것과 경험이 교육내용이 된다.

(2) 유아의 발달과 흥미를 고려한 교육내용

유아의 발달과 흥미를 고려한 활동들은 뱅크 스트리트 프로그램이나 그 밖의 여러 유아교육 프로그램에서 가장 많이 볼 수 있으며 이는 모든 유아교육 프로그램의 기본이 된다고 보아도 과언이 아니다. 카미-드브리스 프로그램에서는 단순히 놀이하면서 갖게되는 경험에 초점을 맞추는 것이 아니라 유아가 놀이를 통해 얻게 되는 의미 있는 지식과 정보를 구성하는데 그 강조점을 두고 있다.

예를 들어 역할놀이와 극놀이, 노래 부르기, 음률활동, 미술활동, 요리하기, 동화 듣고 이야기나누기, 신체활동, 게임, 퍼즐조각 맞추기, 적목놀이, 물놀이, 동·식물 기르기, 조형놀이 등 놀이를 통해 유아는 여러 가지 정보와 지식을 획득하게 된다. 그 지식과 정보는 하나의 개념으로써 유아에게 의미 있게 자리잡는다.

(3) 인지발달에 기초한 교육내용

다양한 과학적 활동 및 논리적이고 수학적인 놀이나 게임 등을 통해 논리적이고 수학적인 지식과 개념 형성에 도움이 된다. 또한 사회적 지식을 기르기 위해 규범, 예절, 규칙 등에 대한 내용도 포함시킨다. 인지적 발달에 기초한 교육 활동을 통해 유아는 물리적 지식, 사회적 지식, 그리고 논리 및 수학적 지식을 형성하게 된다.

① 물리적 지식

물리적 지식은 유아가 어떤 물체를 직접 관찰하고 조작하고 활동함으로써 얻게 되는 물체의 특성, 성질을 아는 것을 말한다.

예를 들어, 연필은 '나무로 만들어졌고 흑심이 들어 있다'라고 물체가 갖는 특성을 아는 것이다. 그리고 직접 돌멩이를 관찰하고 만져 본 유아는 돌멩이는 '딱딱하다'라고 생각한다. 이처럼 유아가 어떤 물체를 오감을 활용하여 활동하고 경험하면서 그 물체 및 물질에 대해 지식과 정보를 알아간다.

물리적 지식을 얻기 위해 유아는 호기심을 가지고 사물과 상호작용하여야 한다. 보다 친숙하고 흥미 있는 물체에 관심을 갖고 다양한 방법으로 탐색해 보는 과정에서 물리적 지식은 획득된다. 이때 교사는 직접적인 지시나 간섭을 해서는 안 된다. 유아 스스로 호기심에 의해 사물과 상호작용할 때 주의집중할 수 있으며 그 사물에 대한 물리적 지식도 훨씬 더 많이 얻게 되기 때문이다.

② 사회적 지식

사회적 지식은 사회생활을 하는데 기본적으로 필요한 예절, 질서, 규범, 규칙, 배려, 양보, 책임감 등을 알게 되는 것을 말한다. 유아가 사회적 지식을 획득하기 위해서는 유아의 주변에 있는 다양하고 많은 사람들과 상호작용할 기회를 가져야 한다.

예를 들어, 사람과 사람이 처음 만났을 때 어떻게 인사하고, 헤어질 때는 어떻게 인사하는지 알기 위해서는 직접 사람과 상호작용하는 경험을 가져야 한다. 식사예절, 공공기관을 활용하는 방법, 사람을 대하는 태도, 교통질서와 규칙지키기 등 살아가는데 꼭 필요하고 준수해야 할 여러 가지가 있다는 것도 유아는 직접 경험을 통해 이해하게 된다. 더불어 집단 활동을 통해 협동과 배려하는 마음, 양보하는 마음에 대해서도 알게 될 것이다.

③ 논리 및 수학적 지식

논리 및 수학적 지식은 유아가 물체, 즉 환경과 상호작용하여 얻게 되는 지식과 정보를 의미한다. 물리적 지식이 물체를 통해 얻게 되는 속성이나 특성에 대한 지식을 말하는 것이라면 논리 및 수학적 지식은 그 지식을 토대로 원인과 결과를 추론할 수 있고, 다양한 방법으로 생각하고, 물체와 물체를 서로 짝지어 보거나 어떤 기준으로 분류하거나 배열하거나 서열화할 수 있는 능력이다.

예를 들어, 생활 속에서 수의 많고 적음을 이해하거나, 나를 중심으로 위, 아래, 앞, 뒤, 옆 등의 공간개념을 이해한다. 그리고 세모, 네모, 동그라미 등 도형에 대해 알고 도형을 합하거나 나누게 되면 어떤 모양이 되는지 활동해 본다. 또한 물체의 길이와 크기를 비교해 보고 서열화할 수 있고, 일 대 일 대응 관계를 이해하고, 무겁다 가볍다 등의 무게에 대한 이해도 한다. 더불어 여러 가지 물체나 무늬를 통해 일정하게 반복되는 규칙, 패턴이 있음을 이해하게 되고 그것을 통해 다음에 어떤 모양이 올 것인지 미리 추측도 해 볼 수 있으며 시간과 공간에 대한 개념도 익힐 수 있다.

4) 교수-학습 방법

교수-학습 방법은 유아가 학습의 주체가 되어 자발적이고 능동적으로 학습을 유도할 수 있도록 지원하고 안내한다. 유아 스스로 사물과 현상에 호기심을 갖고 탐색하고 탐구하는 과정 중에 지식과 정보를 형성하고 학습할 수 있음을 강조하고 있다.

다음은 교수-학습 방법에 대한 특징을 정리하였다(Devries, 1992).

① 유아의 흥미와 욕구에 따른 능동적인 학습을 강조한다.
유아의 학습 속도와 다양한 학습 유형을 존중하며 유아의 개성을 존중한다.
② 학습의 주체는 유아이다.
유아들이 자율적으로 주제를 선정하고 계획하고 실행할 수 있도록 한다.
③ 시행착오를 통한 직접 경험학습을 강조한다.
사물과의 직접 경험을 통하여 자신의 활동을 스스로 고쳐 나가고 그 과정에서 지식을 형성하게 된다.
④ 직접 탐색하고 스스로 활동을 선택하도록 한다.
유아 자신의 흥미와 욕구에 따라 자유롭게 활동을 선택한다. 이를 통해 활동적이고 능동적으로 환경과 상호작용한다.
⑤ 유아의 내적 동기를 통해 학습이 일어나도록 한다.

교사의 외적인 간섭이나 통제, 그리고 지시에 의해 학습이 진행되는 것을 원하지 않는다. 지식과 정보는 유아의 내적 동기가 발로되어 사물과 상호작용을 적극적으로 하게 됨으로써 획득되는 것이라고 보고 있다.

5) 환경

풍부하고 다양한 환경을 마련하여 유아가 환경과 상호작용이 일어날 수 있도록 동기를 유발시킬 수 있도록 한다. 그리고 개방적 분위기를 유도하여 유아의 자발적 학습이 이루어지도록 한다. 무엇보다 학습의 주도권은 유아 개개인에게 있기 때문에 교사는 미리 다양하고 풍부한 환경을 마련해 주고 유아들이 자율적으로 선택하여 활동할 수 있도록 편안한 분위기를 창출하는 것이 필요하다.

환경적 특징은 다음과 같다(Smith, 1983).

① 풍부하고 다양한 환경을 구성한다.

유아의 흥미와 발달정도를 고려하여 풍부하고 다양한 환경을 구비해 놓는다. 미리 준비된 환경에서 유아는 자율적으로 활동에 몰입하게 된다.

② 개방적인 분위기를 유도한다.

유아가 스스로 활동을 선택하고 질문하고 탐색하고 새로운 아이디어를 창출할 수 있는 개방적이고 편안한 분위기를 만들어 준다.

③ 물리적 환경뿐 아니라 사회적 환경에도 관심과 주의를 갖는다.

사회적 환경에는 교사, 또래, 부모 등 모든 인적 자원을 말한다. 따라서 유아들에게 도움이 될 수 있도록 노력한다.

6) 교사의 역할

교사는 간섭과 명령과 통제를 하는 자가 아니라 안내하고 지원하고 지지하고 도와주는 역할을 한다. 그러기 위해서는 개개인 유아들에게 관심을 갖고 주의를 기울여야 한다. 또한 호기심을 자극하기 위해 동기유발시키며 풍부한 환경을 제공해 주는 역할도 해야 한다. 더불어 개방적인 질문을 통해 유아의 사고를 확장시킬 수 있도록 돕는 역할을 한다.

다음은 카미-드브리스 프로그램에서의 교사의 역할을 정리한 것이다(Gallahue, 1996).

① 지원하고 도와주는 역할을 하도록 한다.
② 유아의 흥미와 관심을 관찰하고 고려한다.
③ 풍부한 환경구성을 한다.
④ 유아의 탐색활동, 사고활동에 관심을 갖는다.
⑤ 유아의 자율성 신장을 위해 노력한다.
⑥ 유아의 다양한 질문을 격려하고 반응해 준다.
⑦ 유아가 사물과 상호작용하여 스스로 아이디어를 구축할 수 있도록 도와준다.

유아가 활동을 직접 함으로써 스스로 답을 찾아 내거나 문제를 해결할 수 있도록 기회를 주는 것이 필요하다.

⑧ 유아의 발달과 유아가 하는 모든 활동에 관심을 갖는다.

개인차를 인정하고 유아가 내적 동기가 어떤 분야에 보다 더 집중되어 있는지 관찰한다. 그리고 교사는 유아가 물리적, 사회적, 수학 논리적 지식 세계에 대한 개념이 이루어질 수 있도록 지속적인 관찰과 관심을 가져야 한다.

⑨ 유아들에게 활동자료와 활동을 제시해 주고 적절한 반응이 나올 수 있도록 도와준다.

이때 교사는 직접적으로 가르치려고 하거나 간섭하지 말아야 한다. 유아 스스로 자발적으로 할 수 있도록 안내해 주는 역할을 해야 한다.

⑩ 교사는 유아를 관찰하고 기록하고 평가하며 미래의 교육을 위해 통합, 예측하는 등의 반드시 성인의 도움이 필요할 때에만 개입한다.

⑪ 개인별 활동, 소집단 활동, 집단 활동 등 균형 있는 활동이 이루어질 수 있도록 한다.

주의해야 할 점은 활동 시간을 미래 계획하고 제한하지 않는다.

카미-드브리스 프로그램은 유아의 선천적인 요인과 함께 유아가 환경과의 상호작용을 통해 얻게 되는 물리적, 사회적, 수학 및 논리적 지식 등을 획득하기를 희망하는 구성주의 프로그램이다. 따라서 교사는 풍부한 환경을 제공해 주는 역할을 하며 유아가 능동적으로 참여할 수 있도록 도와주는 일을 해야 한다. 유아와 교사간의 상호작용, 유아와 유아간의 상호작용, 유아와 교재 · 교구간의 상호작용을 중요하게 생각하며, 특히 유아의 내적 동기 유발을 강조하고 있다.

다음은 카미-드브리스 프로그램에 기초한 주간 계획안과 하루일과 계획안이다. 제시한 교육 계획안은 종일반 프로그램이며, 시간과 활동은 유아들의 흥미와 관심 정도에 따라 얼마든지 융통성 있게 조정가능하다는 것을 이해해야 한다.

[카미-드브리스 프로그램에 기초한 P어린이집의 주간계획]

<table>
<tr><td colspan="2">주간 주제</td><td colspan="5">전통 음식</td></tr>
<tr><td colspan="2">목 표</td><td colspan="5">- 우리나라의 다양한 전통음식에 대해서 안다.
- 전통음식에 관심을 갖는다.</td></tr>
<tr><td colspan="2">날짜/요일</td><td>17(월)</td><td>18(화)</td><td>19(수)</td><td>20(목)</td><td>21(금)</td></tr>
<tr><td colspan="2">소주제</td><td>우리 떡</td><td>김치가 최고야!</td><td>명절엔 어떤 음식을 먹었을까?</td><td>된장, 고추장은 어떤 음식일까?</td><td>맛있는 한과</td></tr>
<tr><td rowspan="5">자유선택활동</td><td>언 어</td><td colspan="2">김치를 먹으면 튼튼해져요</td><td colspan="3">쓰기- 동시(떡)</td></tr>
<tr><td>수 · 조작</td><td colspan="2">여러 가지 김치가 있어요.</td><td colspan="3">가래떡 썰기</td></tr>
<tr><td>쌓기 · 역할</td><td colspan="2">떡 가게놀이</td><td colspan="3">명절음식상 차려보기</td></tr>
<tr><td>과 학</td><td colspan="2">발효가 뭘까?</td><td colspan="3">단백질의 응고(두부 만드는 과정을 알아본다.)</td></tr>
<tr><td>미 술</td><td colspan="2">주말 활동 그림 그리기</td><td colspan="3">된장, 고추장으로 만들 수 있는 음식 그리기</td></tr>
<tr><td colspan="2">간 식</td><td>송편, 식혜</td><td>김치전, 우유</td><td>감자떡, 우유</td><td>떡볶이, 우유</td><td>한과, 수정과</td></tr>
<tr><td colspan="2">이야기 나누기</td><td colspan="2">추석에 먹는 음식에는 송편 떡이 있어요.</td><td colspan="3">콩으로 만든 음식에는 뭐가 있을까?
발효 식품엔 뭐가 있을까?</td></tr>
</table>

		김장김치가 뭘까? 우리음식이 최고야!	한과는 어떤 음식일까?
실외활동		배추, 무뽑기, 솔잎 따보기	고추 따보기
대집단활동	조 형	흙송편 만들어 보기 떡 그림 퍼즐 맞추기	한과 그릇 만들기
	음률 · 동작	시루떡 노래 부르기	떡이 되는 과정을 동작으로 표현해 보기
	게 임	떡먹고 한바탕 웃자	한과 먹고 풍선 터뜨리기
	동시 · 동화	떡보만세, 김치이야기	떡을 좋아하는 호랑이
	속 담	누워서 떡먹기	떡 줄 사람은 생각지도 않는데 김칫국부터 마신다.
	요 리	송편 만들어 보기	고추장 떡볶이 만들기

[카미-드브리스 프로그램에 기초한 P유치원의 하루일과]

생활주제	우리 떡	년 월 일	
목 표	– 우리의 전통음식인 떡에 대해서 안다. – 떡과 관련된 전통 풍속에 관심을 갖는다.		
시 간	활동 명	활 동 내 용	준비물 및 유의점
08:00~ 09: 00	등원하기	유아 맞이하기	출석카드
09:00~ 10: 10	흥미영역 자유선택 활동	유아 자신이 놀이계획하기 하루일과 순서 알아보기 새로운 조형놀이 소개하기	유아 스스로 활동 선택하기
10:10~ 10: 30	이야기 나누기	떡의 종류에 대해서 이야기를 나눈다. 떡을 먹어 본 경험에 대해 이야기를 나눈다. 떡을 언제부터 먹기 시작했는지, 주로 언제 먹었는지 이야기를 나눈다. 명절이나 절기에 먹는 떡에 대해 이야기를 나눈다. 떡에 관한 풍습에는 어떤 것이 있는지 이야기를 나눈다	여러 가지 떡 사진 재료 및 도구
10:30~ 10: 50	간식	간식 먹을 준비하기 간식 먹고 정리 정돈하기	식혜
10:50~ 11: 20	동화 듣기	동화: 떡보만세 떡보만세를 융판동화로 들려준다. 동화 듣고 느낌과 생각 자유롭게 표현한다.	융판동화 재료
11:20~ 12: 10	바깥놀이	놀이기구 안전하게 타기 사육장에 가서 동물 관찰하고 먹이 주기 정원에 물주기 및 물놀이	유아의 흥미 관심에 따라 자유롭게 놀기

		모래놀이 정리 정돈 및 화장실 가기	
12:10~ 13: 00	점심 식사 양치 지도	점심식사 준비 및 식사 점심식사를 통한 식사 예절 배우기 식사를 마치면 깨끗하게 양치한다.	식판, 개인용 수저
13:00~ 14: 00	게임 (대집단)	게임: 떡먹고 한바탕 웃자 편을 나눈 후, 게임의 규칙을 알고 시작한다. 주사위를 던져 나온 수만큼 그림 떡을 먹고 크게 웃고, 떡이 많은 편이 이기게 된다.	여러 종류의 떡 그림(입체) 주사위
14:00~ 15: 00	음악 감상 및 표현	음악: 우리 민요 민요를 듣고 난 후 자신의 생각과 느낌을 자유롭게 이야기해 본다. 민요의 느낌을 리본 춤으로 표현한다.	민요 테잎 녹음기 리본 테잎
15: 00~ 15: 40	휴식 및 낮잠 자기	민요를 들으면서 잠자리에 든다.	민요 테잎 녹음기
15: 40~ 17: 10	요리활동 및 맛보기 (소집단)	요리: 송편 만들기 송편의 모양을 이야기해 보고 자유롭게 모양을 만든다. 송편을 만드는 순서에 대해 알고 만들어 본다.	송편 재료
17: 10~ 17: 20	정리 정돈	정리 정돈하기	질서와 규칙 알기
17:20~ 18: 00	평가 및 귀가지도	유아들과 하룻동안 있었던 일을 이야기한다. 유아들이 내일 하고 싶은 것에 대해서 이야기 나눈다. 유아가 스스로 가방과 옷을 챙길 수 있도록 지도한다. 차량 탑승 시 주의 점을 이야기한다. 차량순서가 될 때까지 귀가준비를 하고 조용한 놀이를 한다.	자신의 생각과 느낌 표현하기 흥미로운 것 이야기하기
비 고		· 명절에 먹는 음식인 송편에 대해서 이야기를 나눈다. 명절에 하는 놀이에 대한 의견이 나왔다. 다음 시간에 명절에 하는 놀이를 해 보기로 하였다. · 패스트푸드와 우리음식의 차이점에 대해 비교해 보기로 했다. · 요구르트를 직접 만들어 보고 발효에 대해서 공부해 보기로 했다.	
평 가		· 유아들이 직접 송편을 만들어 보면서 우리의 전통음식에 대해서 이해할 수 있었다. · 떡을 먹지 않았던 유아들도 떡에 관심을 갖고 먹을 수 있게 되었다.	

4. 디스타 프로그램

1) 이론적 배경

행동주의 이론에 기초한 디스타(Direct Instructional System for Teaching Association Remediation) 프로그램은 미국 일리노이 대학에 있는 베라이터와 엥겔만 교수에 의해 만들어졌기 때문에 베라이터-엥겔만(Bereiter-Engelmann) 프로그램이라고도 한다. 이는 교육의 혜택을 제대로 받지 못한 불우한 유아를 대상으로 그들의 학교교육을 성공적으로 영위할 수 있도록 돕기 위해 개발한 것이다.

일반적으로 중류계층의 자녀들 보다는 경제적으로 어려움을 겪고 있는 저소득층 유아를 대상으로 읽기, 쓰기, 셈하기 등을 위주로 교육하고 있다. 이를 위해 교육내용과 교육방법이 체계적으로 구성되어 있으며 직접적 교수를 한다. 이 프로그램이 잘 수행되기 위해서는 교사가 유아의 학습능력을 주의 깊게 관찰하고 유아의 학습능력 단계에 맞도록 계획하여 체계적인 학습으로 진행시켜야 한다. 디스타 프로그램은 유아기 때부터 기초적인 학습능력을 기르고 더불어 학교생활에 필요한 기초적 생활습관 등을 기르는 것이 중요하다고 본다(Chow & Elmore, 1973).

로크, 손다이크, 스키너, 왓슨 등 행동주의 이론에 기반을 둔 디스타 프로그램에 따르면 인간의 본성은 환경에 의해 결정되어진다고 보며, 한 개인의 지적인 구조도 환경에 의해 좌우된다고 보았다. 즉 감각적 경험에 의해 사고체계가 형성된다고 주장하였다(Becker, 1977).

디스타 프로그램의 이론적 기초는 아리스토텔레스의 사상에 근간을 찾을 수 있다. 아리스토텔레스에 의하면 지식이란 경험과 사고에서 얻어지는 것이라고 하였으며 이런 그의 사상은 로크의 경험론으로 이어지게 되었고 왓슨, 파블로프, 스키너 등의 행동주의 학파로 이론을 구축하게 되었다(Neisworth & Buggy, 2000).

베커(Becker, 1977)와 모리슨(Morrison, 1977)은 디스타 프로그램의 기본 가정을 다음과 같이 설명하였다.

① 모든 유아는 발달의 정도와 관계없이 학습할 수 있다.

학습의 원리는 연령에 관계없이 적용되어지며 모든 인간의 행동은 학습된 행동이라고 볼 수 있다.

② 모든 행동은 환경적 자극에 의해 반응을 보인 결과이다.

모든 행동은 구체적인 환경 자극에 의해 반응을 보인 것이다.

③ 학습은 연령에 관계없이 누구나 자극을 주면 반응하게 된다.

즉 자극은 행동을 유발하게 하는 원인이 되고 반응은 원인에 대한 결과를 의미한다.

④ 기초 기능의 학습은 지적 행동의 가장 중심이 되며, 보상교육 프로그램의 본질이 되어야 한다.

⑤ 저소득층 유아는 다른 유아들에 비해 기능 및 인지적 발달이 늦다. 따라서 학교생활을 성공적으로 보내기 위해서는 필요한 기능을 습득해야 한다.

⑥ 경제적으로 불우한 환경에 있는 유아들은 다른 유아들에 비해 학습능력 및 그 밖의 기능이 떨어지기 때문에 미리 부족한 부분을 더 많이 교육받아야 한다.

즉 보상교육의 차원으로 프로그램의 본질을 이해해야 한다.

⑦ 모든 인간의 행동은 자극과 반응의 원리로 이해된다.

환경적 자극을 어떻게 주느냐에 따라 반응, 즉 행동은 얼마든지 다른 방향으로 이끌어 낼 수 있다. 결국 자극은 행동을 이끄는 원동력이다.

디스타 프로그램의 특징을 정리하면 다음과 같다(Adams & Engelmann, 1996; Bricker, 1999).

① 매우 구체적인 학습목표를 제시하고 있다.

② 유아의 이해 정도를 고려하여 교육활동이나 주제는 세부적이고 단계적으로 제시하고 있다.

학습활동 내용은 미리 사전에 단계별로 나누어 순서화한다.

③ 교사는 직접적 교수를 통해 유아의 학습능력을 향상시킨다.

④ 목표를 위해 강화의 원리를 사용한다.

유아의 바람직한 행동을 유도하고 학습의 기능을 강화하기 위해서 긍정적 강화를 이용한다.

⑤ 교수방법은 언어적이라고 볼 수 있다.

교사의 바른 언어사용은 유아에게 좋은 모델링이 되고 더불어 논리적인 진술은 유아의 인지적 발달을 위해 필요하다.

⑥ 교육활동은 구체적인 활동에서 시작하여 추상적인 활동으로 전개해 나간다.

단계적으로 구분되어져 있어 한 단계를 수행하고 나면 다음 단계로 진행해 나간다.

⑦ 유아의 행동에 대해 적극적인 피드백을 한다.

유아는 그들의 행동에 대해 교사가 적절한 반응을 보일 때 강화되기 때문이다.

⑧ 디스타 프로그램은 구조적이고 지시적이다.

학습의 주체는 유아가 아닌 교사주도이기 때문에 지시적이며 학습의 형태는 구조적이다.

⑨ 유아의 활동을 객관적으로 평가하고 주의집중, 동기화, 강화전략 등을 개발한다.

디스타 프로그램은 학교에서의 성공적인 생활을 위해 필요한 기초적 학습능력을 키우고 기본적 생활습관을 형성하는데 많은 도움을 주고 있다. 따라서 많은 학교에서 행해지고 있고 특히 유치원에서도 읽기, 쓰기, 셈하기 등 저소득층 유아들의 경우 세부적이고 단계적인 학습능력을 배양하는 것이 필요할 때 디스타 프로그램을 활용하고 있다.

디스타 프로그램은 보상교육의 일환으로서 저소득층 유아들에게 부족하고 뒤

쳐진 기능과 학습을 보완해 주는 프로그램으로 이해될 수 있겠다. 결국 모든 인간의 행동이 자극에 의한 반응으로 이해되기 때문에 지체현상을 보이는 유아들에게 풍부한 환경을 주어 바람직한 행동으로 이끌어 낼 수 있다고 본다.

2) 교육목적

디스타 프로그램에서의 교육목적은 인지적, 언어적 학습능력을 길러 학교생활을 성공적으로 이끌기 위함이다. 이를 위해 학습의 기초기능을 체계적으로 익히도록 한다. 유아들의 주의집중을 높이기 위해 동기를 유발시키고 주위집중된 상태를 유지할 수 있도록 해야 한다. 이때 바람직한 행동을 했을 때 강화를 주게 되면 집중력이 더 높아질 수 있고 학습의 효과도 높일 수 있다. 결국 유아가 적절하지 못한 행동을 했을 때에나 과제에 주의를 기울이지 않았을 때에는 강화를 사용하여서는 안 된다.

결국 디스타 프로그램에서는 유아의 흥미나 욕구에 의해 하루일과가 진행되어지기보다는 지적인 기초 기능의 학습을 위해서 목표를 세우고 그 목표를 달성하기 위해서 세부적이고 단계적인 목표를 이루는 데 강조점을 두고 있다. 따라서 적절한 학습 환경과 함께 구체적인 교육내용을 미리 계획하여 단계적으로 유아에게 가르쳐야 한다.

다음은 행동주의 이론에 기초한 디스타 프로그램에서 제시한 목표 설정의 방법을 제시한 것이다(Bijou & Baer, 1978; Neisworth & Buggey, 2000).

① 필요한 기술을 먼저 가르치도록 목표를 설정한다.

교사는 유아에게 요구되어지는 부분에 대해 구체적인 목표를 세워 단계별로 직접 교수하여 가르친다.

② 성공할 수 있는 기회를 많이 갖도록 설정한다.

유아가 긍정적인 결과를 얻어 만족할 수 있도록 기회를 제공해 준다. 반복적인 학습을 통해 과제를 익숙하게 할 수 있도록 돕는다. 따라서 단순한 것에서 복잡한 것으로, 익숙한 것에서 익숙하지 않는 것으로, 단순하고 기계적인 암기에서 논리적인 문제해결하는 방법으로 단계별로 진행시킨다.

③ 반복 학습하도록 한다.

행동이나 기술 등이 지속적으로 유지하기 위해서는 연습, 즉 반복적 행위가 필요하다. 따라서 강화를 통해 반복적 연습이 될 수 있도록 한다.

④ 행동목록의 확장은 수직적 확장과 수평적 확장이 이루어질 수 있도록 한다.

수직적 확장이란 행동 자체를 수행하는 것을 말하는 것으로 간단하고 쉬운 행동에서 시작하여 점차 복잡하고 어려운 행동으로 나아갈 수 있도록 계획한다. 수평적 확장이란 다양한 상황에 따라 융통성 있게 행동을 자유롭게 조정할 수 있는 것을 말한다. 따라서 교실에서 어떤 한 가지를 배웠다면 교실 밖에서도, 즉 다른 상황에서도 일반화시켜 다양한 방법으로 배운 한 가지를 활용할 수 있도록 하는 것을 말한다.

⑤ 학습의 목표는 세분화하여 유아들이 보다 쉽게 학습을 성취할 수 있도록 한다.

단계로 나누어 각 단계마다 구체적이고 세부적인 목표를 이룰 수 있도록 한다.

⑥ 유아의 주의집중, 동기유발, 학습이 지속화될 수 있도록 한다.

무조건적으로 학습해야 할 것만 직접 교수하는 것이 아니라 유아가 학습하는 중에 보상을 발견하도록 한다. 그렇게 되면 유아는 학습에 동기화가 이루어져 교사의 지시에 훨씬 잘 따를 수 있게 된다. 디스타 프로그램에서 학습의 동기는 유기체의 외부, 즉 환경에서 발생되어진다고 보고 있다. 따라서 유아는 강화에 의해 영향을 받으며 외적인 동기를 필요로 한다(Bricker, 1999).

또한 학습해야 할 내용에 대해 주의집중할 수 있도록 가르친다. 긍정적인 강화 및 교수에 의해 유아의 주의집중을 끌어 낼 수 있다. 교사는 이전에 학습했던 것을 다시 반복하여 질문함으로써 이전의 학습의 상황을 파악한다. 그리고 반드시 피드백을 주어 강화시킨다. 강화된 것은 유아의 기억 속에 오래 저장되기 때문에 강화를 제공한다.

결국 디스타 프로그램의 교육목적은 기초적인 학습능력을 길러 학교생활을 성공적으로 이끌어 갈 수 있는 기초토대를 마련하고자 하는 것에 있다. 따라서 교사의 직접적인 교수방법으로 강화와 반복학습으로 필요한 기능과 기술을 익힌다.

3) 교육내용

학습의 기초능력을 기르기 위해 교육내용은 언어, 읽기, 셈하기 등의 내용으로 강조하여 구성하고 있다. 이들 각 영역은 단계별로 세분화되어 있다. 하지만 언어, 읽기, 셈하기 외에도 예술적 기능, 사회적 기능, 조형적 기능 등을 위한 내용도 다루어지고 있다(Becker, 1997).

(1) 언어

첫째, 바르게 어휘를 구사할 수 있도록 하고 문장표현 능력을 기른다.
둘째, 언어적 개념을 알고 언어를 바르게 사용하는 방법을 기른다.
셋째, 대상이나 사물을 언어로 정확하게 말할 수 있도록 한다.

예를 들면 긍정문으로 말하기, 부정문으로 말하기, 반대말 알기, 유사한 말 알기, 전치사 사용하기, 동사의 시제 알기, 낱말 범주화하기, 각 부분의 명칭 바르게 알기, 접속사 바르게 사용하기 등으로 이루어져 있다. 기초적 단계가 끝나면 보다 복잡하고 어려운 단계로 언어학습이 진행된다. 다양한 어휘 습득한 후 어휘를 이용하여 문장 완성해 보기, 사물의 기능, 동의어끼리 분류해 보기, 개념 정의하기, 논리적으로 사고하여 써 보기 등 언어학습이 이루어진다.

(2) 읽기

읽기 학습은 유아가 책을 정확하게 읽을 수 있는 능력을 기르기 위함이다. 따라서 읽기에 필요한 다양한 기술과 개념을 익힐 수 있도록 세분화되어 가르치게 된다.

읽기에 대한 내용을 보면 발음 알아내기에서 시작하여 동작을 나타내는 낱말 읽기, 비슷한 발음 분류하기, 혼합어 발음하기, 글자의 순서알기, 단어와 문장 읽기 등 보다 어려운 단계로 진행되어진다.

(3) 셈하기

① 수세기를 할 수 있도록 하고 일상생활에서 활용한다.
② 수의 기초적 활용능력을 기른다.
③ 수의 대소를 알고 활용한다.
④ 덧셈, 뺄셈의 기초능력을 기른다.
⑤ 암산 능력을 키운다.

예를 들어 1부터 10까지 세기, 수의 개념 알고 활용하기, 부호에 대해 알기, 더하기, 빼기, 둘씩 묶어 세기, 셋씩 묶어 세기, 곱하고 나누기에 대해 이해하기 등의 활동을 한다.

이 밖에도 예술적 기능(arts)을 위해 대집단으로 노래하거나 창의적인 동작활동 등을 한다. 다함께 노래 부르기는 유아들에게 심미감을 심어 주고 예술적 감흥을 불러일으키는 동시에 언어적 발달을 돕는다. 노래를 부르기 위해서는 노래 가사를 정확히 읽을 줄 알고 따라 부를 줄 알기 때문이다. 그리고 다양한 어휘와 표현에 맞는 적절한 문장 등이 있기 때문에 반복적인 노래 부르기는 언어발달에 도움이 된다.

사회적 기능(social skill)을 위해서 올바르게 옷 입기, 화장실 사용하는 법, 손 씻기, 식사하는 법, 계단 오르고 내려가기, 바깥놀이 활동에 주의해야 할 점 등에 대한 활동을 한다. 이런 활동을 함으로써 학교생활에 필요한 기본적인 생활습관을 형성할 수 있다.

4) 교수-학습 방법

교사의 구체적이고 지시적인 교수-학습 방법을 통해 유아는 스스로 할 수 있다는 자신감을 기를 수 있다. 이는 유아에게 유능감을 심어 주는 것이다. 교사는 될 수 있는 한 유아가 빠른 시일 내에 학습할 것에 대해 익힐 수 있도록 해야 하고, 단계별로 수립한 교육목표를 성취할 수 있도록 직접적 교수를 해야 한다.

다음은 교사가 유아를 가르치는데 있어 필요한 구성요소를 7가지로 설명하고 있다(Becker, 1997).

① 개념위주의 교육보다는 실례를 통한 학습으로 보편적이고 일반화할 수 있도록 한다.

② 다른 유아 프로그램에서 보다 교사가 많이 필요하다.

왜냐하면 교사가 학습을 주도하는 일차적인 도구이기 때문이다.

③ 디스타 프로그램은 매우 구조화되어 있다.

우선적으로 가르쳐야 할 내용이 정해져 있고 그에 맞는 시간이 할당되어진다. 따라서 모든 교사는 어떤 내용을 가르쳐야 하는지에 대해 미리 알고 있다. 따라서 융통성이 다소 부족하다.

④ 교사 주도형이고 소그룹 지도의 교수방법을 사용한다.

유아에게 필요하고 요구되어지는 기초적 기능과 기술을 습득하는 것을 목적으로 하고 있기 때문에 유아주도보다는 교사중심, 교사주도로 학습이 진행되어진다. 그리고 많은 수의 유아를 지도하기보다는 주로 소그룹 지도 방법을 채택하고 있다.

⑤ 주의집중하기, 강화제공하기, 실수를 확인하고 고치기 등의 기법을 사용한다.

⑥ 교사는 유아들이 학습한 내용을 충분히 익혔는지에 대해 훈련하고 감독하는 역할을 한다.

⑦ 수업보고서를 작성하여 유아의 학습 수준 정도를 파악한다.

즉 학습능력에 대한 준거 기준을 마련하거나 관련 검사를 실시하여 유아의 향상 정도를 평가하고 관리한다.

다음은 디스타 프로그램의 교수-학습 방법의 특징이다(Neisworth & Buggey, 2000; Spodek, & Saracho, 1994).

① 교사중심의 직접적 교수를 한다.
② 학습의 기초능력을 기르기 위해 분명한 목표를 수립하고 구체화시킨다.
③ 교육내용과 방법이 뚜렷하고 전략적이다.
④ 강화, 자극, 통제, 촉진, 벌, 소거 등 행동주의 원리를 학습에 적용한다.
⑤ 기초 지식을 체계적으로 가르친다.
⑥ 계속적인 피드백(feed back)을 통해 유아의 학습을 교정해 나간다.
⑦ 학습의 속도가 빨리 나타난다.
⑧ 유아에게 필요한, 즉 선행되어져야 할 학습과제가 주어지며 그것에 초점을 맞춘다.
⑨ 학습단위는 작은 단위에서 큰 단위로 체계화되어 있고 세분화되어 있다.
⑩ 유아의 집중력을 강조하며 집중할 수 있도록 교사는 노력한다.

또한 디스타 프로그램의 교수 방법 특징을 다음과 같이 정리한 사람들도 있다(Hanson & Lynch, 1989; LeBlanc, 1982).

① 학년 초에 교사는 일일계획, 주간계획, 월간계획, 연간계획안을 세운 후, 직접 교수방법을 한다.

즉 교육과정을 미리 사전에 계획하여 직접 교수활동을 한다.

② 습득한 개념과 기술 및 기능을 지속적으로 유지시키기 위해서 흥미영역활동을 하여 배운 지식과 기능을 일반화할 수 있도록 한다.

③ 직접교수를 할 때는 일대일로 하거나 소집단으로 구성하여 실시한다.

④ 유아 개개인마다 교육목표를 설정하여 단계별로 진행된다.

⑤ 학습의 속도가 다른 프로그램에 비해 매우 빠르게 진행된다.

⑥ 교사와 유아간의 언어적 상호작용을 중요하게 생각한다.

⑦ 유아가 학습의 과제를 수행할 수 있도록 구체적 방법을 제시하며 계속적인 피드백을 통해 유아의 문제행동을 올바르게 수정해 나간다.

⑧ 유아의 집중시간을 길게 지속시키기 위해 유아의 사고활동을 자극하고 촉진한다.

⑨ 행동수정기법을 활용하여 유아의 행동을 바람직한 방향으로 유도해 간다. 처음에는 교사의 강화에 의해 행동을 수정해 가지만 점차 유아 스스로, 자발적인 학습으로 전이되어 올바르게 행동할 수 있도록 한다.

디스타 프로그램에서의 교수-학습 활동은 교사중심의 활동이라고 볼 수 있다. 교사와 유아간의 언어적 상호작용을 매우 중요하게 생각하고 강화와 반복 훈련을 통해 학습이 지속적으로 유지하도록 한다.

학습내용이 단계별로 구분되어져 있으며 세부적인 교육목표를 설정하여 유아가 구체적 목표를 달성할 수 있도록 교사는 지시적이고 직접적 교수를 한다. 간단한 것에서부터 시작하여 점차 어렵고 복잡한 것으로 진행되어지는 학습형태로 교사와 유아는 학습해야 할 과제를 얼마나 잘 수행했는지에 초점을 맞추게 된다.

5) 환경

디스타 프로그램에서의 교사는 유아의 발달정도를 주의 깊게 관찰하여 요구되어지는 학습능력을 파악한다. 이는 유아의 학습능력을 진단하고 배워야 할 학습내용을 지시하고 평가하기 위한 것이다. 그리고 학습의 효과가 극대화될 수 있도록 교수해야 할 과제를 계획하고 단계별로 세분화하는 작업을 한다.

교사는 유아에게 풍부한 환경을 마련해 주기보다는 강화를 통해 학습을 주도적으로 유도하는 역할을 한다. 풍부하고 다양한 환경을 조성해 주는 일은 오히려 유아에게 학습해야 할 지식이나 개념을 위해서는 부적당하다고 본다. 따라서 학습을 위해 최소한으로 필요한 환경, 즉 교재 · 교구만을 제공해 주는 것이 필요하다.

다음은 교사가 환경을 구성할 때 필요한 것을 정리하였다(Cook, Tessier & Klein, 2000; Halle, Alpert, & Anderson, 1984)).

① 학급의 조직을 구조화시킨다.

② 학급환경을 통제시킨다.

③ 놀이보다 학습할 과제에 관심을 갖고 있기 때문에 집중력을 키울 수 있는 환경을 조성한다.

④ 일과는 세 번의 학습시간과 세 번의 대집단 활동으로 구성한다.

⑤ 풍부하고 다양한 자료와 환경 대신 학습에 꼭 필요한 자료만 준비한다.

⑥ 하루일과는 학교생활을 기초로 하여 구성한다.

예를 들어 화장실 가기, 간식 먹기, 휴식 시간, 집단 활동 등 필수적인 내용을 첨가하여 일과 운영을 한다.

⑦ 각 유아에게 학습해야 할 내용과 직접 교수의 목표를 정한 후, 그에 맞는 최소한의 환경을 설정한다.

⑧ 학습한 개념과 기술을 다른 환경이나 상황에 적용할 수 있도록, 즉 일반화할 수 있도록 흥미영역활동을 구성한다.

다음은 행동주의 프로그램에서 강조하는 환경을 위한 지침 내용이다(Alberto & Troutmn, 1982; Bailey & Wolery, 1992; Peters et al., 1985).

① 교사가 유아의 행동을 한눈에 볼 수 있도록 교실 환경을 배치한다.

예를 들어 너무 높은 교구장이나 시설장은 한쪽 벽에 붙여 놓는다.

② 유아들에게 위험한 요소가 있는 자료는 따로 보관함에 보관해 둔다.

③ 놀이영역과 보행로를 구분할 수 있도록 교실 바닥에 표시한다.

예를 들어 카펫을 활용하기도 하고 색테이프를 활용하여 활동영역을 뚜렷이 구분할 수 있도록 한다.

④ 유아들은 주변 환경에 민감하게 반응하기 때문에 교사는 적절한 자료의 배열에 주의를 기울인다.

⑤ 유아의 시선을 끌 수 있는 자료를 제공해 준다.

실물을 이용하여 유아의 호기심과 동기를 유발할 수 있도록 한다.

⑥ 적절한 공간 배치에 주의하고 개인적 공간도 고려한다.

⑦ 하루일과를 예측할 수 있도록 교실의 환경에 주의를 기울인다.

⑧ 학습한 지식과 개념을 활용할 수 있도록 활동영역을 구성한다.

⑨ 읽기, 쓰기, 셈하기 등의 학습이 일어나는 곳의 분위기는 부드러운 파스텔의 색을 이용하여 조용한 분위기를 유도할 수 있도록 한다.

⑩ 대근육 및 역할놀이를 하는 영역은 보다 밝은 색채를 이용하여 유아가 색채를 통해 영역을 구분할 수 있도록 배려한다.

디스타 프로그램의 교실환경 구성 원리는 다음과 같다(Allen, 1992).

① 유아가 학습할 것을 미리 예측 가능하도록 교실 환경을 구성한다.

② 유아의 자신감과 성취감을 길러 주기 위해 작고 단순하고 세분화된 단위부터 활동 자료를 배치하도록 한다.

③ 학습해야 할 지식과 기능이 놀이와 결합할 수 있도록 환경을 구성한다.

습득한 지식과 기능을 놀이에서 활용되어질 수 있도록 한다.

④ 교사는 유아에게 바람직한 모델링이 될 수 있도록 한다.

6) 교사의 역할

교사는 계획된 순서에 의해 단계별로 과제를 수행해 나가도록 한다. 그리고 유아의 기초능력과 기술을 익힐 수 있도록 강화를 제공하는 역할을 한다. 긍정적 강화를 통해 바람직한 방향으로 과제를 수행하고 행동할 수 있도록 한다. 강화를 통해 교사는 유아의 바람직한 행동은 증가시키고 바람직하지 않다고 생각되는 행동은 감소시킬 수 있다.

유아의 행동을 바람직한 방향으로 유도할 수 있는 강화에는 유아가 좋아하는 음식, 칭찬, 상, 유아가 좋아하는 활동을 하게 하기, 긍정적인 피드백, 토큰 경제 등이 있다고 한다(Neisworth & Buggey, 2000).

다음은 교사의 역할을 정리한 것이다(Spodek & Saracho, 1994).

① 적절한 자극을 주고 강화를 통해 학습의 효과를 극대화시킨다.
교사는 칭찬이나 미소, 눈에 보이는 보상 등으로 강화를 시킨다.
② 교수-학습 활동을 체계화하고 조직화한다.
③ 단계별, 체계적으로 가르치고 계속적인 피드백을 해 준다.
④ 새로운 정보, 지식, 개념을 단순한 것부터 복잡한 것으로 진행시켜 나간다.
⑤ 학습의 주도권은 교사가 갖고 유아를 지도한다.
⑥ 교사는 유아에게 긍정적인 모델링이 될 수 있도록 행동한다.
긍정적인 모델링은 유아의 행동을 바람직한 방향으로 촉진시키는 역할을 하기 때문이다.
⑦ 환경을 조직하고 배열하는 역할을 한다.
⑧ 과제를 계획하는 계획자, 또한 평가하는 평가자의 역할을 한다.
⑨ 부모 상담자의 역할을 한다.
⑩ 유아가 바람직한 행동을 할 때 적절한 언어적 표현을 하여 강화시킨다.
⑪ 발달이 유난히 늦은 유아는 집중적인 훈련을 제공한다.
⑫ 교육내용은 쉽고 간단한 것에서부터 어렵고 복잡한 것으로 진행할 수 있도록 사전에 미리 계획하여 둔다.
⑬ 바람직한 행동이 일반화될 수 있도록 격려한다.

다양한 환경에서도 적절하고 바람직한 행동을 할 수 있도록 한다.

⑭ 외부적 환경에서 학습의 동기가 일어날 수 있도록 환경을 자극하도록 한다.

⑮ 유아를 진단하고 지시하고 평가하기 위해서 교사는 유아의 발달 정도나 학습 상황 그리고 학습을 받아들이는 역량 등에 대해서 자세히 알고 있어야 한다.

또한 디스타 프로그램에서의 교사는 다음과 같은 점을 고려하여 역할을 수행해야 한다고 강조한다(Bijou & Baer, 1978; Neisworth & Buggey, 2000).

① 교사는 유아가 성숙, 즉 학습할 준비가 될 때까지 기다리기보다는 강화할 때를 미리 준비하고 유아를 주의 깊게 관찰하지 않으면 안 된다.

② 직접 교수에 의해 학습이 이루어진다 해도 유아의 흥미를 전혀 고려하지 말라는 의미는 아니다. 즉 유아는 흥미가 있을 때보다 더 강화가 이루어지고, 즐거운 마음으로 학습을 받아들여 교육의 기대 효과를 극대화시킬 수 있다.

③ 교사는 행동주의 기법을 적절히 사용하도록 한다.

교사가 원하는 바람직한 행동은 더욱더 증가시키고, 바람직하지 않은 행동은 감소할 수 있도록 한다. 즉 촉진과 강화를 적절하게 사용하도록 한다.

④ 습득한 개념과 기술을 유지하기 위해 조형놀이, 역할놀이, 조작놀이, 음률놀이, 바깥놀이, 게임 등 흥미영역의 활동을 할 수 있도록 일과 계획을 짠다.

즉 교사가 직접 교수한 학습내용을 흥미영역별 활동을 통해 지식과 기술이 사용되어질 수 있도록 유아들에게 기회를 제공해 주는 것이 필요하다.

⑤ 교사는 유아의 발달 정도에 관심을 갖고 그들의 행동변화 과정을 주의 깊게 관찰하여야 한다.

디스타 프로그램을 통해 개개인 유아들이 얼마나 그들의 학습 목표에 도달되었는지 점검하고, 어떤 교수기법이 효율적인지, 유아가 어떤 학습 분야에서 능력을 발휘하는지 등에 대한 평가를 할 수 있어야 한다.

⑥ 교사는 유아의 바람직한 행동을 위해서 강화(reinforcement), 모델링(modeling), 행동형성(shaping), 과제분석(task analysis), 토큰 경제(token economy) 등의 방법을 활

용할 수 있어야 한다.

⑦ 교사는 유아의 바람직하지 않은 행동을 수정하고 감소하기 위해서 소거(extinction), 벌(punishment), 고립(time out) 등의 방법을 적절하게 활용할 수 있어야 한다.

이 외에도 교사는 유아가 문제행동을 일으키지 않도록 각별한 주의를 기울여야 한다. 교사는 교실 내의 질서와 규칙에 대해 이야기하고 시범을 보인다. 이때 규칙이 너무 많으면 오히려 유아의 문제행동을 더욱더 야기시킬 수 있다. 따라서 교실에서의 규칙은 반드시 최소화시키는 것이 좋다. 그리고 학습활동을 할 때 바람직한 행동을 한 유아에게는 긍정적 강화를 주고 그렇지 않은 유아에게는 가볍게 주의를 주도록 한다. 교사는 일관성 있는 행동으로 강화를 사용하여야 한다.

또한 디스타 프로그램에서의 교사는 하루일과를 계획하고 조직하는데 있어 중요한 역할을 수행해야 한다. 교수목표에 맞게 과제 분석을 하고 그것의 순서를 정하여 유아들에게 직접 교수를 할 수 있어야 한다.

다음은 반일제 및 종일반에서 운영하고 있는 디스타 프로그램의 하루일과 계획안이다. 각 활동에 따른 시간 배정은 활동의 종류, 유아의 상태, 물리적 환경의 변화, 교수 상황에 따라 얼마든지 달라질 수 있음을 참고하기 바란다.

[디스타 프로그램에 기초한 L어린이집의 하루일과]

시 간	교 육 내 용
08:30 ~ 09:00	○ 등원 및 인사하기 시작과 끝 시간의 적응을 위해서 인사하기를 강조한다.
09:00 ~ 09:30	○ 직접 교수(언어교육 및 읽기교육)-일대일교육 "이것은 ……이다"로 문장 완성해 보기 "무엇은 ……와(과)……으로 되어 있다"로 문장 완성해 보기 완성된 문장을 읽어 본다.
09:30 ~ 10:00	○ 흥미영역 활동 조형놀이 영역, 조작놀이 영역 등을 선택하여 활동함으로써 습득한 개념과 지식, 기술 등을 지속시키고 일반화한다.
10:00 ~ 11:00	○ 직접 교수 (언어교육) -소집단으로 진행 선생님의 지도에 따라 단계별 읽고, 쓰기 실시하기 및 검사한다.
11:00 ~ 11:10	○ 정리 정돈 및 화장실 다녀오기 교재정리 및 사물함 정리 정돈 실시한다.
11:10 ~ 12:00	○ 바깥놀이 실외의 다양한 놀이기구를 안전하게 사용하고 사회적 기능을 익힌다.
12:00 ~ 1:00	○ 손씻고 점심 먹기 깨끗이 손을 씻은 후, 바르게 앉아서 점심을 먹는다.
1:00 ~ 1:50	○ 독서지도 및 동화듣기 (대집단 활동) 선생님이 유아들에게 책을 읽어 주고 자신의 생각과 느낌을 토론한다.
1:50 ~ 2:00	○ 귀가 지도 및 귀가 (반일제 유아의 경우) 정리 정돈하고 귀가한다.
2:00 ~ 3:00	○ 직접 교수(수교육)-일대일교육 개인별 숫자공부를 지도한다.
3:00 ~ 3:30	○ 흥미영역 활동 흥미영역 활동 시간을 통해 습득한 개념과 기술을 일반화한다.
3:30 ~ 4:00	○ 화장실 다녀오기 및 간식 먹기
4:00 ~ 4:30	○ 노래 배우기 및 음률 활동(대집단 활동) 노랫말을 통해 단어와 문장 만드는 방법을 익히고, 반복하여 노래 불러 봄으로써 언어발달과 인지발달을 돕도록 한다.
4:30 ~ 5:30	○ 음악 감상 및 흥미영역 활동 음악을 들으며 휴식을 취하기도 하고 흥미영역 활동을 하기도 한다.
5:30 ~ 6:00	○ 정리와 귀가 지도(종일제 유아의 경우)

5. 하이/스코프 프로그램

1) 이론적 배경

유아의 능동적인 학습을 강조하고 자연스러운 발달에 초점을 둔 하이/스코프(High/Scope) 프로그램은 와이카트(Weikart)와 그의 동료 등이 중심이 되어 개발 · 연구되었다. 하이/스코프 프로그램은 처음에 미시간 주 입실란티 지역의 저소득층 유아를 위한 보상프로그램의 일환으로 개발되어졌으나 현재에는 미국뿐 아니라 전 세계적으로 많이 활용되어지고 있다. 그 이유는 지금도 교육과정 연구와 개발, 그리고 교사교육까지 병행하고 있으며, 다양한 방법으로 프로그램 연구를 하여 유아의 전인적 발달을 위한 통합교육 프로그램으로 그 가치를 인정받았기 때문이다(Hohmann, 1997).

이 프로그램은 피아제(Piaget)의 인지발달이론에 기초한 것으로 유아가 학습의 주체자로서 능동적인 탐색자임을 강조한다. 따라서 유아 스스로 사물을 탐색하고 활동하는 과정을 매우 중요시한다. 또한 하루의 일과를 일관성 있게 유지할 것을 강조하고 부모와 협력적인 관계를 형성할 것을 중요하게 생각한다.

그리고 스밀란스키(Smilansky)의 교수 방법 및 교육과정에 중점을 두고 있다. 하이/스코프 교육과정은 유아 발달에 적합한 통합교육 프로그램으로 널리 인정받고 있으며 현재에도 꾸준히 교육과정을 개발하고 프로젝트를 수행하고 있다(Schweinhart, Weikart, & Larner, 1986). 또한 하이/스코프 프로그램에서는 부모들의 적극적인 참여와 협조를 강조하고 있으며 부모와의 면담 또한 매우 강조하고 있다. 따라서 교사는 유아의 행동을 주의 깊게 관찰하고 조화롭고 자연스러운 발달이 이루어질 수 있도록 풍부한 환경을 마련하여 다양한 활동을 경험할 수 있도록 해야 한다.

하이/스코프 프로그램에서의 유아는 그들의 흥미와 욕구에 따라 스스로 활동을 계획하고 실행한다. 그리고 자신이 선택한 활동을 수행한 후 평가한다. 하이/스코프 프로그램에서는 이처럼 계획-실행-평가를 매우 중요하게 생각하고 있는데, 이는 일관성 있는 하루일과를 통해 유아에게 자율성, 책임감, 독립심, 자기조절력 등을 향상시키고자 함이다(Weikart & Schweinhart, 2000).

하이/스코프 프로그램의 기본 전제는 다음과 같다(Hohmann & Weikart, 1995).

① 유아를 능동적 학습의 주체로 생각한다.

② 유아의 지식과 기술은 사물, 환경과의 상호작용, 타인과의 경험 등을 통해 형성된다고 생각한다.

③ 유아는 자신의 발달 정도를 파악하여 발달수준에 적합한 관찰이나 유추 등의 방법을 이용하여 지식을 구성해 간다고 생각한다.

④ 유아는 갈등이 발생했을 경우 사물과의 직접 경험, 타인과의 풍부하고 다양한 경험을 통해 얻은 지식과 기술로 스스로 문제를 해결할 수 있다고 생각한다.

⑤ 유아는 다양하고 풍부한 경험을 통해 유아가 가지고 있는 사물에 대한 인식이나 이해의 폭을 스스로 넓혀 나갈 것이라고 생각한다.

2) 교육목적

교육목적은 유아의 인지적, 사회적, 정서적, 언어적, 신체적 발달이 자연스럽게 이루어질 수 있도록 돕는데 있다. 즉 전인적 인간으로 성장하기 위한 것이다. 자주적, 자율적, 책임감, 자신감을 갖게 하며 특히 인지적인 면에 강조를 둔다. 하지만 신체발달, 언어발달, 인지발달, 사회성 발달, 정서발달 등 통합적 발달을 이룰 수 있도록 하는데 그 목적이 있다. 하이/스코프 프로그램에서의 유아는 능동적이고 적극적인 학습의 주체로서 스스로 활동을 선택하고 계획하고 수행하며 문제를 창의적으로 해결할 수 있기를 강조하고 있다(Shapiro, & Biber, 1972).

다음은 하이/스코프 프로그램에서의 교육목표를 정리한 것이다(신화식 외, 2004;

Seefeldt, 1980).

① 사람, 사건, 물체간의 능동적인 참여를 통해서 학습할 수 있다.

② 학교 및 사회생활을 위한 준비과정으로 스스로 선택한 목표와 과제를 수행하고 완성할 수 있는 책임감을 길러 준다.

③ 유아 스스로 무엇인가를 선택하고 결정할 수 있는 독립심과 자신감을 길러 준다.

④ 사고, 아이디어, 느낌을 표현하는 능력을 길러 준다.

⑤ 타인과 의사소통을 하기 위해 자신의 경험을 말하고, 극화하는 능력을 길러 준다.

⑥ 인지적, 사회적, 정서적, 신체적, 도덕적 발달 등 모든 발달 영역에서 유아는 지식과 기술을 확장시킬 수 있다.

⑦ 유아의 표상 능력을 길러 준다.

하이/스코프 프로그램은 유아가 능동적인 학습자로서 사람, 사물 등 환경과의 상호작용을 통해 적극적으로 지식과 개념을 형성하고 스스로 학습할 수 있도록 돕는데 그 의미가 있다. 유아는 학교 및 사회생활에서 요구되어지는 자율성, 독립심, 책임감 등을 기를 수 있고 더불어 사고의 확장, 감정의 조절, 정서를 표현하는 능력 등을 기를 수 있다.

결국 하이/스코프 프로그램은 유아의 어느 한쪽 발달만을 강조한 것이 아니라 전체적으로 균형 있고 조화롭게 통합적으로 발달이 이루어지기를 바란다.

3) 교육내용

유아의 인지발달, 사회성 발달, 신체발달, 정서발달, 도덕성 발달, 언어발달 등이 자연스럽게 발달할 수 있도록 유아의 흥미와 욕구를 중심으로 이루어지고 있다. 하루일과는 계획하고 실행하고 평가하는 단계로 이루어져 있다. 그리고 유아의 자발적 학습참여를 유도하고 스스로 활동을 선택할 수 있는 기회를 많이 준다. 이는 유아의 자발성, 책임성, 독립성을 기르기 위한 것이다. 따라서 교사는 유아가 활동을 할 때 다양한 방법으로 환경을 구성해 주거나 유아의 흥미를 고려하여 다양한 방법으로 지원을 해야 한다.

다음은 교육내용을 정리한 것이다(Weikart & Hohmann, 1995; Wortham, 2002).

(1) 과학적 사고를 위한 내용

인지발달을 위해 주변 환경과의 적극적 탐색을 할 수 있도록 유아의 흥미에 맞는 자료를 제공한다. 조각 맞추기, 퍼즐 맞추기, 요리하기, 이야기 구성하기, 과학적 활동하기, 자연현상 탐구하기, 물체와 물질 탐색하기, 우주놀이, 지구에 대한 궁금증 해소하기 등 다양한 활동을 경험할 수 있도록 한다.

(2) 수학적 사고력을 위한 내용

수학적 사고력 발달을 위해 추론하고 추리하기 활동, 원인과 결과에 맞는 이야기 꾸미기, 다양하게 생각하고 말하기, 서열, 분류, 시간과 공간, 도형, 수 활동 등의 놀이를 통해 사고력을 발달시키도록 한다.

수학적 사고력을 위한 활동영역에는 유아들이 자유롭게 수학적 자료를 이용할 수 있도록 보관해 두어야 한다. 그러기 위해서는 유아들이 용이하게 이용할 수 있도록 교재교구장이 유아들의 눈높이에 있어야 하고 각각의 수학적 도구와 자료들이 담긴 바구니에는 이름을 붙여 놓아야 한다고 강조하고 있다

(3) 문제해결력을 증진시키는 내용

갈등상황을 제시한 후 해결하는 방법에 대해 이야기하기, 일상생활에서 경험할 수 있는 상황에 대해 대처하기, 다양한 생각 표현하기 등의 놀이를 통해 유아

스스로 상황을 대처하고 해결할 수 있는 능력을 기르도록 한다.

(4) 신체발달을 증진시키는 내용

유아들의 대근육 및 소근육을 발달시킬 수 있도록 동작활동이나 신체표현활동을 한다. 그리고 게임, 손유희, 사물을 가지고 움직이기, 지시에 따라 움직이기, 느낌과 감정에 따라 움직이기 등을 통해 몸의 자유로운 움직임을 표현해 본다.

(5) 정서발달을 증진시키는 내용

자신의 생각과 느낌을 음률로 표현하거나 언어로 표현하거나 동작으로 표현함으로써 정서발달을 돕는다. 노래하기, 창의적 동작활동, 악기 연주, 음악 감상하기, 명화 감상하기, 현재 자신의 느낌에 따라 움직이기, 역할놀이, 동화 듣고 표현하기 등의 활동을 한다.

(6) 사회성 발달을 증진시키는 내용

대집단 활동 및 소집단 활동을 통해 유아들이 함께 협동하고 협력하여 과제를 수행할 수 있도록 한다. 공동체의식, 소속감 및 리더십, 갈등상황 해결하기, 협동놀이 등의 다양한 활동을 통해 사회성 발달을 할 수 있다.

(7) 언어발달을 증진시키는 내용

이야기 나누기, 동화와 동시듣기, 자신의 생각과 느낌 말하기, 그림책 보기, 친구의 생각 들어주기, 상황에 따른 문제해결하기, 토의하고 토론하기, 이야기 꾸미기, 그림보고 이야기 꾸미기 등 다양한 활동을 통해 언어발달을 돕는다.

4) 교수-학습 방법

하이/스코프 프로그램에서의 교수-학습 방법의 원리는 다음과 같다(Wortham, 2002).

① 유아의 능동적 학습 원리를 강조한다.
② 환경과 상호작용을 통한 유아의 직접 경험 원리를 중요시한다.
③ 하루일과를 계획-실행-평가의 과정을 통해 일관성을 유지한다.
④ 부모 참여 원리를 강조한다.

유아의 능동적 학습과 주요 경험을 위해서 다음의 교수-학습 방법이 필요하다(Hohmann & Weikart, 1995).

① 일과구성은 계획-실행-평가(plan-do-review)로 전개해 나간다.
유아는 스스로 자신이 해야 할 활동을 선택하고 계획한다. 활동에 참여하면서 유아는 관찰, 탐색, 질문과 대답, 문제해결력, 또래와 상호작용, 교사와 상호작용을 하게 된다.
② 유아와 성인과의 상호작용을 한다.
문제 상황이나 갈등을 해결하는데 도움이 되며 타인과 상호작용하는 방법도 터득해 간다.
③ 학습 환경은 흥미영역으로 구성하고 풍부한 교재·교구를 마련한다.
자율적 선택활동을 통해 유아는 그들의 욕구와 관심을 표현하며, 활동을 통해 즐거움을 느낀다. 따라서 교사는 풍부한 자료를 마련하여 유아의 흥미와 관심이 표출되도록 한다.
④ 일화기록, 하루일과 계획 평가, 유아 평가를 한다.
유아 개개인의 관찰을 통해 유아의 흥미와 욕구, 발달 상태를 파악하게 되고 교육과정을 개발하는데 도움이 된다.

⑤ 주요 경험을 위한 접근법으로 학습 활동을 전개해 나간다.

주요 경험을 이용한 접근법은 유아가 개방적 자세로 새로운 형태의 경험에 대해 열린 마음으로 수용할 수 있도록 한다. 또한 다양한 주요 경험은 융통성 있게 교육과정을 운영할 수 있으며 유아에게 풍부한 사고력을 증진시킬 수 있는 기회도 제공해 준다(Weikart & Schweinhart, 2000).

교수-학습 방법을 정리하면 다음과 같다(Weikart & Schweinhart, 2000; Wortham, 2002).

① 교사는 유아의 활동에 거의 개입하지 않는다.

유아의 능동적인 학습을 강조하고 있기 때문에 학습활동에 있어 교사가 일일이 간섭하거나 지시하지 않는다. 유아가 스스로 활동을 선택할 수 있도록 기회를 제공해 준다.

② 학습의 분위기는 개방적이다.

교사는 유아들의 흥미와 욕구를 잘 고려하여 환경을 제공해 줄 뿐 형식적이거나 체계적인 학습의 형태를 유아에게 강요하여서는 안 된다.

③ 하루일과는 일관성 있게 진행된다. 즉 계획-실행-평가의 순서대로 진행된다.

계획하고 실행하고 평가하는 것은 모두 교사가 개입해서 진행되는 것이 아니라 유아 스스로 활동을 계획하고 실행하고 평가한다. 이를 통해 유아는 활동에 대한 책임감과 독립심, 자아 조절력을 기를 수 있다.

④ 학습의 형태는 교사주도가 아닌 유아주도형이다.

유아가 주체가 되어 활동을 진행해 나가고 스스로 문제를 해결할 수 있도록 한다.

⑤ 조직화된 주요 경험을 통해 유아가 지식과 개념을 발달시킬 수 있도록 한다.

하이/스코프 프로그램에서는 발달영역별로 주요 경험을 자기인식, 사회적 관계, 창의적 표상, 동작, 음률, 의사소통 및 언어, 사물 탐색, 수, 공간, 시간, 분류, 서열화 등으로 범주를 나누어 제시하고 있다. 주요 경험은 유아의 전인적 성장과 발달을 돕는데 반드시 필요하다(Weikart & Schweinhart, 2000).

다음은 하이/스코프 프로그램의 발달영역별 주요 경험에 관한 내용으로, 10가지의 범주 안에 각 내용을 담고 있다(www. highscope. org).

(1) 창의적 표상

- 오감을 활용하여 사물 인식하기
- 행동 및 소리 모방하기
- 그림과 실물 연결해 보기
- 역할놀이하기

(2) 언어 및 문해(文解)

- 자신의 경험을 타인에게 이야기하기
- 사물, 사건, 관계에 대해 묘사해 보기
- 이야기 듣고 꾸며 보기
- 다양한 방식으로 읽고 쓰기

(3) 주도성 및 사회적 관계

- 활동을 선택하고 계획하고 결정하기
- 놀이 시 갈등상황에 대해 문제해결하기
- 감정을 언어로 표현하기
- 타인과의 사회적 관계 형성하기
- 사회적 갈등 해결하기

(4) 동작

- 사물을 이용하여 움직여 보기
- 창의적으로 동작 표현해 보기
- 동작 묘사하기
- 지시하는 대로 움직여 보기

(5) 음률

- 음악에 맞춰 움직여 보기
- 소리 탐색하기
- 노래 부르기
- 악기 연주하기

(6) 분류

- 사물의 특성 탐색하기
- 사물 배치하기
- 형태 구별하기
- 부분과 전체 이해하기

(7) 서열화

- 사물의 특성 비교하기
- 순서대로 나열하기

(8) 수

- 숫자 크기 비교하기

- 일대일 대응하기
- 수세기

(9) 공간

- 채우고 비우기
- 사물의 배열 변화시키기
- 공간 관계 이해하기

(10) 시간

- 시작과 중지하기
- 움직임의 속도 경험하기
- 시간 간격 비교하기
- 사건 순서 예측해 보기

5) 환경

환경은 개방적이고 허용적인 분위기가 되어야 하고 유아들이 그들의 호기심을 충족시킬 수 있도록 환경을 풍부하게 마련해야 한다. 물리적 환경 뿐 아니라 심리, 사회적 환경도 매우 중요하므로 교사의 역할 그리고 부모의 역할도 강조되어진다.

하이/스코프 프로그램에서 환경은 다음과 같다(Weikart & Hohmann, 1995).

① 자유롭게 언어적 상호작용이 일어날 수 있도록 언어적 환경을 마련한다.
② 유아가 자신의 욕구와 흥미를 펼칠 수 있도록 자료 및 풍부한 환경을 구비시켜 놓는다.
③ 하루일과가 일정한 패턴을 유지할 수 있도록 계획한다.

예를 들어, 일과를 계획하고 활동을 하고 정리 정돈을 하고 평가시간을 갖는다.

④ 유아의 발달 상태를 측정할 수 있도록 교실을 개방적으로 해 놓고 관찰기록을 한다.

⑤ 부모의 적극적 참여를 유도할 수 있도록 한다.

부모와 협력적 관계를 유지할 수 있도록 부모와 상호작용할 기회를 많이 갖도록 한다.

6) 교사의 역할

교사는 유아가 적극적으로 환경을 탐색하고 학습할 수 있도록 풍부한 환경을 마련해 주는 것이 필요하다. 유아가 그들의 욕구와 흥미에 따라 자유롭게 활동을 선택할 수 있도록 흥미영역별 환경 구성을 해야 한다. 더불어 유아의 사고가 확장될 수 있도록 도와주는 역할을 해야 한다.

다음은 교사의 역할을 정리한 것이다(Hohmann, 1997).

① 교사는 유아가 활동을 선택하고 결정할 수 있도록 풍부한 환경을 구성한다.

하이/스코프 프로그램에서는 유아가 능동적으로 학습하기 위해서 일관된 하루 일과 구성이 이루어져야 한다고 생각한다. 따라서 다음 날 새로운 활동을 하려면 유아에게 미리 어떤 활동을 하게 될 것인지 알려주어야 한다.

② 하루일과를 계획할 때 유아가 자신의 생각과 의견을 자유롭게 표현할 수 있도록 도와준다.

③ 유아와 유아, 유아와 성인, 교사간의 상호작용하는 기회를 많이 준다.

④ 유아에게 책임감, 독립심, 자신감을 갖도록 용기를 주고 격려한다.

⑤ 다양한 주요 경험을 활용하여 유아에게 사고의 폭을 확장시켜 준다.

⑥ 유아를 관찰하고 지지하는 역할을 한다.

⑦ 유아의 놀이를 촉진하는 역할을 한다.

⑧ 유아의 발달 상태를 지속적으로 관찰하고 측정한다.
⑨ 매주 부모와 면담을 실시한다.

또한 하이/스코프 프로그램에서 교사는 다음의 것을 중요하게 생각해야 한다(Wortham, 2002).

① 유아가 능동적으로 환경을 탐색할 수 있도록 학습 환경을 조성해 준다.
② 개방적 분위기를 만든다.
교실 내의 개방적 분위기는 다양한 상호작용이 일어날 수 있는 기회를 주기 때문에 필요하다.
③ 교사는 유아와 상호작용을 통해 그들의 흥미를 파악하고 활동을 연구한다.
④ 개별 유아의 특징 및 능력을 파악한다.
⑤ 유아가 그들의 활동을 더욱더 확장시키고 심화시킬 수 있도록 격려하고 도전할 수 있도록 용기를 준다.
⑥ 교사는 질문을 통해 유아의 생각을 조직하고 정리할 수 있도록 한다.
예를 들어, 이것을 어떻게 만들었니? 친구를 도와줄 수 있는 방법에는 무엇이 있을까? 등을 통해 사고력 및 언어력을 기를 수 있도록 한다.
⑦ 유아에게 지적 자극을 주도록 한다.
교사는 유아가 가지고 있는 개념, 인식, 이해의 폭을 확장시켜 주기 위하여 자극을 준다.
⑧ 교실에 있는 교재·교구는 개방된 선반 위에 진열하고 유아의 손이 닿을 수 있는 곳에 배치한다.
⑨ 유아의 활동을 격려하여 활동을 심화, 확장할 수 있도록 도와준다.

하이/스코프 프로그램에서의 교사는 유아의 하루일과를 위하여 풍부한 환경을 제시해 주는 것은 물론이고 유아가 활동을 계획하고 실행하고 평가할 때까지 유아들의 모든 행동을 관찰하고 활동에 대해 서로 이야기 나누는 시간을 가져야 한다. 유아와 상호작용하면서 교사는 유아에게 자신감을 심어 주고 격려를 통해 유아가 더욱더 능동적으로 활동을 스스로 계획하고 실행하고 평가할 수 있도록 도와주어야 한다.

능동적인 학습을 위해 교사는 계획, 실행, 평가의 하루일과 외에 부수적인 다음의 요소들을 생각해 보아야 한다(Weikart & Schweinhart, 2000).

(1) 계획시간(planning time)

유아가 활동을 선택하고 계획할 수 있도록 교사는 유아에게 자신의 의견과 생각을 자유롭게 표현할 수 있는 시간을 주어야 한다. 교사가 주도하여 활동을 계획하기보다는 유아가 능동적인 주체로서 학습활동을 계획하도록 교사는 안내하고 지지하는 역할을 해야 한다.

교사는 유아가 자신의 생각을 이야기할 때 직접적인 지시나 간섭보다는 잘 경청하고 유아의 생각을 장려해 주는 것이 필요하다. 유아가 자신이 선택한 활동을 끝까지 잘 마무리할 수 있도록 반응해 주고 격려하는 것이 무엇보다 중요하다. 계획하기를 통해 유아는 자율성이 증진되고 독립심도 길러진다. 그리고 문제해결력과 상황대처 능력도 발달하게 된다.

(2) 실행 및 작업시간(working time)

계획을 한 후, 유아는 활동을 바로 시작한다. 유아는 자신이 계획한 활동을 즐거운 마음으로 놀이하게 된다. 이것이 바로 작업시간이다. 작업시간은 무엇보다 유아의 적극적이고 능동적인 자세와 참여가 필요하다. 따라서 교사는 이 시간에 유아가 계획한 대로 작업을 잘 진행시키고 있는지 관찰하고 또래들과 활동을 할 때 어떤 이야기가 오고 가는지 살펴보는 것이 필요하다.

또한 문제가 발생했을 때 어떤 방법으로 문제를 해결해 나가는지 관찰하고 유아가 다음 단계로 이행할 때 걸림돌이나 돌발 상황이 발생하게 되는 경우 활동이 자연스럽게 진행될 수 있도록 방해요소를 제거해 주거나 문제를 해결할 수 있는 상황을 제시해 주어 유아가 그 문제를 보다 창의적으로 해결할 수 있도록 도와준다.

(3) 정리 시간(clean-up time)

작업시간이 끝난 후에 갖는 시간이다. 자신이 작업한 교재 · 교구들을 제자리에 정리 정돈하고 완성하지 못한 활동이나 과제는 따로 사물함에 보관하여 나중에 할 수 있도록 한다. 정리 시간을 통해 유아는 교재 · 교구의 중요성을 알게 되고 모든 환경에는 질서가 존재한다는 것도 이해하게 된다.

(4) 회상 시간(recall time)

유아가 작업한 활동에 대해 평가하는 시간으로 볼 수 있다. 자신이 계획했던 활동이 잘 전개되어졌는지, 함께 작업한 친구들과 문제점은 없었는지, 자신이 실행했던 활동을 머릿속에 정리해 보거나 말로 표현해 보거나 그림 혹은 글로 다시 한 번 회상하여 표현해 본다.

(5) 소집단 활동 시간(small group time)

소집단 활동은 주로 5-7명 정도의 유아를 한 그룹으로 정한 후, 활동하는 시간을 말한다. 주로 요리하기, 조형 활동, 게임 등 다양한 활동을 소그룹으로 할 수 있다. 소집단 활동은 개별 활동과 달리 또래들과의 상호작용이 중요하다. 공동체 의식, 양보와 배려, 관용 등 사회적 관계를 넓힐 수 있는 좋은 기회가 된다. 그리고 문제가 발생했을 때 다양한 방법으로 문제를 해결할 수 있는 힘도 생기게 된다.

일반적으로 소집단 활동 시간에 하이/스코프 프로그램에서 강조하고 있는 주요경험, 즉 활동들이 수행되어진다. 소집단 활동을 할 때에는 도입-진행-마무리의

3단계를 거친다. 도입 단계에서 교사는 유아들에게 활동을 결정하게 하거나 자신의 생각을 이야기할 수 있도록 기회를 준다. 그리고 활동에 필요한 교재 · 교구를 유아에게 준 후, 활동에 대해 소개를 한다. 그 후 유아는 활동을 시작하게 된다.

진행 단계에서는 유아들이 활동을 잘 하고 있는지, 교재 · 교구를 잘 활용하고 있는지 관찰한다. 그리고 교사는 여러 유아들의 활동을 전체적으로 점검하고 유아의 질문에 대답하거나 유아들에게 질문을 하여 유아들이 그들이 하고 있는 활동을 잘 이해하는지 살펴본다. 마지막 마무리 단계에서 교사는 유아들에게 마무리 시간을 알려 준다. 활동이 마무리되었으면 교재 · 교구를 잘 정리하고 활동한 것에 대해 서로 이야기 나눈다.

(6) 대집단 활동 시간(large group circle time)

대집단 활동은 유아 전체가 함께 활동하는 시간이다. 주로 노래 부르기, 신체표현하기, 손유희, 동화 듣기, 악기 연주, 게임 등 다양한 활동을 한다. 대집단 활동을 통해 유아는 다른 사람들과 함께 협력하고 양보하고 배려하는 마음이 필요하다는 것을 깨닫게 된다. 그리고 규칙이나 질서, 감정 통제 등 그 밖의 사회적 관계에 필요한 여러 기술을 습득하게 된다.

하이/스코프 프로그램에서의 교사는 무엇보다 유아의 활동이 자연스럽게 이루어질 수 있도록 풍부한 환경을 제시해 주고, 유아가 어떻게 활동을 선택하고, 정보를 어떻게 수집하고 활동을 전개해 나가는지, 또래와 어떤 상호작용을 하는지 그리고 수행한 활동에 대해 스스로 어떤 평가를 내리는지에 대해 주의 깊게 관찰하는 것이 필요하다. 유의해야 할 점은 교사의 직접적인 개입이나 간섭은 지양해야 함을 잊지 말아야 한다. 결국 교사는 유아의 활동을 격려하고 지원하고 문제를 해결할 수 있는 능력이 생길 수 있도록 돕는 것이 중요하다.

다음은 하이/스코프 프로그램을 하고 있는 종일반 유아들의 하루일과 계획안이다. 하루일과는 얼마든지 융통성 있게 조절될 수 있음을 이해하고 참고하기 바란다.

[하이/스코프 프로그램에 기초한 M어린이집의 하루일과]

시 간	교 육 내 용
08:30 ~ 10:00	○ 등원, 계획하기 및 흥미영역 선택활동 –유아는 활동 전에 자신의 계획에 대해 교사와 이야기한다. –유아 스스로 선택하고 계획한 활동을 시작한다.
10:00 ~ 10:30	○ 간식 먹고 정리하기
10:30 ~ 11:20	○ 미술 활동(소집단 활동) –5에서 7명 정도의 유아들을 그룹으로 나눈 후, 미술 활동을 한다. –유아들은 오감을 활용하여 자료를 탐색한 후, 활동을 계획하고 진행시켜 나간다.
11:20 ~ 11:30	○ 화장실 다녀오기 및 정리 정돈하기
11:30 ~ 12:00	○ 회상하기 –미술 활동에 경험했던 활동을 토대로 회상해 본다. –자신이 계획했던 대로 활동이 이루어졌는지 회상하기 –활동을 함께 한 친구들의 이름 혹은 상호작용했던 것을 회상하기 –자신이 했던 활동을 재검토하고, 활동 중에 있었던 일이나 문제 등을 말로 표현해 보기
12:00 ~ 1:00	○ 점심준비 및 식사하기 –손씻고 감사하며 맛있게 식사한다.
1:00 ~ 1:30	○ 음률 활동(대집단 활동) –노래에 맞춰 신체 움직이기
1:30 ~ 2:30	○ 조용히 책 보기 및 낮잠 자기 –자신이 좋아하는 책을 보거나 낮잠을 잔다.
2:30 ~ 3:20	○ 실외에서 게임하기(대집단 활동) –게임의 규칙에 대해 의논하고 게임 활동을 시작한다. –집단의 한 구성원으로서 소속감 및 리더십을 갖는다. –공동체 의식, 집단의 갈등이 발생했을 때 문제를 해결한다.
3:20 ~ 3:50	○ 정리 정돈 및 회상하기 –대집단 활동 중 발생했던 문제에 대해 생각해 보고 해결점 찾기 –계획했던 대로 게임이 잘 진행되었는지, 규칙을 잘 지켜졌는지 회상하기
3:50 ~ 5:00	○ 오후 간식 먹기 및 흥미영역별 선택 활동 –간식을 먹은 후, 자유롭게 흥미영역 활동을 시작한다. –활동한 교재와 교구는 각 정리함에 잘 정리하고 보관한다.
5:00 ~ 5:30	○ 동화 듣고 이야기 나누기(대집단 활동) –동화를 듣고 자신의 생각과 느낌을 자유롭게 이야기한다.
5:30 ~	○ 귀가 지도 및 귀가 –귀가 준비를 하며 정리 정돈을 하고 귀가한다.

6. 프로젝트 접근법

1) 이론적 배경

프로젝트 접근법은 1920년대 듀이(Dewey)와 킬패트릭(Kilpatrick)에 의해 시작된 것으로 1960년에는 '열린교육'으로 발전되었고, 1990년대 초, 캐츠(Katz)와 차드(Chard)에 의해 널리 알려지게 되었다. 프로젝트 접근법은 '지금 바로(here and now)'와 '지역적으로 적합한(locally appropriate)'이라는 교육적 방침을 세우고 있다(Chard, 1998).

프로젝트 접근법의 기틀이 된 이론으로는 듀이의 경험주의, 유아중심 교육과 피아제의 인지적 구성주의, 비고츠키의 사회문화적 구성주의이다. 듀이에 의하면 유아는 능동적이고 적극적인 존재이며 경험을 재구성함으로써 개념이 형성되고 지식과 기술이 발달된다고 하였다. 또한 유아의 흥미와 욕구를 중요하게 생각하고 개성을 존중할 것을 강조하였다.

또한 피아제는 유아가 환경과 상호작용하면서 지적 발달을 이룬다고 하였다. 인지적 갈등 상황에 부딪혔을 때 동화와 조절과정을 거쳐 새로운 지식과 개념을 형성하는 평형화 상태에 이르게 된다고 보았다. 따라서 인지발달을 위해 유아는 끊임없이 환경과 상호작용할 것을 강조하였다. 그리고 비고츠키는 피아제의 이론에 근거하여 보다 확장된 사회문화적 구성주의를 내세웠는데 특히 '근접발달영역'이라고 하여 유아들이 가지고 있는 기존의 능력보다 유능한 또래나 부모, 성인의 도움으로 인해 기존 능력보다 훨씬 더 많은 잠재적 능력을 발달시킬 수 있음을 강조하였다.

따라서 프로젝트 접근법에서는 비고츠키의 이론에 따라 교사는 유아의 잠재적 능력을 향상시키기 위해 안내하고 도와주는 역할을 할 것을 강조하였다. 결국 유아는 타인과의 사회적 상호작용을 통해 자신의 능력이상으로 인지적 발달을 향상시킬 수 있다는 것이다(Katz & Chard, 2000).

프로젝트 접근법은 특정 주제에 대해 유아와 교사 간에 심층적으로 연구하는 교수-학습 방법으로 알려져 있으며, 유아의 일상생활에 관련된 주제를 강조하고 유아의 능동적이고 자발적인 경험과 활동을 강조한다(Katz, 1994). 그리고 프로젝트 접근법은 유아가 주도적으로 프로젝트를 수행할 수 있도록 안내하는 일련의 교수 전략이며, 소집단의 유아들이 학습할 가치가 있는 주제에 대해 교사의 안내와 함께 공동으로 연구하는 목적지향적인 학습활동이라고 볼 수 있다(Katz & Chard, 2000).

프로젝트 접근법은 사회문화적으로 지역에 맞는 프로그램을 운영하는 것으로 현재까지도 많이 활용되어지고 있고 계속적으로 관심의 대상이 되고 있다. 프로젝트 접근법은 유아들이 관심 있고 흥미 있어 하는 하나의 주제에 대해 깊이 있게 연구 · 학습하는 활동으로 볼 수 있다.

프로젝트 접근법은 유아의 능동적인 참여와 자발적 놀이를 강조하며 체계적인 교수와 놀이 간에 균형을 이루도록 하고 있다. 이 프로그램은 유아교육과정의 목표를 성취하는데 도움이 되고 통합적 교육과정을 실천하는 데도 많은 도움이 된다(Forman, 1993).

대집단 혹은 소집단 또는 개개인의 유아들이 학습할 가치가 있는 주제를 가지고 교사의 안내와 지도를 받으며 교사와 학습자인 유아가 함께 공동으로 연구하는 목적지향적인 활동이다. 그리고 이 프로그램에서는 문제의 정답이나 결론에 도달하려고 하는 것보다 문제를 해결하는 과정을 중요시하고 교사와 유아들 간에 함께 문제를 풀어 나가려는 것에서 보다 많은 것을 경험하게 되며 그 과정에서 유아는 학습한다는 것을 강조하고 있다. 따라서 특정 분야의 주제에 대해 함께 연구하고 사고해 보려는 활동과 경험을 매우 중요하게 생각한다(Katz & Chard, 1989).

결국 프로젝트 접근법은 유아가 중심이 되어 특정 주제에 대해 심도 깊게 탐색하고 탐구해 나가는 일련의 학습 활동이라고 볼 수 있다. 유아가 중심이 되기 때문에 선정한 주제에 대해 능동적이고 자발적으로 참여하게 되고 다양한 방법과 경험을 통해 문제해결을 해 나가게 된다. 이런 과정을 통해 유아는 보다 더 적극적이고 능동적으로 학습에 참여하게 되고 이 과정에서 성취감과 만족감을 느끼게 된다. 더불어 친구들과 협동하고 협력하는 방법도 배우게 되고 갈등상황에서는 창의적인 문제해결력도 생기게 된다.

2) 교육목적

교육목적은 유아의 주변세계에 대한 이해를 증진시키고 계속적으로 학습하려고 하는 동기를 강하게 키워 주는 것이라고 한다. 그리고 지식(knowledge)과 기술(skill)을 습득하고 성향(disposition)과 감정(feeling)을 기르는 것이라고 하였다(Katz & Chard, 1989).

구체적인 교육목표를 정리하면 다음과 같다.

(1) 지식(knowledge)

유아들은 관심 있는 특정 주제에 대해 조사하고 의논하고 토론하는 과정에서 새로운 지식과 정보와 개념을 획득하게 된다. 아이디어를 조사하고 잘못된 개념을 수정하고 교정해 나가며 새로운 지식과 정보를 받아들이고 표상적 사고를 하며 논리적으로 사고하며 사실을 축척하고 지식의 기본 원리를 획득할 수 있게 된다.

(2) 기술(skill)

사회적 기술, 인지적 지술, 언어적 기술, 신체적 기술 등을 습득하는 것을 말한다. 또래와의 상호작용을 통한 사회적 기술을 발달시키고 질문과 토론하는 과정 중에 언어적 기술을 배우고 자신의 생각을 정리하고 논리적이고 체계적으로 표현하는데 있어 인지적 기술을 획득하게 되고 더불어 신체적 발달과 능력을 활용하는 기술도 습득할 수 있다.

(3) 성향(disposition)

성향은 개인이 특정한 상황에 대해 행동하고 반응하는 태도 등을 말한다. 이런 성향은 개인이 겪은 경험과 활동에 영향을 미친다. 유아 개개인의 특성에 따라 인내력이 강하여 지속적인 탐구능력이 발달하는 유아가 있는 반면 인내와 지구력이 떨어져 주의집중력이 낮은 경우도 있고 과제를 수행하는데 있어 금방 싫증을 내는 경우도 있다. 이렇듯 유아의 성향은 개인마다 다르다. 따라서 성향은 다분히 개인적인 것으로 개인의 성향을 파악하기 위해서는 세심한 관찰력과 인내가 필요하다.

(4) 감정(feeling)

감정은 느낌이라고 표현해도 좋을 것이다. 감정을 발달시키고 계발하기 위해서는 개개인의 기분 상태와 느낌을 솔직히 말하고 표현하는 기회를 많이 주어야 한다. 그리고 부정적 감정보다는 긍정적인 감정을 계발시키고 표현할 수 있도록 해야 한다. 긍정적 감정의 발달은 타인과의 관계형성에도 도움이 되고 개인의 정서발달에도 긍정적 효과를 미친다.

캐츠와 차드가 제시한 프로젝트 접근법의 교육목적은 다음과 같다(Katz & Chard, 1989).

① 주변세계에 대한 유아의 이해를 돕고 긍정적 학습 성향을 발전시킨다.
② 체계적인 교수와 자발적인 놀이를 통해 학습한 내용을 프로젝트 활동으로 강화시킨다.
③ 유아의 실제 생활과 분리되지 않도록 교육한다.
④ 소속감과 공동체의식이 발달하도록 한다.
⑤ 각 활동에 스스로 참여함으로써 자신을 능력 있는 존재로 여긴다.
⑥ 교사도 적극적이고 도전적인 자세로 자신의 임무를 수행한다.

3) 교육내용

차드(Chard, 1998)에 의하면 교사는 유아들이 프로젝트 접근법에 익숙해질 때까지 아이디어를 제공해 주는 것이 필요하다고 제안한다. 교사는 유아에게 흥미로운 주제를 제시해 주고 유아들의 다양한 의견을 수렴하여, 즉 토론을 통해 주제를 정하게 된다. 주제는 매우 다양하고 포괄적이므로 유아들의 흥미와 관심에 맞는 주제를 선택하는 것이 바람직하다. 더불어 교육적 가치와 효과를 얻을 수 있는 것이 바람직하다고 한다.

(1) 주제 선정하기

프로젝트를 계획하고 시작하기 위해서는 먼저 주제를 선정하는 일이 중요하다. 주제를 선정할 때에는 유아의 흥미와 욕구를 바탕으로 일상생활과 밀접한 것을 선정하는 것이 좋다. 유아 자신에 대한 관심과 호기심으로부터 출발하여 가족과 이웃 그리고 또래들과의 관계 속에서 궁금하고 관심 있는 것들을 주제로 선정한다.

그리고 사회, 국가, 세계, 자연현상 등 다양한 주제를 다룸으로써 유아는 새로운 정보와 지식을 획득하게 되고 개념이 형성되어 표상적 사고활동을 하게 된다. 주제를 정할 때에는 유아가 직접 조사할 수 있고 관찰할 수 있는 것을 선택하는 것이 바람직하며 부모의 참여와 협조도 자연스럽게 유도할 수 있는 것이어야 한다.

보편적 주제, 가장 일반적인 주제, 사회와 문화적 가치가 있는 것으로 선정하는 것이 바람직하다. 하지만 지나치게 추상적이거나 광범위한 것은 선정하지 않도록 한다.

주제를 선정할 때 교사는 다음과 같은 역할을 하여야 한다(Katz & Chard, 2000).

첫째, 유아의 흥미를 고려하여 선정된 주제에 대해 교육적으로 가치가 있는지 탐구하고 조사해서 제공해야 한다.

둘째, 주제로 선정할 만한 가치가 있는지에 대해 교사는 나름대로 가치기준을 가지고 있어야 한다.

셋째, 선정된 주제에 대해서 교사는 깊은 관심과 흥미를 갖고 자료를 제공하여야 한다.

프로젝트 접근법에서의 주제 선정 기준은 다음과 같다(이순형 외, 1999, 2005; Chard, 1998; Katz & Chard, 2000; Rinaldi, 1993).

① 주제가 유아의 발달 수준에 적합한가?

유아의 연령에 따른 일반적인 발달 수준뿐 아니라 개별 유아의 발달적 특성을 고려한다.

② 주제가 유아에게 흥미로운가?

유아의 흥미와 관심이 있는 주제를 선정하여야 유아가 능동적인 자세로 주제를 탐색한다.

③ 주제가 유아의 일상생활과 밀접한 것인가?

주제는 유아의 일상생활의 경험이 가능한 것을 선정하는 것이 좋다. 구체적인 경험은 곧 학습으로 이어지기 때문이다.

④ 주제가 여러 교과영역이나 발달영역에 통합적으로 다루어질 수 있는가?

하나의 특정 주제라도 유아의 건강생활, 언어생활, 사회생활, 표현생활, 탐구생활 등 생활영역을 통합적으로 전개되어질 수 있어야 한다. 또한 신체발달, 언어발달, 사회성 발달, 정서발달, 인지발달 등 발달의 제 영역도 통합 가능한 것이어야 한다.

⑤ 주제가 유아의 일상생활 경험에서 문제해결의 기회를 제공하는가?

특정 주제에 대해 심화 학습 과정에서 발생하는 갈등이나 문제 상황에 대해 다양한 방법으로 문제를 해결할 수 있는 기회를 주어 유아의 문제해결 능력을 돕는 것이 좋다.

⑥ 주제가 유아들에게 상호협력의 기회를 주는가?

상호협력을 통해 공동체 의식을 키워 나갈 수 있고 이는 사회성 및 정서발달에 도움이 된다.

⑦ 주제가 지역사회의 문화와 가치를 충분히 반영하는가?

지역사회와 긴밀한 유대관계를 가지고 주제를 탐구하는 과정에서 유아는 자연스럽게 지역사회의 문화를 이해하게 된다.

⑧ 주제가 유아교육의 관점에서 바람직한가?

주제가 유아의 발달 및 교육에 바람직하게 영향을 미칠 수 있는 것이 좋다. 즉 교육적 가치가 있는 주제가 바람직하다.

다음은 프로젝트 접근법에 적합한 주제의 영역이다. 주제는 유아의 일상생활에 밀접한 것으로 유아의 흥미와 관심이 있는 것이면 좋다(Katz & Chard, 1989).

① 유아 개인

내 장난감, 옷, 신발, 아기, 동생, 가족, 음식, 유치원, 좋아하는 것, 싫어하는 것 등이다.

② 이웃

병원, 소방서, 도서관, 이웃집 주인, 친구, 가게, 시장, 슈퍼, 동물원, 우체국 등이다.

③ 지역사회의 행사

국경일, 연례행사 및 지역 축제 등이다.

④ 공간적 배경, 장소

길, 방향, 산, 길, 언덕, 의자, 바다, 하늘, 땅, 숲길, 가로수 등이다.

⑤ 시간적 배경

시계, 요일, 달력, 과거, 현재, 미래 등이다.

⑥ 자연현상

공기, 나무, 동물, 식물, 비, 바람, 태풍, 물, 돌, 천둥, 번개 등이다.

⑦ 자유로운 개념

색깔, 모양, 형태, 대칭, 반대, 유사, 무게, 부피, 음률, 동작 등이다.

⑧ 일반 상식

우주, 예절, 발명, 교통신호, 식사할 때의 태도 및 습관, 청결, 질서, 규칙 등이다.

다음은 주제를 선정할 때 고려해야 할 사항들이다(Chard, 1998; Katz, 1994).

① 유아 자신이 직접 관찰 가능한 것이어야 한다.
② 유아의 경험과 밀접한 것이어야 한다.
③ 위험하지 않는 것으로, 직접적으로 조사할 수 있는 것이어야 한다.
④ 지역사회 및 자원에서 쉽게 얻을 수 있는 주제이어야 한다.
⑤ 다양한 표상활동이 가능해야 한다.
예를 들어 역할놀이, 그림그리기, 만들기 등으로 표현 가능한 것이어야 한다.
⑥ 부모가 참여할 수 있는 것이어야 한다.
⑦ 보편적 문화, 지역문화에도 적절한 것이어야 한다.
⑧ 유아에게 흥미로운 것이어야 한다.
⑨ 교사가 판단하기에 유아발달에 도움이 될 만한 가치가 있는 것이어야 한다.
⑩ 유아의 연령에 따라 기초적 기술을 활용해 볼 수 있는 기회를 줄 수 있어야 한다.
⑪ 학교와 지역차원의 교육과정 목표와 연계성이 있는 것이어야 한다.

⑫ 주제가 너무 광범위하거나 혹은 너무 편협하지 않는 것이어야 한다.
⑬ 유아의 호기심과 상상력을 자극할 수 있는 것이어야 한다.
⑭ 심층적으로 연구할 만한 가치가 있는 것이어야 한다.

이 외에도 주제를 선정할 때에는 유아들의 지금, 바로의 생활과 그들의 지역적, 문화적, 사회적 조건과 상황 등을 고려해야 한다. 유아의 흥미와 욕구를 기본바탕으로 주제를 선정하지만 일차적으로 유아들의 관심에 맞게 주제를 선정하는 일은 교사의 주된 역할이다.

교사가 판단했을 때 유아의 현실상황에 맞고 유아의 발달에 도움이 되는 주제인가를 고려해 보아야 한다. 즉 유아의 일상생활에 밀접하고 친숙한 것인지 살펴보고 그들의 생활과 관심이 잘 반영될 수 있는 주제를 선정하는 일이 중요하다.

연령이 어린 유아일 경우에는 보다 더 구체적인 주제를 선정하는 것이 중요하다. 예를 들면 유아가 직접 두 눈으로 확인할 수 있는 것, 직접 들을 수 있는 것 등 오감각을 통해 유아가 실제 보고 듣고 맛보고 느낄 수 있는 구체적인 것, 실제적인 것, 그리고 친숙한 것을 주제로 선정한다. 왜냐하면 연령이 어릴수록 아직 상징적 사고가 발달되지 않기 때문에 추상적인 주제를 선정하게 되면 능동적인 학습으로 이끌기가 쉽지 않기 때문이다.

주제를 선정하는 과정 중에 유아는 자신과 또래간의 흥미나 관심의 정도에 대한 차이점을 발견하기도 하고 공통점을 발견하기도 할 것이다. 그리고 주제를 선정하기 위해 타인의 말을 경청하거나 자신의 생각과 의견을 표현하는 방법에 대해서도 알게 된다.

주제를 선정할 때 유아가 중심이 되어 선정하지만 교사와 유아가 함께 협의하여 주제를 선정하게 된다. 선정된 주제는 결국 유아의 발달을 균형 있게 이루기 위해서 통합적으로 전개되어져야 할 것이다.

(2) 주제 조직망 구성하기

선정된 주제를 가지고 해야 할 일은 그 주제가 내포하고 있는 기본개념 및 아이디어를 조직해야 한다. 일반적으로 주제조직망을 구성하는 일이다. 이를 '개념지도(concept map)' 혹은 '마인드 맵(mind map)' 혹은 '웹 지도(web map)'라고도 한다. 즉 주제에 관련된 것을 미리 계획하고 구성하기 위해 떠오르는 대로 자신의 생각에 대해 시각적으로 정리를 하는 것이다.

주제에 대해 머릿속에 생각나는 대로 말해 보도록 하고 그것을 지도로 그려 보도록 한다. 이 때 주제에 대해 떠오르는 대로 말해 보도록 하는 것을 우리는 브레인스토밍(brainstorm)이라고 한다. 말 그대로 브레인스토밍이란 무엇이든 생각나는 것을 거침없이 표현해 내는 작업이다. 예를 들면, 자동차에 대한 주제를 선정하였다면 '자동차'하면 떠오르는 생각들을 모두 말해 보게 하고 그것을 마인드 맵으로 구성해 보도록 한다.

다시 말해, 주제에 대해 유아가 어느 정도 사전지식과 정보가 있는지에 대해 개념지도를 그려 보기도 하고, 그 주제에 대해 어떤 것들을 알고 싶은지에 대해서도, 주제에 관련하여 어떤 활동을 전개시켜 나가야 하는지 등등에 대해서 마음속에 가지고 있는 생각들을 시각적으로 정리하도록 한다. 이때 유아들의 다양한 경험과 흥미와 자료, 현장경험의 가능성을 고려하면서 프로젝트 조직망을 구성해 보는 일이 중요하다.

조직망을 구성하게 되면 프로그램이 보다 더 체계적으로 되고 주제에 대해 심화활동을 이어나갈 수 있다. 그리고 사전지식과 사후활동에 있어 유아의 개념과 지식과 정보가 어떻게 획득되어지는 지도 알 수 있다. 또한 유아의 다양한 표상활동을 통해 개념의 확장, 아이디어의 체계적 구성, 새로운 정보 획득에 있어서도 많은 교육적 효과를 가져올 수 있다.

(3) 프로젝트 활동 실행하기

본격적인 프로젝트 활동을 실행하기 위해서는 다음의 3단계가 진행되어지도록 한다(Katz & Chard, 1989).

1단계는 계획 및 시작단계로 선정된 주제에 대해 사전지식이나 정보에 대해 얼마나 알고 있는지 토의하고 서로의 경험을 회상하고 나누는 과정을 시행한다.

그리고 유아들의 서로 겪은 경험이나 활동을 이야기 나눔으로써 공통된 경험에 대해 토의하고 비교하는 시간을 갖는다. 이때 교사는 유아의 동기부여를 위해 주제와 관련된 자료 등을 제시하여 주제에 대한 흥미를 높이도록 한다.

2단계는 탐색 및 표상활동으로 새로운 정보를 소개하고 알려주는 것에 중점을 두도록 한다. 정보를 획득하기 위해서 주제에 관련된 것을 조사하고 수집하고 탐색활동을 한다. 현장 활동을 통해 현장노트를 만들기도 하고 주제와 관한 전문적인 일을 하는 사람과 직접 만나서 여러 가지 이야기도 나누어 본다. 직접적으로 정보를 얻기 힘들면 간접경험을 통한 정보를 획득하는 방법도 있다.

3단계는 전시 및 평가로 프로젝트에 대한 활동을 마무리하고 평가하는 시간을 갖는다. 프로젝트를 하는 과정에서 실행했던 모든 활동과 경험 등을 그림으로 그리거나 만들거나 도표를 그려 시각화하는 활동 등 다양한 표상활동을 한 것을 전시하고 그것에 대해 추후 이야기 나누면서 주제에 대해 회상하고 생각해 보는 시간을 갖도록 한다. 그리고 이와 연관성 있는 다른 주제에 대한 흥미를 높이고 호기심이 일어날 수 있도록 내적 동기를 유발할 수 있도록 유도한다.

다음은 프로젝트를 실행하는데 있어 구체적 활동 단계에 대해 정리하고자 한다 (Chard, 1998).

① 1단계: 계획 및 시작

주제가 선정되면 교사는 주제에 대해 유아들이 얼마나 많은 경험을 했는지 알아보아야 한다. 주제에 관련된 유아들의 사전지식 및 개념, 아이디어, 정보, 생각 등을 파악하여 다양한 활동으로 이어질 수 있도록 해야 한다. 따라서 주제가 선정되면 유아들의 다양한 경험에 대해 이야기를 나누어 볼 수 있는 시간을 갖도록 한다.

유아들의 경험을 통해 교사는 보다 확장되고 심화된 프로젝트를 계획할 수 있고 다양한 방법으로 활동을 준비할 수 있다. 그리고 부모의 도움을 통해 프로젝트가 성공적으로 수행될 수 있도록 협조를 요청할 수 있다.

주제에 관련되어 부모들이 어떤 경험을 했는지, 어떤 활동을 계획하고 수행해야 효과적인 교육적 기대를 할 수 있는지 등 다양한 의견을 수렴할 수 있도록 한다. 그리고 현장경험이나 그 밖의 조사 및 탐색활동을 펼칠 때 직접 혹은 간접적으로 도움을 줄 수 있도록 한다.

따라서 1단계에서는 주제에 대한 다양한 의견을 수렴하기 위한 활동을 하는 것이 필요하다. 주제에 대한 유아들의 생각, 의견, 사전지식과 정보를 서로 공유하고 서로 유사한 경험과 다른 경험에 대해 이야기 나누고 생각해 보고 토의해 본다.

- 주제에 대한 사전지식 및 정보 공유하기
- 주제에 관련된 다양한 경험 및 활동에 대해 이야기 나누고 공유하기
- 참여자들의 공통적 경험에 대해 토의하고 논의하기

② 2단계: 탐색 및 표상활동

선정된 주제에 대한 기본적 토의와 논의가 이루어진 다음에는 탐색 및 표상활동으로 전개해 나가도록 한다. 탐색과 표상활동을 하기 위해서는 주제에 관련된 새로운 정보와 지식과 아이디어를 수집할 수 있어야 한다.

새로운 정보를 얻기 위해 직접 현장을 방문하여 경험을 쌓거나 주제와 관련된 전문가를 만나 인터뷰를 하거나 현장에 대한 스케치와 노트를 마련하여 보고 듣고 관찰한 것을 그림으로 표현하고 글로 기록하도록 한다. 이때 직접적 경험을 하지 못할 경우에는 시청각 자료 및 타인의 증언, 박물관, 책 등을 통해 간접적 경험을 가지도록 한다.

다음은 현장 활동을 할 때 주의해야 할 내용을 정리한 것이다(Katz & Chard, 1989).

첫째, 현장 활동을 위해 관찰하고 조사할 대상과 내용, 질문내용, 필기구, 크레

파스 등 구체적인 준비를 해야 한다.

둘째, 새로운 정보를 얻기 위해 유아의 직접적 경험과 조사가 이루어지도록 해야 한다.

견학 장소를 직접 방문하여 전문가에게 인터뷰하여 조사를 하도록 한다. 그리고 간단한 현장에 대한 정보는 준비한 크레파스나 색연필로 스케치하거나 기록할 수 있도록 격려한다.

셋째, 현장 활동을 끝내고 와서는 관찰하고 조사했던 내용을 회고하여 표상할 수 있도록 하고 함께 공유할 수 있는 활동을 하도록 한다.

예를 들어, 조사한 내용에 대해 서로 토의하고 분류하고 정리하기, 여러 가지 표나 도표를 이용하여 분석하기, 역할놀이를 통해 재구성하여 표현하기, 활동한 내용에 대해 보고서 작성하기, 창작공예로 표현하기 등의 다양한 활동을 하도록 한다.

넷째, 직접 조사하지 못한 부분에 대해서는 간접적 자료를 활용하여 조사한 것을 서로 공유하도록 한다.

③ 3단계: 전시 및 평가

마지막 3단계는 주제에 대해 탐색하고 표상활동을 한 후에는 활동물에 대해 발표하고 평가하고 전시하고 마무리하는 단계이다.

선정된 주제에 대해 처음 함께 했던 활동, 예를 들어 조직망을 구성하고 개념지도 만들기 등에서부터 탐색과 표상활동으로 이어지는 활동들, 예를 들어 그림, 도표, 표, 만들기, 역할놀이 및 극놀이 등 다양한 활동에 이르기까지에 대해 전반적인 최종 결과물에 대해 교실의 벽이나 전시관에 모두 전시할 수 있도록 한다.

전시한 것을 통해 부모나 또래 그리고 지역사회의 여러 인사들, 프로젝트 접근법에 관심이 있는 모든 사람들에게 유아들에게 어떤 주제가 관심이 있었고, 왜 그 주제를 선정했는지, 선정된 주제를 알아보기 위해 무엇을 조사하고 탐색하였는지, 그 과정을 통해 무엇을 보고 배웠는지, 무엇을 느끼고 어떤 경험을 했는지에 대해서 이야기 나누도록 한다.

결국 최종단계에서는 활동 결과물이 나오기까지 어떤 과정으로, 어떤 방법을 통해, 그리고 무엇을 얻고 학습했는지에 대해 전체적 흐름을 알 수 있다. 즉 새롭게 얻은 정보와 지식 그리고 개념 및 아이디어 등에 대해 생각해 보는 단계이다. 이것은 한편으로 다음 주제로 향한 내적 동기를 유발시키는 역할을 한다고 볼 수 있다.

일반적으로 특정 주제를 전개해 나가는데 소요되는 시간은 경우와 상황에 따라 다르다. 짧게는 일주일 안에 끝낼 수도 있고 길게는 한두 달 걸릴 수도 있다. 주제에 대한 유아들의 흥미와 관심도, 유아들의 경험, 주제에 대한 사전지식 등의 다양한 원인으로 인해 특정 주제를 연구하는 기간이 얼마든지 달라질 수 있다. 차드에 의하면 프로젝트 1단계에서 3단계까지 중에서 가장 많은 시간을 필요로 하는 것은 2단계인 탐색과 표상활동이라고 한다(Chard, 1995).

4) 교수-학습 방법

프로젝트 접근법의 특징은 유아의 능동적이고 자발적인 참여를 강조하고, 구체적인 경험에 의한 학습을 유도하며, 교사와 또래와 부모와의 상호작용을 통한 의미 있는 협력학습을 강조한다. 그리고 소집단 활동 및 대집단 활동을 통해 유아는 협동을 배우고 공동체 의식을 갖게 된다.

프로젝트 접근법에서의 교수-학습 방법을 정리하면 유아중심, 통합 활동전개, 토의학습, 소집단 활동계획 등으로 말할 수 있다(Katz & Chard, 1989).

(1) 토의 전개

주제에 따른 전체 및 소집단 중심으로 자신의 생각과 느낌 그리고 주제와 관련된 아이디어 및 사전지식에 대해 토의하고 의견을 이야기한다. 전체 토의를 통해 유아들은 활동의 범위를 알게 되고 주제 대한 여러 가지 정보도 얻게 된다.

(2) 유아중심의 교수-학습 방법

유아중심으로 학습을 이끌어 가도록 한다. 유아들의 흥미와 관심분야에 대해 어떤 주제를 선정하고 그 주제를 알아보기 위해 다양한 방법을 모색하고 탐색하도록 한다. 그리고 주제에 관련된 다양한 표상활동을 한 후, 결과물을 전시하고 평가하도록 한다.

(3) 소집단 활동계획

주제를 선정한 후 교사는 4-5명 정도의 유아가 주제에 맞게 학습을 계획하고 토의할 수 있도록 한다. 교사는 소집단 활동을 통해 주제에 대해 계획하고 조직망을 짜고 활동방법에 대해 토의하고 의견을 수렴하여 계획을 할 수 있도록 지도하고 격려하도록 한다.

다음은 프로젝트 접근법에서의 교수-학습 전개 과정을 설명한 것이다(지옥정, 1997; Katz & Chard, 1989).

(1) 준비단계

① 프로젝트 주제 선정

유아의 흥미, 관심, 욕구 그리고 교사의 가치 판단의 기준, 지역사회의 환경 및 여건에 의해 주제를 선정한다. 주제는 유아가 주체가 되어 능동적으로 탐구할 수 있는 것으로 선정한다.

② 주제망 구성하기

주제에 대한 유아들의 사전경험, 지식, 아이디어를 떠올려 보는 과정으로, 주제망은 프로젝트 계획을 위한 기초이다. 교사는 유아들과 함께 브레인스토밍(brainstorming)과 조직화 과정을 통해 주제망을 구성한다.

③ 학습 내용 및 활동 조직표 작성

학습 내용 및 활동 조직표를 통해 유아는 자신들이 알고 싶어하는 것들에 대해 명료해진다. 활동 조직표는 유아들에게 프로젝트를 수행해 나가는데 있어 동기를 부여하고 학습전개 방향을 제시해 주는 역할을 한다.

④ 기본어휘 및 중심개념 선정

주제에 대해 알아야 할 기본어휘 및 개념에 대해 생각한다.

⑤ 자원목록 및 필요한 자원 준비

주제에 대한 이해와 활동을 전개해 나가는데 있어 필요한 자원을 수집해 보고 목록을 작성해 본다.

⑥ 환경구성

주제에 대해 연관성 있는 실내외 환경을 구성한다.

⑦ 부모에게 알리기

활동을 전개해 가는데 있어 필요한 자원을 부모에게 요청한다.

(2) 프로젝트 1단계: 시작단계

주제가 선정되면 교사는 주제에 대한 유아의 사전 지식이나 경험 등에 대해 이야기 나눈다. 교사는 유아에게 말로 표현하는 것 외에 다른 다양한 방법으로 주제에 대해 표현할 수 있도록 기회를 준다. 그리고 교사는 유아와 함께 공동 주제망을 완성해 간다. 완성된 주제망은 활동을 전개해 가는 동안 얼마든지 수정되어지기도 하고 추가, 보완되기도 한다. 결국 주제망은 프로젝트를 전개하는데 있어 나침반 역할, 안내하는 역할을 한다고 볼 수 있다. 그리고 유아들과 함께 명료한 생각들을 질문 목록표로 구성해 본다.

① 유아의 이전 경험 표현하기(말, 그림, 역할놀이, 조형 등)
② 교사와 유아의 공동 주제망 구성하기(브레인스토밍, 유목화, 주제망 그리기)
③ 질문 목록 작성하기

(3) 프로젝트 2단계: 전개단계

전개 단계에서는 주제에 대한 활동을 전개해 나가는 과정으로 현장 경험을 통한 직접 경험을 하여 주제에 대한 여러 가지 새로운 정보를 수집해 가는 단계이다. 이 단계에서는 주로 주제와 연관된 현장 경험을 하여 새로운 정보를 발견하거나 새로운 의문점을 제기하는 등 다양한 탐색활동을 펼치게 된다.

① 현장견학 전 활동
- 질문에 대한 조사활동
- 목표를 세워서 하는 활동

② 현장견학
- 현장견학 전 준비
- 현장견학

③ 현장견학 후 활동
- 현장견학에 기초한 표현활동
- 심화된 조사 및 탐구활동

④ 전문가의 방문
현장에 가서 혹은 교실로 초대하여 유아들에게 다양한 정보와 지식을 제공해 줄 전문가에게 도움을 청한다.

(4) 프로젝트 3단계: 마무리 단계

유아들은 전개 단계에서 수행했던 주제에 대한 탐색과 표상활동을 다시 한 번 교실에 와서 자세히 표현해 보고 생각해 보고 의견을 나눈다. 마무리 단계는 유아들이 주제에 대하여 그 동안 얻은 다양한 정보와 지식 등을 다른 사람들과 함께 공유하는 시간이라고 말할 수 있다. 전시회 및 발표회를 통해 그 동안 수행했던 프로젝트에 대해 무엇을 학습했고, 어떻게 지식과 개념을 정립시켰는지, 학습을 위해 어떤 절차를 통했는지, 기타 등등에 관한 모든 것을 함께 공유하는 시간이다.

① 마무리 준비
- 전체 토의
- 교실 꾸미기
- 초대장 보내기

② 전시회 및 발표회 개최

주제에 대한 표상활동을 한 표상물을 전시를 하거나 발표회를 갖도록 하여 유아의 성취감과 만족감을 맛볼 수 있도록 한다. 이는 긍정적 자아감을 고취시켜 주는 일이고 유아들에게 용기와 자신감을 불어넣어 주는 일이기도 하다.

③ 전시, 발표회 이후 마무리 및 평가

마무리하기(소그룹 토의를 통해 평가를 하거나 전시, 포토폴리오 등으로 마무리한다.)

프로젝트 접근법을 진행해 나가는 중에 유아는 주제에 대한 표상활동을 하게 된다. 표상(表象)이라고 하는 것은 자기 마음 속에 떠오르는 하나의 이미지, 즉 상(象)을 말한다. 표상활동을 통해 유아는 주제에 대한 이해를 높이고 개념을 형성해 나가게 된다. 프로젝트 접근법을 통해 어떤 것을 알게 되었는지, 기존에 알았던 것과 새롭게 알게 된 것은 무엇인지 정확히 알게 되고, 뿐만 아니라 기존의 지식과 새롭게 얻은 지식을 연계하고 통합하여 하나의 지식과 개념체계를 형성하게 된다.

프로젝트 접근법에서의 표상활동은 주제를 탐구하기 전, 즉 사전 표상활동과 사후 표상활동으로 나누어 진행된다. 사전 표상활동과 사후 표상활동을 통해 유아는 주제에 대해 깊이 있는 학습을 하게 되고 이해하게 된다. 표상활동은 다양한 방법으로 진행된다. 예를 들면 신체로 주제에 대한 이미지를 표현하기도 하고 언어로 혹은 그림 혹은 만들기로 표상활동을 한다. 표상활동을 통해 유아는 주제에 대해 스스로 깨닫게 되고 더불어 다른 유아들과 지식과 개념을 나누게 된다.

프로젝트 접근법에서의 활동은 결국 2단계의 탐색 및 표상활동이 주 활동이라고 볼 수도 있겠다. 전개 단계를 위해 주제에 대한 시작 단계가 필요하고 3단계 마무리 단계에서는 다시 한 번 2단계에서 전개했던 주제에 대한 탐색 및 표상활동에 대해 재구성, 재인식, 재음미 등의 시간을 갖는다고 볼 수 있다.

5) 환경

환경은 자유로운 분위기 속에서 유아의 호기심과 흥미를 충족시킬 수 있도록 한다. 주제에 맞게 환경을 구성하고 흥미영역별 구성을 한다. 가장 중요한 것은 유아의 능동적이고 적극적인 참여가 중요하므로 개방적이고 주제에 알맞은 환경을 조성하도록 한다.

그리고 교사가 유아의 활동을 격려하고 지지할 수 있도록 심리적 환경도 고려하도록 한다. 정서적 안정과 심리적 편안함은 학습을 능동적으로, 자발적으로 만들기 때문에 자율적 학습이 이루어질 수 있다.

프로젝트 접근법의 환경적 특징을 정리하면 다음과 같다(Katz & Chard, 1989).

① 전체적인 토의가 이루어질 수 있도록 개방적이고 허용적인 분위기를 조성한다.

② 활동을 전개해 나갈 때 교사가 일정한 시간을 주어 프로젝트와 관련된 다양

한 활동을 할 수 있도록 시간을 배려한다.

예를 들어, 주제와 연관된 그리기 활동, 쓰기 활동, 만들기 활동 등을 할 때 필요하다.

③ 유아들이 자유롭게 활동할 수 있는 공간을 마련한다.

④ 공동작업할 때 필요한 장소와 그에 따른 교재 · 교구 등이 구비되어야 한다.

⑤ 또래와의 협력 및 지원이 필요한 경우 충분히 그 지원을 활용할 수 있어야 한다.

즉 또래들 간의 지원, 도움, 그리고 협력체계가 이루어질 수 있는 분위기를 유도한다.

⑥ 실내의 환경구성은 주제가 실생활과 분리되지 않도록 흥미영역별 구성을 한다.

주제에 따라 역할놀이 영역, 조작놀이 영역, 수 · 과학놀이 영역 등에 다양하고 풍부한 교재 · 교구를 준비하는 것이 바람직하다.

⑦ 실외 환경도 현관 입구에서부터 교실에 이르기까지 주제와 연관된 환경 구성을 한다.

교사가 준비한 풍부한 환경은 유아에게 주제에 대한 관심을 더욱더 고조시키고 주제에 관한 다양한 정보를 제공해 줄 수 있기 때문에 중요하다.

6) 교사의 역할

교사는 유아의 활동을 도와주고 지원해 주는 역할을 해야 하며 상담자의 역할도 수행해야 한다. 그러기 위해서는 유아의 흥미와 관심 정도를 관찰하고 그들이 활동을 적극적으로 전개해 나갈 수 있도록 풍부한 환경을 마련해 주어야 한다. 교사는 선정된 주제에 대해 흥미와 관심을 갖고 충분한 양의 자료를 준비해야 한다. 그리고 주제에 대한 유아들의 다양한 경험과 생각 등을 존중해 주고 그들의 의견을 존중해 주는 마음을 갖도록 한다. 또한 흥미와 호기심을 이끌어 내기 위한 동기유발, 개방적 질문에 대해서도 연구하여야 한다.

다음은 프로젝트 접근법에서의 교사의 역할에 대해 정리해 보았다(Chard, 1998; Katz & Chard, 2000).

① 주제에 대해 심화학습이 일어날 수 있도록 유아의 내적 동기를 자극할 수 있도록 한다.

② 주제에 맞는 환경을 조성하고 다양한 자료를 구비해 놓아야 한다.

③ 유아의 상담자 역할, 학습을 조성하고 안내하는 역할을 하도록 한다.

④ 유아의 탐색 및 활동을 격려하고 최종 결과물에 대해 전시하고 제안해 주는 감독자, 지도자의 역할을 수행해야 한다.

⑤ 유아중심 학습이 될 수 있도록 한다.

유아가 적극적인 학습의 주체가 될 수 있도록 교사는 격려하고 지원해 준다.

⑥ 주제를 선정할 때에 소극적 개입보다는 주제가 유아의 발달에 도움이 되는지, 지나치게 추상적이고 광범위한지, 지나치게 편협한지를 판단하고 잘못된 개념을 수정해 나갈 수 있는 적극적 교사의 역할을 강조한다.

⑦ 부모의 협조와 도움을 이끌 수 있도록 한다.

프로젝트 준비단계에서부터 마무리, 평가단계에 이르기까지 교사는 부모의 적극적인 참여를 유도하여야 하고 긴밀한 협조 체제를 구축해야 한다.

⑧ 유아가 자신의 생각과 의견을 자유롭게 표현할 수 있도록 격려한다.

표현 활동을 통해 유아는 자신이 경험하고 학습한 여러 가지 경험 결과에 대해 재해석하거나 자신의 생각과 느낌을 정리하고 의미를 되새겨 본다. 따라서 교사는 주제에 대해 유아들이 다양한 방법으로 표상 활동을 할 수 있도록 기회를 마련해 준다.

⑨ 현장 활동 등 조사 및 탐색활동을 위해 미리 사전준비를 철저히 하도록 한다.

현장 활동은 실외에서 유아들이 직접 경험해 보도록 한다. 교사는 다양한 물적, 인적 자원을 활용하여 사전에 철저히 준비를 한다.

⑩ 유아의 발달정도와 흥미를 관찰하여야 한다.

⑪ 내적 동기를 유발하여 학습을 촉진시킬 수 있는 내적 동기유발자로서의 역할을 한다.

내적 동기는 효과적인 학습이 일어날 수 있도록 하기 때문에 유아의 상상력과 호기심을 이끌 수 있도록 연구하여야 한다.

⑫ 유아들이 문제를 해결해 나갈 수 있도록 안내하고 도와주는 역할을 해야 하며 학습의 구성자로서 역할도 중요하다.

⑬ 학습한 결과에 대해 유아들과 함께 검토하고 평가한 후, 결과물을 함께 공유할 수 있도록 토의하거나 전시를 하며, 추후 연계활동으로 이어질 수 있도록 지원해 준다.

프로젝트 접근법은 주제에 대해 다양한 방법으로 조사하고 탐색하고 표현하는 등의 기회를 줌으로써 주제에 대한 심화학습 뿐 아니라 유아에게 풍부한 표현력을 길러 줄 수 있다. 또한 프로젝트를 통해 상호 협력하는 방법과 타인의 감정을 바르게 이해할 수 있는 기회를 갖게 해 주고 공동체 의식도 키워 줄 수 있다. 그리고 무엇보다 프로젝트를 수행하는 동안 타인과 함께 지식과 정보를 공유하는 방법을 익히고 협동, 책임감도 느끼게 해 준다. 그리고 유아 스스로 끝까지 프로젝트를 수행한 것에 대한 만족감과 자부심을 느끼게 해 준다. 이는 긍정적인 자아개념 형성과 함께 주도적이고 창의적인 인간으로 성장·발달하게 하는 원동력이 된다.

[프로젝트 접근법의 실례 ①]

-'쓰레기' 프로젝트-

-K유치원 사슴반-

다음은 '쓰레기'를 주제로 선정한 프로젝트 접근법의 예이다. K어린이집에서 쓰레기를 줄이고 환경오염을 막아 보자는 의도 하에 '쓰레기'라는 주제로 프로젝트를 전개한 것이다.

Ⅰ. 교사의 준비 단계

1. 주제 선정 이유

첫째, 재활용품을 이용하여 미술 활동을 하던 유아들의 눈에 모든 물건에 표시되어 있는 '분리배출' 단어가 띄기 시작했다. 유아들은 '분리배출' 표시가 왜 있는지에 대해 궁금하다면서 질문을 하기 시작했다.

둘째, 각종 매스미디어의 영향으로 인해 '환경오염'에 대한 관심이 증가되었다.

셋째, 환경오염의 원인을 생각해 보던 중, '쓰레기'에 대하여 관심과 흥미를 갖기 시작하였다.

넷째, 일상생활에서 우리가 실천할 수 있는 일을 생각해 보던 중 '쓰레기 분리수거', '쓰레기 함부로 버리지 않기', '쓰레기 줄이고 폐품 재활용하기' 등의 의견이 나왔다.

결국 '환경오염'이라는 거대한 주제에 대해 작은 것에서부터 실천하는 습관이 중요함을 깨닫게 되었다. 그리고 우리 주변에 있는 '쓰레기'부터 줄이고 재활용하고 분리수거해야 한다고 생각하게 되었다. 따라서 환경 보호 차원에서 유아들이 실생활에서 실천할 수 있는 '쓰레기'를 주제로 선정하게 되었다.

2. 영역별 활동 예상안

주제에 대해 언어생활, 건강생활, 사회생활, 탐구생활, 표현생활 등 다섯 가지의 생활영역별 활동 예상안을 계획하였다. 본 계획안의 활동이나 시간은 얼마든지 융통성 있게 조정가능하고 바뀔 수 있다.

(1) 언어생활

♣ 이야기 나누기
–쓰레기가 많아지면 지구는 어떻게 될까?
–지구가 오염되었어요.
–재활용이란 무엇일까?
–새로운 물건을 만들 수 있어요.
–물건을 아껴 쓸 수 있어요.
♣ 언어활동
–분리수거할 수 있어요.
–쓰레기의 종류 알기
♣ 동화
–쓰레기 형제, 강물나라 성형외과
♣ 확장활동
–환경신문 만들기

(2) 건강생활

♣ 실외활동
– 우리 동네 쓰레기 줍기
♣ 게임
– 일회용품을 찾아라
– 환경박사가 되자, O×퀴즈대회
– 작아지는 신문지
♣ 신체활동
– 신문지와 놀아요. 내가 만약 쓰레기라면?

(3) 사회생활

♣ 역할
– 다시 태어난 쓰레기들
– 쓰레기통 속에는?

- 쓰레기 때문에 아파요.

♣ 기본생활습관
- 생활 속에서 재활용을 실천할 수 있어요.
- 분리배출할 때는 깨끗이 씻어서 버려요.
- 물건을 아껴 써요.
- 쓰레기를 줄여요.

(4) 탐구생활

♣ 수
- 쓰레기가 썩는데 걸리는 시간

♣ 과학
- 환경을 오염시키는 물건들
- 쓰레기 태워 보기
- 우유팩으로 종이 만들기
- 폐식용유로 만든 비누

♣ 조작
- 환경마크 빙고
- 깨끗한 지구와 오염된 지구
- 분리배출 표시 알기

(5) 표현생활

♣ 그리기
- 깨끗한 우리 마을
- 현장학습(쓰레기 매립지 방문) 후 그리기

♣ 만들기
- 요구르트병으로 공작새 만들기
- 재활용품으로 만들기
- 분리수거 박스 만들기
- 깨끗한 우리 동네 꾸미기

♣ 새 노래
- 분리수거
- 하나뿐인 지구

(6) 현장교육

쓰레기 (주제)

건강생활

〈실외활동〉
-우리 동네 쓰레기 줍기
〈게임〉
-분리수거함에 넣어라
〈신체활동〉
-신문지와 함께 춤을!

사회생활

〈역할놀이〉
-내가 만약 쓰레기였다면?
-쓰레기 형제
〈기본생활습관〉
-재활용을 실천하자
-분리수거하자

현장활동

-쓰레기 매립지 견학
-재활용 센터 방문하기

표현생활

〈노래〉
-지구를 살리자
-함부로 버리지 말아요
-싫어요, 싫어요!
〈그리기〉
-깨끗한 우리나라
-쓰레기 매립지를 다녀온 후 인상에 남은 것 그리기
〈만들기〉
-재활용품으로 작품 만들기
〈음률〉
-신문지로 소리내 보기
-빈 플라스틱으로 악기연주하기

탐구생활

〈수〉
-쓰레기가 썩는 시간을 알 수 있을까요?
-오늘 버린 쓰레기는?
-쓰레기의 종류는?
〈과학〉
-환경을 오염시키는 것에는 어떤 것들이 있을까?
-쓰레기 태워 보기
-재활용품 활용하기
〈조작〉
-깨끗한 지구와 오염된 지구
-분리배출 표시 알기
-지구가 아파요

언어생활

〈이야기 나누기〉
-쓰레기가 우리 집과 지구에 가득하다면 어떤 생각이 들까?
-재활용이란 무엇일까?
-다시 사용할 수 있는 물건에는 어떤 것들이 있을까?
-물건을 아껴 쓰는 마음을 갖자
〈언어활동〉
-쓰레기의 종류 알기
-나도 분리수거할 수 있어요
-깨끗한 환경 신문 만들기

[흥미영역별 활동 예상안]

♣ 산책 프로그램
- 우리 동네 쓰레기 줍기
- 분리수거 캠페인

♣ 자연친화 놀이
- 흙 만져 보고 이야기 나누기
- 땅 속의 생물들 관찰하기

3. 환경구성

교사는 쓰레기와 관련된 동화, 쓰레기의 다양한 종류, 관찰도구 등 주제와 관련된 자원을 각 영역에 배치한다. 이러한 과정을 거쳐 자원 목록표를 작성하고 가정통신문을 작성한다.

♠ 1차적 지원 – 다양한 종류의 쓰레기, 분리수거함, 환경전문가, 지역사회 쓰레기 분리수거 담당자, 쓰레기 매립지, 고물상, 재활용센터 등

♠ 2차적 지원 – 쓰레기와 관련된 동화책과 전문도서, 쓰레기 분리배출표, 쓰레기 관련 그림이나 사진자료, 환경 관련 인터넷 사이트 등

♧ 쓰레기' 프로젝트에 대한 교사의 예비 주제망

주제가 선정되면 교사는 유아들의 관찰한 것과 경험을 토대로 유아들이 주제에 대해 무엇을 알고 무엇을 경험했을지 생각하여 예상 주제망을 구성해 본다. 또한 교사 자신이 알고 있는 지식과 경험을 토대로 '쓰레기'에 대한 정보나 생각을 기초로 주제망을 작성한다.

♧ '쓰레기' 프로젝트에 대한 가정통신문

1. 활동주제 : 쓰레기
2. 활동예상기간 : 11월 5일–12월 1일 (4주간)
3. 주제선정이유 : 최대 규모의 쓰레기 매립지를 보유하고 있는 우리나라의 환경오염의 실태와 심각성을 알고, 어떻게 하면 쓰레기를 줄이고 자연을 보존할 수 있는지 실생활에서의 실천방법을 알고 나도 우리 집의 어린이 환경전문가가 된다.

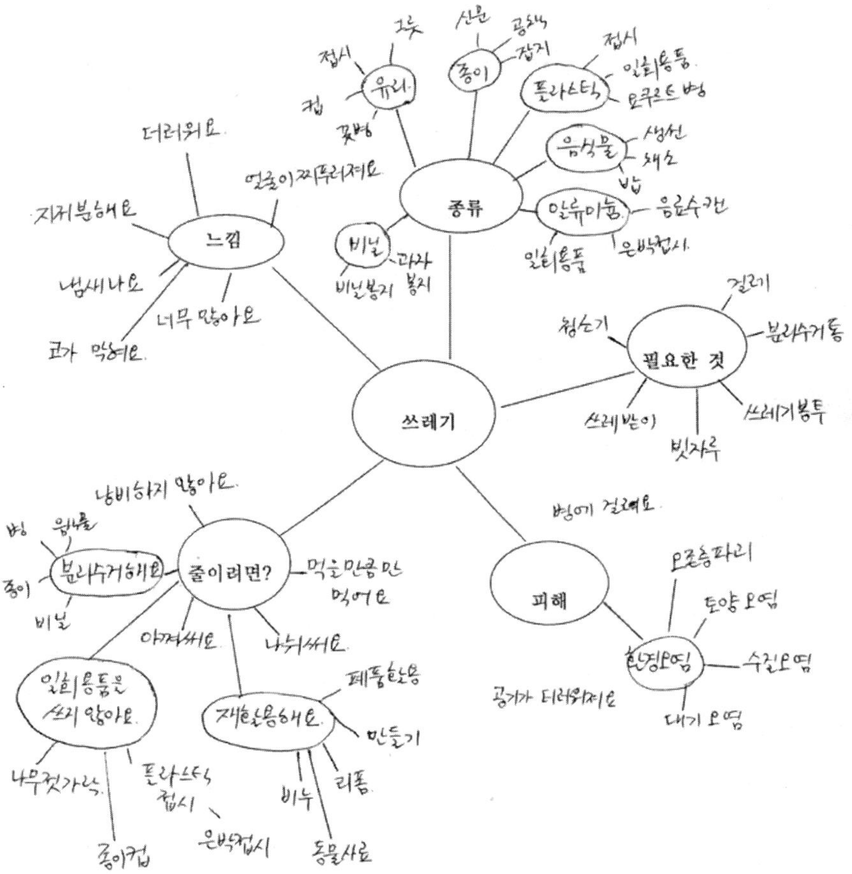

[교사의 예비 주제망]

4. 쓰레기 지원 목록표

구 분		내 용
1차적 자원	실 물	· 다양한 쓰레기의 종류　　· 분리수거함
	사 람	· 환경전문가　　· 환경미화원 아저씨 · 지역사회 쓰레기 분리수거 담당자
	현장견학 (장소)	· 쓰레기 매립지　　· 김포시 시설관리 공단 · 고물상　　· 캐니 빌리지 · 재활용센터

2차적자원	정보를 주는 책 (참고도서)	· 지구촌을 지키는 어린이환경사전(이창형, 계림북스쿨) · 어린이가 지구를 살릴 수 있는 50가지 방법(존자브나, 현암사) · 쓰레기 산에 패랭이꽃이 피었어요.(장수하늘소, 아이세움) · 최열 아저씨의 지구촌 환경이야기(최열, 청년사) · 어린이가 꼭 알아야 할 환경이야기(프랑스와 미셸, 영교)
	동 화	· 바닷가는 다시 숨을 쉴 거야(데이비드 벨아미, 초록개구리) · 강은 다시 맑아질 거야(데이비드 벨아미, 초록개구리) · 나무를 심는 토끼들(이준연, 한국프뢰벨) · 재활용 아저씨 고마워요.(김경연, 풀빛) · 강물나라 성형외과(이은경, 꼬망세) · 쓰레기 소탕 대작전(로렌 리디, 미래아이) · 숲을 그냥 내버려 둬(다비드 모리송, 크레용하우스) · 마술가루(윤구병, 다섯수레) · 쓰레기 형제(이은하, 삼성당)
	사진 및 그림 자료	· 쓰레기 분리수거 마크 · 다양한 재활용품
	인터넷	· 재활용 도우미(http://doumi.envico.or.kr/) · 재활용품 만들기 교실 (http://www.jinsuni.com/artschool/make2.asp?cate=make2/)

5. 가정에서 도와주세요.

'쓰레기'와 관련된 자료가 있으신 가정에서는 유아의 이름을 기재하여 보내 주시기 바랍니다. 보내 주신 자료는 한 달 동안 수업 및 다양한 활동에 사용되며 사용 후에는 가정으로 보내 드립니다. 많은 관심과 지원 부탁드립니다.

II. 프로젝트의 시작단계

이전 경험 나누기, 생각 모으기, 유목화, 교사와 유아의 공동 주제망을 작성하고, 주제에 대한 유아들의 질문을 모아 질문목록을 작성한다. 유아들이 평소 주제에 대해 알고 싶어 했던 것이나 지금까지의 과정을 거치면서 새롭게 궁금증을 갖게 된 것들을 한눈에 알 수 있도록 적어 놓는다. 질문목록 작성과 함께 전문서적, 인터넷검색, 전문가초빙, 실물관찰 등 적합한 질문 해결방법도 정한다.

1. 이전 경험 나누기

'쓰레기'에 대한 유아들의 경험이나 알고 있는 것을 그림이나 글로 표현해 본다.

다음은 유아들의 이전 경험을 정리한 것이다.

-나는 쓰레기를 함부로 길가에 버린 적이 있어요.
-아저씨가 주차장에서 종이를 바닥에 버렸어요.
-엄마는 음식물 쓰레기를 따로 버려요.
-나와 동생은 빈 상자로 자동차를 만들었어요.
-동생은 쓰레기를 분리수거하지 않고 그냥 버렸어요.
-쓰레기통 속에 쓰레기가 많아 냄새가 많이 났어요.
-쓰레기를 강에 버리면 물고기가 죽어요.
-쓰레기를 불에 태운대요. 기타 등등.

2. 브레인스토밍(생각 모으기)

유아들은 '쓰레기'에 대해 생각 모으기를 한다. 브레인스토밍하여 주제에 대해 떠오르는 생각이나 아이디어를 모은다.

3. 유목화(친구 찾기)

다음은 '쓰레기'에 대한 유아들의 생각을 충분히 모은 후, 즉 브레인스토밍을 통해 생각 모으기를 한 후에 유아들과 '관련성'에 대해 생각해 본다. 서로 연관된 것을 분류해 보며 유목화 과정을 전개해 간다.

[유목화]

구 분	내 용
쓰레기의 종류	종이, 빈 병, 플라스틱, 캔, 스티로폼, 비닐, 음식물, 옷, 철, 깡통, 유리, 판자, 털실, 머리카락, 빈 용기 등
쓰레기 때문에 생기는 것	산의 오염, 강물 오염, 바다 오염, 지구 온난화, 생태계 파괴, 파리, 먼지 급증, 모기, 바퀴벌레, 그 밖의 벌레들이 생김, 물고기 기형, 아토성 피부염 등
청소 도구	빗자루, 쓰레받기, 청소기, 걸레, 쓰레기봉투, 먼지 털이개 등
쓰레기를 볼 수 있는 것	우리 집, 우리 동네, 학교, 병원, 도서관, 미장원, 길가, 바닷가, 강가, 산, 공원, 놀이터, 유치원, 어린이집, 마트 등
쓰레기를 줄이기 위해 해야 할 것	쓰레기 줄이기, 아껴 쓰기, 아나바다 운동하기, 과소비하지 않기 등

느낌	냄새가 난다, 더럽다, 지저분하다, 싫다, 기분 나쁘다, 마음이 아프다, 슬프다, 우울하다 등
그 밖의 것들	청소부 아저씨, 쓰레기 차, 쓰레기봉투, 환경 살리기 운동, 자연환경 보호하기, 우주 등

4. 유아 주제망 구성하기

분류한 내용들을 한눈에 볼 수 있도록 주제망을 구성한다. 주제망을 구성하는 단계를 통해 교사와 유아는 관심 있는 부분을 한눈에 알 수 있어 다음 활동의 전개방향을 정할 수 있게 된다.

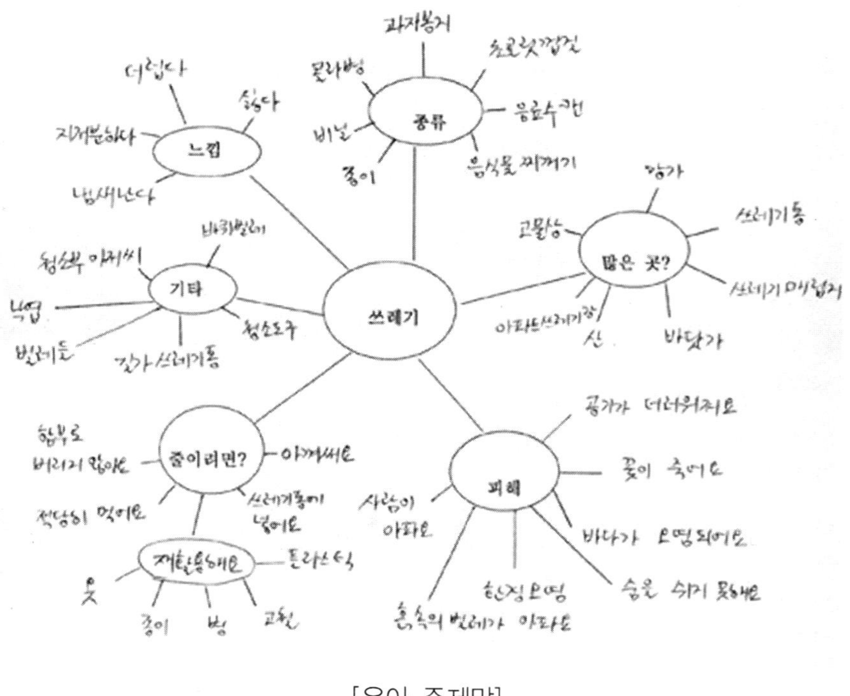

[유아 주제망]

5. 질문 모으기 및 질문 목록 구성하기

'쓰레기'에 대해 평소 갖고 있었던 궁금증에 대해 이야기 나누고, 질문목록을 함께 작성한다. 질문에 대한 대답은 전문서적이나 인터넷 검색 혹은 전문가를 초빙하여 궁금증을 풀도록 한다.

다음은 다양한 질문에 대한 것을 정리해 보았다.

(질문 1) 쓰레기에는 어떤 것이 있어요?
- 전문 서적
(질문 2) 쓰레기는 왜 따로 버려야 할까요?
- 인터넷 검색/전문가 초빙
(질문 3) 쓰레기가 땅 속에 들어가면 어떻게 되나요?
- 인터넷 검색
(질문 4) 분리수거는 어떻게 하나요?
- 현장학습/전문 서적
(질문 5) 과자봉지에 있는 세모 모양의 그림은 뭐예요?
- 인터넷 검색
(질문 6) 재활용할 수 없는 쓰레기도 있나요?
- 인터넷 검색/전문가 초빙
(질문 7) 버린 유리병을 어떻게 새 병으로 만들어요?
- 전문서적/전문가 초빙

Ⅲ. 프로젝트의 전개단계

1. 질문 해결하기

유아들의 수많은 질문을 모아 비슷한 것끼리 모은 후, 일곱 가지로 요약했다.

(질문 1) 쓰레기의 종류는 어떤 것이 있어요?

쓰레기는 종이류, 고철류, 병류, 플라스틱류, 의류, 기타 쓰레기로 나누어진다. 또, 쓰레기의 종류별로 종이는 신문, 책류, 우유팩/고철류는 알루미늄캔, 철탠, 주방용 철재, 스테인레스, 전선 / 병류는 맥주, 소주, 음료수, 화장품, 박카스 / 플라스틱류는 장난감류, 물탱크, 조미료용기, 세제용기, 우유병, 스티로폼, 장판지, 요구르트병, 농촌폐기물(비닐, 농약병, 모판 등)/의류는 커튼, 이불, 한복, 모포/ 기타 쓰레기류는 대형폐기물 (냉장고,

TV, 장롱, 책상)으로 나뉜다.

(질문 2) 쓰레기는 왜 따로 버려야 할까?

쓰레기를 버릴 때는 종류별로 나누어 분리배출 해야 한다. 분리배출 하면 환경오염을 방지할 수 있을 뿐만 아니라 자원의 재활용으로 자원 고갈의 문제점을 해결하고, 경제적 부가가치까지 얻을 수 있다. 사람들이 조금만 신경 써서 버리면 다양한 곳에 이롭게 쓰이는 것이다.

(질문 3) 쓰레기가 땅 속에 들어가면 어떻게 되나요?

우리는 잘 썩지 않는 쓰레기를 마구 버려서 환경을 오염시키고 있다. 쓰레기가 땅 속에서 완전히 썩어 없어지기까지 짧게는 5개월에서 길게 500년 이상이 걸린다. 이러한 쓰레기들은 환경을 오염시키는데 큰 역할을 하게 되는 것이다.

쓰레기별로 썩기까지 걸리는 시간을 알아보면 다음과 같다. 종이-2~5개월/우유팩-5년/담배필터-10~12년/나무젓가락-20년/일회용 컵-20년 이상/가죽 제품- 25~40년/나일론 천-30~40년/금속 캔-100년/일회용기저귀-100년 이상/알루미늄 캔-500년 이상/플라스틱 용기-500년 이상

(질문 4) 분리수거는 어떻게 하나요?

분리수거를 올바르게 해야만 재활용이 가능하다. 지저분한 상태로 버린 쓰레기는 재활용할 수 없어 그대로 쓰레기가 되는 것이다. 신문지, 책은 차곡차곡 쌓아 끈으로 묶어 배출, 우유팩은 씻은 후 말려서 배출, 음료수 캔은 한번 씻은 후 원형 그대로 배출, 부탄가스는 구멍 뚫어 배출, 주방용 철재는 플라스틱이나 나무 손잡이 등을 분리한 뒤 배출, 병류는 뚜껑을 분리하여 배출, 장난감류는 나사, 못 분리 후 배출, 조미료용기는 씻어서 배출, 요구르트병은 알루미늄박 제거 후 씻어서 배출, 의류는 그대로 배출하면 된다.

(질문 5) 과자봉지에 있는 세모 모양의 그림은 뭐예요?

다양한 물건을 잘 살펴보면 '분리배출' 마크를 볼 수 있다. 이는 "이것은 재활용이 가능하니 분리수거를 하라"는 뜻이다. 자원의 재활용과 분리수거율을 높이기 위해 2003년부터

분리배출표시제가 시행되어 우리생활과 밀접한 물건을 생산하는 생산자는 물건에 분리배출마크를 부착해야 하는 것이다. 세모 모양의 분리배출마크 안에는 어떤 종류인지 품목별로 분류되어 종이, 종이팩, 유리병, 알루미늄, 플라스틱 등 누구든 한눈에 알아볼 수 있다.

(질문 6) 재활용할 수 없는 쓰레기도 있어요?

모든 쓰레기가 다 재활용할 수 있는 것은 아니다.
재활용을 할 수 없는 쓰레기는 다음과 같다.
☻ 종이류 : 1회용 기저귀, 기름 닦은 종이, 아이스크림 종이 등
☻ 병류 : 유리창, 거울 깨진 것, 백열등, 도자기, 사기그릇
☻ 고철류: 포일, 페인트통, 구두약 용기
☻ 플라스틱류 : 고무제품, 호스, 열에 녹지 않는 플라스틱
☻ 의류 : 양말, 스타킹, 봉제인형, 베갯속, 솜이불

(질문 7) 버린 유리병을 어떻게 새 병으로 만들어요?

소주병, 맥주병, 음료수병 등의 유리병은 뚜껑을 분리하여 배출하면 유리병 재생 공장으로 보내져 색깔별로 분류가 된다. 병 안에 이물질이 있을 경우 재생할 수 없으므로 이물질을 제거한다. 분류된 유리병은 재생되어 사용될 용도에 맞게 첨가제를 첨가하여 고온에서 녹인 후 원하는 제품으로 성형되어 재생이 된다. 그렇게 만들어진 유리제품은 또다시 우리의 생활 여러 곳에 쓰이게 되는 것이다.

2. 교사가 의도한 그 밖의 활동

〈조작〉지구 바느질하기
〈조형〉분리수거통 만들기
〈조형〉자유롭게 만들기
〈탐구〉폐식용유로 비누 만들기
〈언어〉분리수거 트럭
〈언어〉지구에 쓰레기가 쌓이면?
〈게임〉작아지는 신문지
〈미술〉재활용 수집소 그리기

〈산책〉우리 동네를 깨끗이!
〈탐구〉우유팩으로 종이 만들기
〈언어〉잡지로 만든 재생 종이에 "종이에게 편지쓰기"
〈신체〉신문지랑 놀자
〈조작〉지구 퍼즐 맞추기
〈게임〉일회용품을 찾아라!
〈현장학습〉국립생물자원관

이 외에도 주제에 연관된 다양한 활동을 얼마든지 전개해 나갈 수 있다.

♥ 전문가와 만남의 시간 갖기

김포시의 쓰레기들을 모두 모아 재활용이 가능하도록 작업하는 김포시설 관리공단을 방문하여 관리자분을 통해 쓰레기에 해한 궁금증을 해결할 수 있었다.
김포시설 관리공단: 경기도 김포시 걸포동 2-79
tel) 031-997-3803~5
홈페이지http://www.gimposisul.or.kr/

(질문 1) 우리가 분리수거한 쓰레기들은 어떻게 되나요?

여러분들이 가정이나 어린이집에서 분리수거한 쓰레기들은 여기 재활용 수집소로 모이게 됩니다. 그럼 수집소에서 일하시는 분들이 쓰레기를 종류별로 분류하고 기계가 쓰레기들을 이렇게 네모모양으로 압축하게 된답니다. 이렇게 모아 두면 새로운 물건을 만드는데 필요한 사람들이 가져가서 새로운 물건을 만드는 데 사용된답니다. 여러분들이 분리수거를 잘 하면 모두 소중하게 쓰여지니까 함부로 버리지 마세요.

(질문 2) 쓰레기가 어떻게 새로운 물건으로 만들어져요?

재활용 수집소에서 모은 다양한 쓰레기들은 그것을 필요로 하는 사람들에게 보내지는데 종이는 종류별로 모아져 새로운 종이로 만들어지고, 유리병은 색깔별로 분리하여 새로운 병으로 만들어지기도 하고 찻길에 있는 횡단보도 등에 이용되기도 하지요. 플라스틱은 화분이나 액자틀 등과 같이 플라스틱으로 된 물건에 사용되고요, 고철류는 녹여서 다양한 부품들을 만들기도 한답니다.

(질문 3) 쓰레기를 분리수거하지 않으면 어떻게 되나요?

여러분들이 버리는 쓰레기 중에 90%는 모두 재활용이 가능한 아주 소중한 자원인데 사람들이 귀찮다고 아무렇게나 버리면 정말로 쓰레기가 된답니다. 사람들이 아무렇게나 버린 쓰레기까지 모두 분리해서 처리할 수 없답니다. 분리수거를 하지 않으면 환경이 더러워지는 것은 당연하고 물건을 만들거나 생활하는 데 필요한 소중한 자원도 모두 없어지게 된답니다. 그러니까 꼭 분리수거하세요.

(질문 4) 분리수거를 어떻게 깨끗이 해야 하나요?

신문지는 차곡차곡 모아서 30cm로 묶어 주면 아주 좋아요. 우유팩은 씻어서 핀 다음 말려서 배출하면 되고요, 음료수를 먹은 페트병이나 유리병은 씻은 후 뚜껑을 빼고 버려야 해요. 음료수 먹다가 먹기 싫다고 음료수가 남겨진 병을 그대로 쓰레기통에 버리면 썩어서 냄새도 나고 재활용할 수 없으니까 잊지 마세요. 음료수 캔이나 통조림도 먹고 나면 깨끗이 씻어서 버리고, 부탄가스나 모기를 잡을 때 쓰는 살충제통은 다 쓴 뒤 구멍을 뚫어서 버려야 안전하답니다.

형광등에는 우리 몸에 해로운 수은이 들어 있으니까 버릴 때 깨뜨리지 않도록 주의하고 형광등과 백열등을 분리해서 버리세요. 여러분 모든 쓰레기는 더러운 것이 묻어 있지 않도록 깨끗이 처리해서 버리면 수집소에서 일하시는 어른들도 쓰레기를 쉽게 처리할 수 있으니까 조금만 신경 써서 버리면 좋겠습니다.

Ⅳ. 프로젝트의 마무리 단계

1. 후기 경험 나누기

프로젝트의 전 과정을 돌아보면 활동 중 '쓰레기'에 대해 느낀 점이나 기억에 남는 활동을 함께 이야기 나누고 그림이나 글로 표현해 본다.

(후기)

–앞으로는 쓰레기를 바르게 버릴 수 있어요.

–쓰레기를 강이나 바다에 함부로 버리면 안 됩니다. 등등.

2. 후기 주제망 구성하기

프로젝트를 마무리하며 유아들의 사고와 관심이 어떻게 변화하였는지 알아보기 위해 후기 주제망을 작성하여 시작단계에서 작성한 주제망과 비교하여 본다.

3. 마무리 활동 – 분리수거 캠페인

쓰레기 프로젝트의 마무리 활동으로 무엇을 할까 고민하던 중 많은 사람들이 정확한 분리수거 방법을 알았으면 좋겠다는 생각이 들었다. 아이들과 함께 우리가 알고 있는 분리수거 방법을 알려줄 방법에 대해 이야기를 나누었는데 알려주자는 의견 등 여러 가지가 나오게 되었다. 그런데 한 유아가 재활용 수집소에서 보았던 것처럼 우리도 광고지를 만들어 사람들에게 나누어 주자는 이야기를 하여 광고지를 만들고, 분리수거 캠페인 활동까지 하게 되었다.

아이들과 다양한 내용을 홍보하는 광고지들을 살펴보고 어떤 방법으로 광고지를 만들지 결정을 하였다. 광고지를 완성한 후에는 거리로 나가 “환경을 보호합시다.”, “분리수거를 합시다.”, “쓰레기를 함부로 버리지 맙시다.”하고 외치며 사람들에게 우리의 생각을 알리고 광고지를 나누어 주었다. 사람들을 볼 때마다 분리수거를 외치며 열심히 캠페인 활동을 했던 아이들의 모습이 예뻤다. 그리고 “많은 사람들이 알았겠지?”하며 기뻐했던 아이들의 모습이 생각난다.

처음부터 끝까지 아이들의 생각이 담긴 마무리 활동이었고, 자신들이 해낸 일에 뿌듯해하였다. 부디 많은 사람들이 우리 아이들의 소망하는 마음처럼 분리수거의 중요성을 깨닫고 우리 아이들만큼만 생활 속에서 실천해 주었으면 하는 생각이 든다.

4. 평가하기

‘쓰레기’ 프로젝트를 진행하면서 유아들이 궁금해했던 질문들이 만족스럽게 해결되었는지 생각해 보며 이야기 나눈다.

♡ 유아들의 평가

–재활용 수집소에서 우리가 버린 쓰레기 때문에 고약한 냄새가 났다고 해서 부끄러웠어요.

–쓰레기의 종류가 너무 많아서 깜짝 놀랐어요.

–식용유가 비누가 되는 것이 너무 신기해요.
–우리가 만든 비누를 집에서 쓰니까 좋아요.
–분리수거 캠페인할 때 목은 좀 아팠지만 기뻤어요.

♡ 교사 평가

매번 프로젝트 활동을 할 때마다 아이들과 함께 새로운 것을 배우고 느끼게 되지만 이번 '쓰레기' 프로젝트는 어느 때보다 많은 생각을 하게 했던 것 같다. 그리고 그 동안 우리가 했던 분리수거 방법이 약간 틀린 것도 있음을 알 수 있었는데 다 먹은 음료수는 뚜껑을 분리해야 하는데 뚜껑도 함께 분리수거를 했던 것들이 그렇다. 쓰레기 프로젝트를 하며 기억에 남는 것 중 하나가 재활용 수집소에 방문했던 것인데, 처음 재활용 수집소에 도착한 아이들은 '앗~지독한 냄새야'하고 외치며 모두 코를 막고 얼굴을 찡그렸다. 그런데 우리를 안내해 주시던 재활용 수집소 아저씨께서 사람들이 분리수거하는 방법을 제대로 모르거나 귀찮아해서 더러운 상태로 아무렇게나 버려진 쓰레기들 때문에 쓰레기가 썩어서 생기는 악취라고 말씀하셨다. 우리들이 가볍게 생각하고 한 행동으로 인해 생긴 악취라는 사실에 아이들은 코를 막고 있던 손을 얼른 내리며 반성하는 것 같은 표정이었다.

어린이집으로 돌아와서는 어린이집에서 주로 나오는 종류의 쓰레기를 알아보고 재활용 상자를 이용해 쓰레기통을 만들어 바르게 분리수거하기를 실천하였다. 마무리 활동으로는 학부모 및 지역사회 사람들과 분리수거하기를 함께 실천하고자 분리수거 환경 캠페인을 하며 많은 사람들에게 쓰레기 문제의 심각성과 그로 인해 생기는 환경오염에 대해 알리는 데 힘썼다. 우리가 버리는 쓰레기의 90%는 재활용이 가능해 우리에게 소중한 자원으로 다시 돌아온다고 한다. 많은 사람들이 우리 아이들처럼 쓰레기 문제의 심각성을 깨닫고 분리수거를 실천하는 생활 태도를 갖게 되었으면 한다(김포 양곡어린이집 교사, 2008).

5. 프로젝트 전반적 평가

다음에 제시한 평가표는 프로젝트 시작단계에서부터 마무리 단계에 이르기까지 교사 및 유아의 활동을 중심으로 제작된 것이다. 교사용은 교사의 역할 수행을 중심으로 제작한 평가문항 25개를 포함하고 있으며, 유아용도 교사용과 마찬가지로 평가 문항 25개를 포함하고 있다(이명조 · 배미희, 2007).

(1) 교사의 프로젝트 수행능력에 대한 평가

프로젝트 수행능력 평가표(교사용)

프로젝트 주제			활동기간	년 월 일~ 월 일			
이 름			00반				
단계	번호	평가 기준	평정척도 못함<–　　–>잘함				
			1	2	3	4	5
준비단계	1	주제가 유아의 일상생활과 관련되어 흥미를 유발하는가?					
	2	주제가 유아의 발달수준이 고려되어 선정되었는가?					
	3	주제가 실제 교육현장활동으로 실현될 수 있는가?					
	4	교사의 예비 주제망이 포괄적인가?					
	5	예비 주제망에 기초한 자원목록은 상세한가?					
	6	교사의 교실환경 구성은 주제에 대한 유아의 관심을 불러일으키는가?					
	7	부모에게 프로젝트 활동을 소개하고 협조를 요청하는가?					
시작단계	1	유아들의 경험나누기 활동을 통해 주제에 대한 흥미가 유발될 수 있도록 유도하는가?					
	2	유아의 생각 모으기를 자극하는 워밍업을 시도하는가?					
	3	교사는 유아의 유목화 작업을 효율적으로 이끌어 가는가?					
	4	주제망 구성을 위해 교사는 예비 주제망이 확장 · 조정되도록 유아에게 적절한 도움을 주는가?					
	5	유아가 질문거리를 찾도록 궁금이 상자, 질문제시판 등과 같은 외적 요인을 활용하는가?					
	6	유아의 프로젝트 활동에 대한 흥미를 더욱 유발하도록 다양한 활동을 안내하는가?					
전개단계	1	유아가 스스로 질문에 대한 답을 예측해 보도록 격려하는가?					
	2	유아에게 문제해결을 위한 실마리나 다양한 방법을 안내하는가?					
	3	유아의 문제해결과정에서 알게 된 지식을 미술, 언어, 수 · 과학, 신체 · 음률, 극놀이 등의 추후활동으로 표현하도록 지도하는가?					
	4	현장견학(혹은 전문가 면담)을 위해 이전에 철저히 준비하는가?					
	5	현장견학활동(혹은 전문가 면담활동)이 프로젝트 활동과 연계될 수 있도록 지도하는가?					
	6	현장견학(혹은 전문가 면담)을 마친 후 곧바로 현장에서 일어났던 일들을 확인 · 발표하는 시간을 가지는가?					

마무리단계	1	마무리 행사계획을 위한 토의에 유아들의 참여를 격려하는가?					
	2	마무리 행사준비활동(교실꾸미기, 초대장 보내기)에 유아들의 참여를 격려하는가?					
	3	지금까지의 프로젝트 학습내용이 마무리 행사활동을 통해 나타나는가?					
	4	마무리 행사활동이 유아의 발달수준에 맞는가?					
	5	마무리 행사에 대한 평가 및 정리에 관한 교육적 의의를 알고 지도하는가?					
	6	부모의 행사에 대한 평가결과를 다음 프로젝트 활동이나 행사에 참고하려고 하는가?					
비고							

(2) 유아의 프로젝트 수행능력에 대한 평가

프로젝트 수행능력 평가표(유아용)

프로젝트 주제			활동기간	년 월 일~ 월 일			
이 름			00반				
단계	번호	평가 기준	평정척도 못함<- ->잘함				
			1	2	3	4	5
준비단계	1	주제에 관해 관심을 보이는가?					
	2	주제에 관한 이야기를 할 때 주이를 기울이는가?					
	3	새로운 프로젝트를 해 보려는 의욕을 보이는가?					
	4	변화된 교실환경에 관심을 갖는가?					
시작단계	1	주제와 관련해서 자신의 이전 경험이나 현재 지식을 표현하는가?					
	2	주제에 관한 생각을 표현할 수 있는가?					
	3	새로운 프르제트를 해 보려는 의욕을 보이는가?					
	4	변화된 교심환경에 관심을 갖는가?					
	5	구성된 주제망을 이해할 수 있는가?					
	6	주제에 관한 궁금한 점을 질문하는가?					
	7	질문 목록작성에 참여하는가?					
	8	흥미유발 활동들을 통해 주제에 대해 더 관심을 갖는가?					
전개단계	1	문제에 대한 해결책을 예측할 수 있는가?					
	2	문제해결을 위해 적극적으로 활동에 참여하는가?					
	3	문제해결과정에서 알게 된 사실을 미술로 표현할 수 있는가?					
	4	문제해결과정에서 알게 된 사실을 언어로 표현할 수 있는가?					

	5	문제해결과정에서 알게 된 사실을 신체 · 음률로 표현할 수 있는가?					
	6	문제해결과정에서 알게 된 사실을 수 · 과학으로 표현할 수 있는가?					
	7	현장작업(현장견학, 면담활동 등)에 적극적으로 참여하는가?					
	8	현장견학 후 프로젝트 주제 관련 활동을 다양한 표현방법을 동원하여 보다 확장 · 심화할 수 있는가?					
마무리단계	1	마무리 행사계획 활동에 적극적으로 참여하는가?					
	2	마무리 행사를 위한 작품 준비에 적극적으로 참여하는가?					
	3	마무리 행사 때 자기역할을 잘 이행하는가?					
	4	마무리 행사 이후 평가에 능동적으로 참여하는가?					
	5	마무리 행사 이후 정리정돈에 능동적으로 참여하는가?					
비고							

*다음은 프로젝트 접근법을 실시하고 있는 A유치원, 종일반의 주간교육안과 하루일과이다. 유아교육기관마다 유아들의 흥미, 욕구, 지역사회의 여건 등에 따라 융통성 있게 조정되어짐을 밝힌다.

[프로젝트 접근법에 기초한 A유치원의 주간계획]

주제		환경오염	실시주간	7월 2주
목표		자연환경을 오염시키는 것들에 대해 알아보고 환경보호의 필요성을 알도록 하며 생활 속에서 실천해 볼 수 있도록 한다.		
기본생활습관		쓰레기 함부로 버리지 않기		
구분		주 요 활 동 내 용		
자유선택활동	언어	지구가 오염되고 있어요, 환경을 깨끗이 하자.		
	미술	폐품 이용하여 로봇 만들기		
	조작	쓰레기 분리수거하기, 공기가 더러워요.		
	수	병, 깡통 수세기, 강에서 낚시하기		
	과학	더러운 물 관찰하기, 바다 오염		
	음률	아기 새의 눈물, 깨끗한 공기		

대소집단활동	이야기 나누기	분리수거를 해요, 더러운 공기, 오염된 물
	음률	푸른 바다에 파도가 넘실넘실!
	동화동시	강물나라 성형외과, 쓰레기 형제
	미술	푸른 지구 만들기, 내가 만약 쓰레기라면?
	게임	징검다리 건너기, 쓰레기 치우기

요일	월(6일)	화(7일)	수(8일)	목(9일)	금(10일)	토(11일)
도움 선생님	이 소 연	김 나 영	이 은 하	이 재 영	강 봉 희	
간식당번	김 강 산	이 슬 기	도시락	박 성 우	권 영 수	
알림	☞ 이번 주 주제는 '환경오염'입니다. 프로젝트 전개에 따른 부모님의 도움과 협조가 필요합니다. 추후 각 담임 선생님의 가정 통신문을 참조하여 협조 부탁드립니다.					

[프로젝트 접근법에 기초한 A유치원의 하루일과]

시 간	교 육 내 용
08:30 ~ 9:30	○ 등원 및 자유선택 활동 -친구들이 모두 등원할 때까지 흥미영역별 자유선택놀이한다.
09:30 ~ 10:30	○ '환경오염' 프로젝트에 대한 계획하기 -주제 제안 및 경험 나누기 -주제 선정 후, 주제 조직망 구성하기
10:30 ~ 10:45	○ 오전 간식 먹기 -바르게 앉아서 먹기, '쓰레기' 분리수거 실천하기
10:45 ~ 11:20	○ 프로젝트 활동 전개하기 -소집단으로 나누어 활동을 전개한다. -생각 모으기, 질문목록 작성하기 -여러 영역별 활동하기(예, 푸른 지구 만들기, 쓰레기통 관찰하기 등)
11:20 ~ 11:40	○ 교재 · 교구 정리 정돈하기 교재 · 교구 정리 및 사물함 정리 정돈 실시한다.
11:40 ~ 12:00	○ 점심준비 및 화장실 다녀오기 도시락 준비 및 손씻기.
12:00 ~ 1:00	○ 점심 식사하기 바르게 앉아서 점심을 먹는다.

1:00 ~ 2:50	○ 휴식 및 낮잠 자기 –휴식을 취하거나 낮잠을 잔다.
2:50 ~ 2:00	○ 정리 정돈 및 화장실 다녀오기 –정리 정돈 후 화장실 다녀온다.
2:00 ~ 3:30	○ 현장 활동 및 생각 나누기 –동네에 있는 쓰레기 분리수거장을 돌아보고 이야기 나눈다.
3:30 ~ 4:30	○ 자유선택 활동하기 –더러운 물 관찰하기, 지구가 오염되고 있어요, 환경을 깨끗이 하자 등
4:30 ~ 5:00	○ 오후 간식 –바르게 앉아서 간식 먹고 쓰레기 분리수거한다.
5:00 ~ 6:30	○ 동화 듣고 표현활동하기 –‘강물나라 성형외과’ 동화를 듣고 난 후 느낌을 동작으로 표현하기
6:30 ~	○ 귀가 지도 및 귀가 귀가 준비를 하며 정리 정돈을 하고 귀가한다.

[프로젝트 접근법의 실례 ②]

–'우리 밀' 프로젝트–

–K어린이집 줄기반–

☞ 교사의 사전 준비

<table>
<tr><th>교사의 사전 체크</th><th>가정에 보내 주세요</th></tr>
<tr><td>1. '우리 밀'에 대한 자료 수집(사진, 그림, 책, 자료 등)
2. 프로그램 작성
– 주제 진행하기(기본 4주)
– 중심 개념
– 자원목록표
– 관련 웹사이트
– 교사 예상 주제만
3. 교육과정 영역별 학습내용표
4. 학습 유형별 예상안
5. 교실 환경 구성
6. 활동 단계별 계획성
7. 부모 기록지</td><td>※ 프로그램(5장)
※ 부모 기록지
※ 자원에 대한 협조 안내문</td></tr>
<tr><td>☞ 견학을 어느 곳으로 갈 것인가?
(구체적으로)
☞ 흥미를 던질 그림책을 무엇으로 선정했는가?
☞ '우리 밀' 주제와 관련된 행사 계획을 가지고 있는가?
(예 : 부모 참여 수업, 오픈 하우스 등)</td><td></td></tr>
</table>

☞ 프로젝트 활동 단계별 계획서

<table>
<tr><th rowspan="2">내용 \ 주</th><th>1주</th><th>2주</th><th>3주</th><th>4주</th></tr>
<tr><th>시작단계</th><th>전개단계</th><th>전개단계</th><th>전개/
마무리단계</th></tr>
<tr><td>주요활동내용</td><td>· 주제판 꾸미기
· 분단이름 정하기
· 이전경험 표현
· 단어가지 만들기
· 브레인스토밍
· 주제망 그리기</td><td>· 관찰활동(밀과 보리는 달라요)
· 밀의 한살이
· 밀잎 그려주기
· 탐구활동(밀과 보리 밟기)</td><td>· 관찰활동(우리 농산물과 수입 농산물)
· 벤다이어그램
(벼, 보리, 밀)
· 조사활동(무엇으로 만들었을까?)</td><td>· 동시짓기
· 편지쓰기
· 플로차트 만들기
· 실험활동(밀가루 풀 만들기)
· 요리활동</td></tr>
</table>

		· 질문목록 작성 및 해결방법 모색	· 조사활동(우리 밀 백과) · 밀과 우리는 친구	· 실험활동(밀가루 만들기) · 실험활동(밀가루 반죽하기) · 브로슈어활용 (밀가루의 쓰임) · 현장견학	· 밀가루 그림 그리기 · 포스터 만들기 · '우리 밀' 프로젝트를 마치며
견학, 관련행사			밀밭, 논과 밭, 농업기술원	마트, 밀밭, 우리 밀 운동 본부, 시장	우리 밀 졸업식 가루 축제의 날
자원협조	사람		농부, 농업기술원 관계자	우리 밀 운동본부 관계자, 제빵사, 시장 상인	도우미 엄마
	기타	· 여러 가지 곡식 · 밀과 보리 실물 · '우리 밀'과 관련된 다양한 자료들(책, 그림, 사전, 비디오 등)	· 밀과 보리 실물 · 밀의 한 살이 그림 자료 · 밀잎 실물 · 현미경 · '우리 밀' 관련 도서 · 여러 가지 곡식 자료(그림 등)	· 우리 농산물과 수입 농산물 실물 자료 · 밀로 만든 여러 가지 음식물 · 통밀, 빻는데 필요한 도구 · 밀가루 반죽시 필요한 도구 · 전단지, 광고지 신문 등	· 강력분, 중력분 박력분 밀가루 · 밀가루를 만드는데 필요한 것들 · 요리활동에 필요한 재료들

☞ 시작단계

진행단계	진행내용	필요해요
시작단계	1. 자원 소개하기	
	2. 주제판 꾸미기(전체그룹) – 교실밖에 제시	
	3. 분단이름 정하기 – 곡식종류, 음식종류 – 분단 소개 시간 갖기 –분단표(아이들 사진 제시)	
	4. 이전경험 표현 – 말보다는 관련자료 제시	예 : 비밀상자(뚜껑이 있는 A4상자) – 주제에 관련된 물건을 넣어둠
	5. 단어가지 만들기	
	6. 브레인스토밍 – 생각 모으기 – 구체적인 질문 – 똑같은 단어 2장 (색깔 다르게)	

	7. 유목화	
	8. 주제망	
	9. 질문목록 작성 및 해결 방법 모색 – 질문 모으기(유아 질문) – 질문 분석하기(질문의 명료화) – 해결방법 모색하기(해결방법)	

☞ 전개단계

진행단계	진행내용	필요해요
전 개 단 계	〈질문과 기초한 조사 및 탐구활동〉	
	1. 관찰활동(밀과 보리는 달라요) – 실물 제시	
	2. 밀의 한살이	
	3. 밀잎 그려주기	
	4. 탐구활동(밀과 보리 밟기)	가상하기 – 내가 만일 밀이라면 · 1차 – 예측 · 2차 – 알아보기
	5. 조사활동(우리 밀 백과) – 우리 밀에 관한 전반적인 사항	
	6. 밀과 우리는 친구 – 실물제시(여러 곡식) – 실물 탐색 시간 둔 후 이름 알려 줌 – 소리 비교하기(마라카스)	
	7. 관찰활동(우리 농산물과 수입 농산물) – 마트 견학, 생협 관계자 초대 및 견학	
	8. 벤다이어그램(벼, 보리, 밀) – 비교도표 – 생김, 파종 및 수확시기, 쓰임 비교 – 2개씩 묶어서 공통점 찾기	
	9. 조사활동(무엇으로 만들었을까?) – 실물제시(짚신, 밀짚모자, 초가집 등)	실물 관찰 만들어 보기 전문가 초대 볏짚 하우스의 우수성
	10. 실험활동(통밀로 밀가루 만들기) – 여러 가지 곡식 가루 만들어 비교	토의활동 – 밀가루 만들기

		· 옛날 · 현대 – 통밀로 밀가루를 만들려면?
	11. 실험활동 (밀가루 반죽하기)	반죽 비교(맛, 느낌, 색깔) – 반죽 시 넣는 재료 다르게 함(물, 식용유, 식용 색소, 소금 등)
	12. 브로슈어 활용(밀가루의 쓰임) – 글과 그림으로 인쇄 되어진 모든 것(잡지, 신문 등)	설거지해 보기 밀가루 속 사탕 먹기 게임 밀가루의 쓰임
	13. 현장 견학 〈견학가기 전 준비〉 – 궁금한 점 적기 – 견학시 지켜야 할 규칙 정하기 – 견학장소 설명해 주기 – 견학장소 예측하여 나타내기 – 보고 올 것, 알아올 것 정하기(분단별) – 필요한 준비물 챙기기 〈견학〉 – 궁금한 점 조사하기 – 관련 물품 수집해 오기 – 견학장소를 카메라에 담기 〈견학 후〉 – 보고 온 것, 알아온 것 정리하기 – 견학장소 후기 그림 그리기 – 인상 깊었던 것	
	〈현장 견학 후 활동〉	
	[언어적 표현] 14. 동시짓기 15. 편지쓰기(우리밀 운동 본부)	
	[수학적 표현] 16. 플로차트 만들기(밀가루) – 박력분, 중력분, 강력분 17. 벤다이어그램 (우리 농산물과 수입 농산물)	
	[사회, 과학적 표현] 18. 요리활동 19. 실험활동(밀가루 풀 만들기)	밀가루 풀과 신문을 이용한 작품 만들기 밀가루 풀을 이용한 공동작품 그리기 벽지 바르기

	[음악적 표현] 20. 노래 개사하기	
	[미술적 표현] 21. 부분가려 표지 그리기 22. 밀가루 그림 그리기 23. 곡식을 이용한 콜라주	

☞ 마무리 단계

진행단계	진행내용	필요해요
마무리단계	1. 포스터 만들기 – 교사가 몇 개의 문구 제시 후 유아가 그림 그리기 – 문구 공동 색칠	4절 색지
	2. ‘우리 밀’ 프로젝트를 마치며 – 전 과정 돌아보기 – 알게 된 점 – 재미있었던 점 – 반성할 점	
	3. 포트폴리오 평가를 적용한 체크리스트	
연계행사	“가루가루 축제의 날”	

☞ 교사 예비 주제망

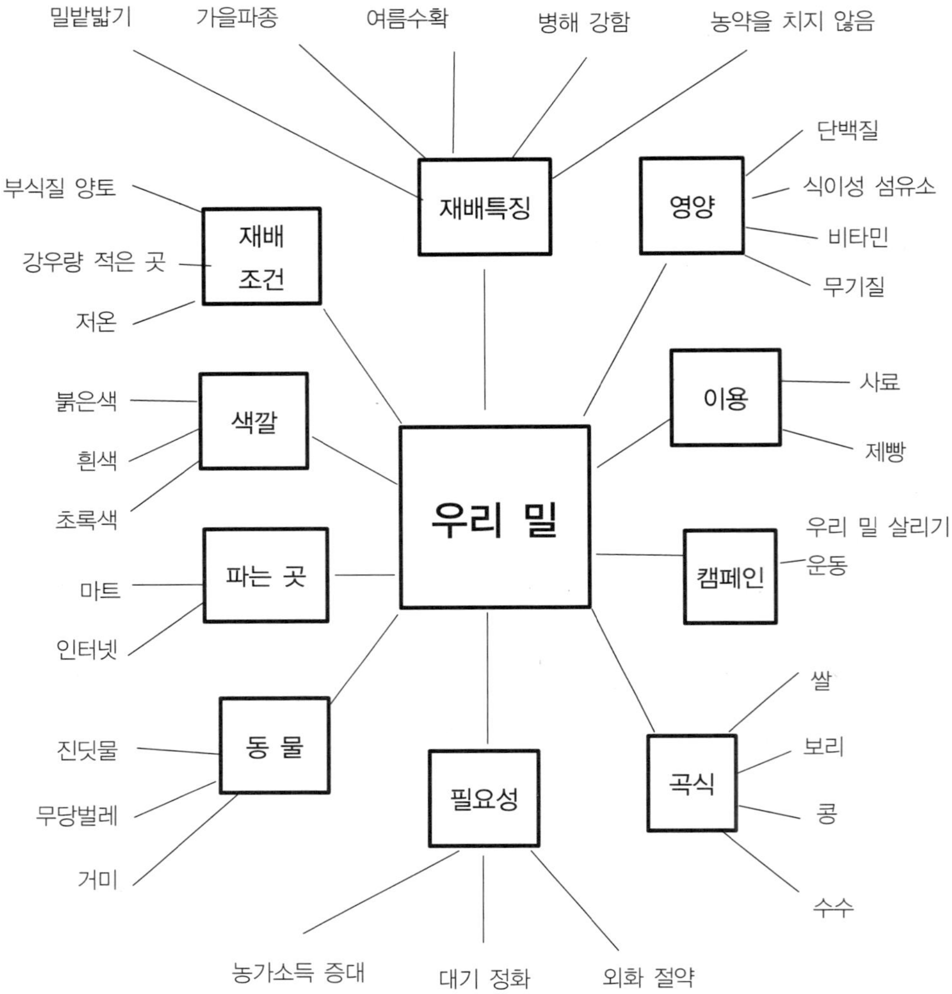
밀밭밟기
가을파종
여름수확
병해 강함
농약을 치지 않음
단백질
식이성 섬유소
비타민
무기질
부식질 양토
강우량 적은 곳
저온
재배
조건
재배특징
영양
사료
제빵
이용
붉은색
흰색
초록색
색깔
우리 밀
우리 밀 살리기
운동
캠페인
파는 곳
마트
인터넷
쌀
보리
콩
수수
곡식
진딧물
무당벌레
거미
동 물
필요성
농가소득 증대
대기 정화
외화 절약

[프로젝트 접근법의 실례 ③]

– "고구마" 프로젝트–

–L유치원 꽃님반–

* 필요성

유아들의 학습은 교사에게 전적으로 의존하여야만 이루어지는 것은 아니며, 유아 개개인의 흥미와 요구에 의한 독립적이고, 자발적인 활동과 학습이 중요한 요인이 된다.

그러므로 보다 효과적인 학습을 위해 기존의 단원접근법의 단점을 보완하여 유아의 다양한 배경이나 요구를 반영할 수 있는 프로젝트 접근법이 필요하다.

* 목적

학습방법을 개선하여 유아의 창의성 발달을 향상시킬 수 있는 바람직한 프로그램을 제공하여 유아들의 생명과 환경의 소중함을 인식하고, 환경과의 관계를 이해하며, 자연을 사랑하는 마음을 갖는데 있다.

* 실천내용

1. 준비 단계

가. 유아의 주제 선정

봄부터 유치원 텃밭에 심었던 고구마, 옥수수, 고추, 깨 등 밭작물의 성장과정을 관찰하던 중 유아 한 명이 찐 고구마를 유치원에 갖고 온 적이 있었다. 마침 고구마 캘 시기가 되었고, 유아들에게 밭에 있는 작물 중 어떤 것이 제일 궁금하냐고 물었더니 대다수의 유아가 고구마가 궁금하다고 하였다. 그래서 "고구마"로 프로젝트 주제를 선정하고 자세히 알아보기로 했다.

나. 교사의 사전 주제망

고구마에 대한 교사의 사전 주제망을 구성해 보면 다음과 같다.

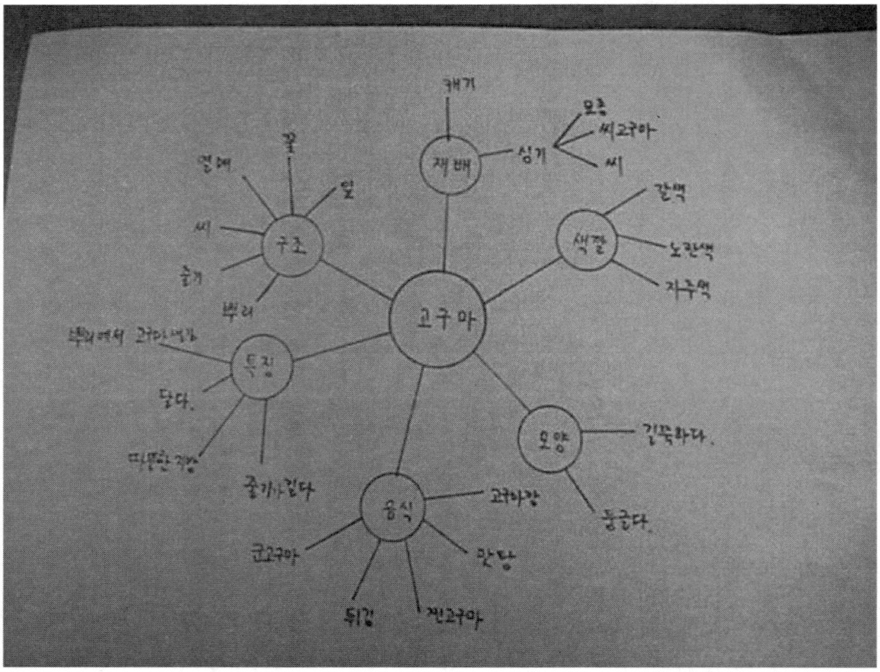

다. 자원목록 작성

활용 가능한 자원목록을 작성하고 활동과 관련될 수 있도록 다음과 같이 수집하였다.

1차적 자원	2차적 자원
1) 사람 : 학교 기사님	1) 책 고구마에 관한 책 고구마와 관련된 동화, 동시
2) 실물 : 고구마 고구마싹, 잎, 줄기, 뿌리	2) 요리잡지, 화보, 그림
3) 견학장소 : 텃밭	3) 비디오테이프나 사진 자료 식물이야기 CD-i 식물 기르기 비디오 사진 자료

라. 주제별 활동계획안

활동영역	활 동 내 용
이야기 나누기	· 고구마에 대한 경험 나누기 · 고구마는 어떻게 자랄까? · 고구마의 구조에 대하여 알아보기 · 고구마가 잘 자라려면 무엇이 필요할까? · 고구마는 어떻게 심고 캘까요? · 고구마로 만든 음식에는 무엇이 있나요?
동화, 동시	· 동화 – 마음대로 의자, 냠냠짭짭 레스토랑 · 동시 – "고구마", 씨 하나가 땅에 묻히어
게임	· 고구마 담기 게임
미술	· 고구마 그리기 · 고구마 캐는 모습 그리기 · 고구마로 만든 음식 고무찰흙으로 만들기
요리	· 고구마 찌기
신체, 음률, 음악	· 고구마 캐는 모습 표현하기 · 고구마 모양 흉내내기 · 고구마 성장과정 표현하기 · "씨앗" 노래 부르기
현장학습	· 텃밭 견학 · 고구마 캐기 실습

2. 시작 단계

가. 환경구성

(1) 주제에 대한 유아의 흥미를 유발시키기 위해 고구마와 관련된 사진, 그림 자료를 제시한다.

(2) 영역별 자료도 고구마 및 곡식과 채소에 관한 것으로 바꾸어 놓는다.

(3) 과학놀이영역에 고구마 싹 키우기를 하여 유아들이 관찰하게 한다.

(4) 유아가 준비해 온 자원을 유아가 발표한 후 모아서 어디에 어떻게 두어야 할지 토론한 후에 적당한 영역에 놓아둔다.

나. 유아의 사전경험 나누기

(1) 한솔이가 갖고 온 고구마를 먹어 보니까 어땠어요?라고 도입을 이끈다.
(2) 고구마와 관련된 이야기를 유아들이 말할 수 있는 허용적인 분위기를 만든다.
(3) 고구마와 관련된 유아들의 이야기를 듣는다.
(4) 내가 알고 있는 고구마를 그림으로 그려 본다.

다. 유아-교사 공동 주제망

유목화한 것을 바탕으로 교사와 유아가 함께 만든 주제망은 다음과 같다.

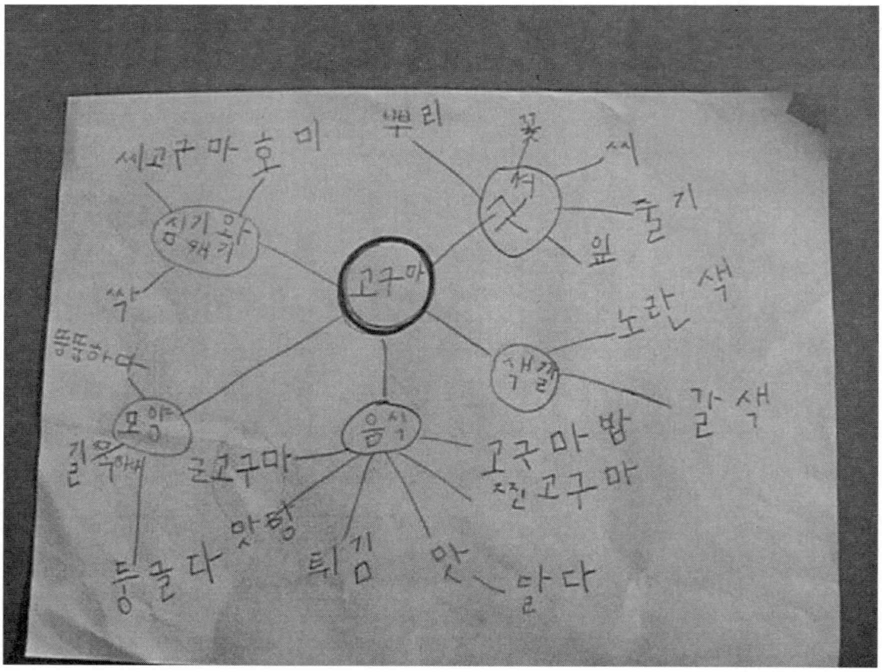

라. 질문목록 작성하기

고구마에 대한 사전경험 나누기, 유목화, 주제망 구성한 것을 회상하고, 궁금한 것을 적어 질문목록을 만들었다.

(1) 고구마는 어떻게 자라요?

(2) 고구마는 왜 검정 비닐에 심어요?
(3) 고구마는 왜 땅 속에서 자라요?
(4) 고구마는 왜 줄기가 많아요?
(5) 고구마 씨앗은 어떻게 생겼어요?

마. 질문에 대한 탐구방법 설정

유아들의 질문내용을 이해하고 주제 진행의 방향을 설정하기 위해 질문에 대한 내용을 어떻게 해결할 것인지 유아들과 토의하였다.

* 교 사: 여러분이 궁금해하는 것을 어떻게 알아볼 수 있을까요?
* 유아 1: 책을 찾아봐요.
* 교 사: 책을 찾아보는 것도 좋겠고, 또 다른 방법은 없을까요?
* 유아 2: 우리 집에서 고구마 캤는데요. 고구마를 보러 갔으면 좋겠어요.
* 교 사: 마침 고구마 캘 때가 되었는데 우리 친구들이 가서 고구마를 자세히 알아보고 며칠 후에 고구마를 캐어 보면 어떨까?
* 유아 3: 예, 선생님 얼른 보러가요.

3. 전개 단계

가. 1차 현장학습

고구마의 잎과 줄기, 뿌리의 생김새를 알아보기 위해 학교 텃밭을 견학하였다.

(1) 현장학습을 위한 준비
- 이야기 나누기 시간에 무엇을 관찰할지 토의한다.
- 현장견학 시 지켜야 할 약속에 대해 토의한다.

(2) 현장견학
- 고구마의 줄기, 잎, 뿌리의 생김새를 안다.
- 다른 밭작물의 생김새와 비교해 본다.
- 궁금한 것을 질문한다.

가끔씩 보러 왔던 텃밭이었지만, 유아들이 다른 때보다 고구마에 대해 더 흥미롭게, 자세히 관찰하였고, 다른 작물과 비교도 해 보았다.

나. 2차 현장학습

(1) 현장실습을 위한 준비

- 고구마를 어떻게 캐어야 되는지 이야기 나눈다.
- 고구마 캘 때 주의사항을 이야기 나눈다.
- 고구마 캘 때 필요한 도구를 준비한다.

(2) 현장실습

기사님이 고구마 캐시는 것을 본 후 유아들이 고구마를 캐보게 한다.

유아들이 고구마 캐는 것을 무척 재미있어 하였다. 무척 큰 고구마를 보고 "왕고구마"라며 신기해하기도 하고 뿌리가 많은 것을 "수염"이라며 좋아했다.

다. 현장학습 후 표현활동

(1) 미술활동

-고구마 그리기

내가 알고 있는 고구마 모습 1차 표상활동과 함께 두 번에 걸친 현장 견학 후 2차 표상활동을 하였다. 그 결과는 그림과 같다.

[1차 표상]

[2차 표상]

(2) 요리 활동

- 고구마 찌기

유아들이 고구마 캔 것을 다음 날 간식으로 고구마 찌기를 하였다.
고구마를 만져 보고 씻은 후 고구마 찌기를 하였다.

- 간식 먹기

고구마 찌기를 한 후 뜨거운 고구마를 호호 불며 맛있게 먹었다.

(3) 동시짓기

고구마에 대한 느낌을 유아들에게 동시로 표현해 보게 하였다.

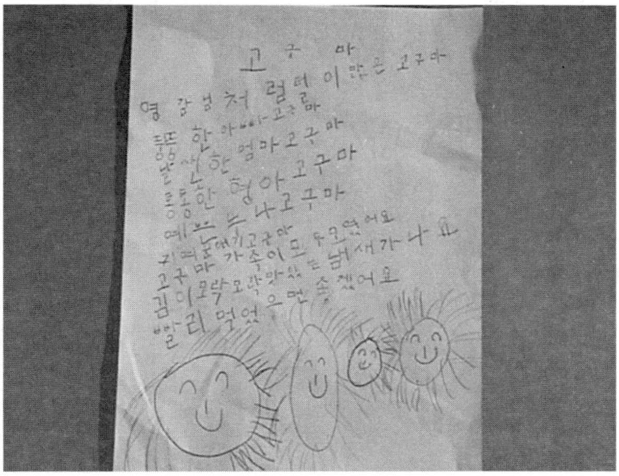

4. 마무리 단계

가. 주제 활동에 대한 평가

그 동안 진행했던 "고구마"에 관한 동시를 다시 한 번 읽어 보며 어떤 활동을 했는지, 유아들과 서로 이야기를 나누어 본다. 그 동안의 그림과 동시, 사진을 어떻게 할 것인지 토론하고 토론한 결과 그림과 동시, 사진을 전시하기로 했다.

나. 유아의 평가

유아들이 제일 재미있었다고 평가한 활동은 고구마 캐기 현장실습이었다. 유아들이 또 하고 싶어했다. 땅 속에서 크고 작은 고구마가 나오는 것이 신기한 것 같았다.

다. 교사의 평가

유아들이 고구마에 대해 흥미 있어 하고 프로젝트를 수행하는 동안 재미있게 참여했던 것 같다. 하지만 유아들이 많지 않아 다양한 의견들이 나오지 않았던 것이 아쉽다.

*** 얻은 효과**

주제에 대한 유아들의 관심과 흥미 때문에 자발적, 적극적으로 참여했던 것이 매우 좋았던 것 같다. 특히 유아들이 생명과 환경의 소중함을 인식하며 자연을 사랑하는 마음을 배운 것 같다. 특히 활동을 진행하면서 서로 협동하고 협력하며 함께 나누는 모습이 매우 좋았으며 '고구마'라는 주제에 대한 관심이 확대되어 뿌리식물로 이어지게 되었다.

7. 발도르프 프로그램

1) 이론적 배경

발도르프(waldorf) 프로그램은 독일의 슈타이너(Steiner)의 인지적 인간학이라는 기본철학을 바탕으로 이루어졌다. 1919년 발도르프 아스토리아 담배공장에서 슈타이너가 강의를 했고, 이 회사의 사장인 몰트는 직원들의 자녀교육에 힘쓸 것을 권유하였다고 한다. 그 결과 1919년 9월에 그 공장의 이름을 딴 '자유 발도르프 학교'가 문을 열었고, 발도르프 학교 설립 후 1926년 슈타이너의 강연에 감동을 받은 엘리자베스 그린레스가 슈트가르트에서 유아를 위한 최초의 '발도르프 유치원'을 열게 되었다.

슈타이너의 인지학(Anthroposophy)의 기본은 '인간'과 '지혜'를 의미하고 있으며 여기에는 인간의 참된 본질을 구현하고자 하는 철학적 기초가 담겨 있다. 인간의 참된 본질을 구현하기 위해서는 전인적 인간의 성장과 발달이 중요하다고 강조하고 있다.

슈타이너에 의하면 인지학이란 정신세계에 대한 과학적 탐구이며 잠재된 능력을 계발시켜 깨달음을 얻게 하는 것이라고 설명한다. 결국 인지학은 깨달음에 도달하는 길이라고 표현할 수 있다. 슈타이너는 인간의 본질을 이해하고 인간학과 인지학의 상호연관성을 연구하고 현장에 적용하였다. 그는 육체, 영혼, 정신, 인간의 세 가지 기본 본질이 현실에서 서로 상호연관성을 맺으며 존재한다는 것을 깨달았다.

그는 육체와 영혼과 정신이 삼위일체되어 전체의 하나로서 작용할 때 진정한 인간으로 거듭날 수 있다고 강조하였다. 그는 인간의 본질과 외적 세계의 관계정립에만 관심을 기울인 것이 아니고 눈으로 관찰할 수 없는 영적인 세계, 즉 정신적이고 초월적인 세계에까지 관심의 영역을 넓혔다. 따라서 흔히 볼 수 있는 생명체가 없는 자연물에도 영적인 의미가 존재한다고 생각하였다(Barz, 1991; Knipping, 1992).

슈타이너의 인지적 인간학은 인간 본성을 신체, 영혼, 정신의 통합체라고 보고 있으며, 신체를 통해서 외부의 경험과 환경을 지각하고 경험한다고 강조하였다. 그리고 인간의 기질은 네 가지로 나누어져 있다고 설명한다. 예를 들어 다혈질인, 담즙질인, 우울질인, 그리고 점액질인으로 분류되어 있다고 한다. 하지만 인간은 네 가지 구분으로 명확하게 나누어져 있다고 주장하지는 않는다. 누구나 네 가지의 기질을 조금씩 가지고 있지만 어느 하나가 우세한 양상을 보이는 경우가 많다고 한다. 그에 따라 자신의 기질을 이해하면 된다고 제안한다(Knipping, 1992).

다음은 슈타이너가 발도르프 교육의 기본 전제로 하고 있는 인간 본질의 구조와 기질에 대해 살펴보기로 한다. 슈타이너는 인간의 본질은 네 가지 구조로 이루어져 있다고 설명하고, 인간 본질은 인간 기질의 근원을 이룬다고 보았다. 결국 인간의 네 가지 기질은 감추어져 있는 인간 본질과 밀접한 관계가 있다.

먼저 인간의 본질은 다음의 네 가지 구조로 이루어져 있다(Steiner, 1987; Steiner, 1998).

(1) 물질체(physical body)

인간의 본질은 우리가 흔히 볼 수 있는 광물질과 같은 물질적 육체를 가지고 있다. 결국 인간은 자연세계에서 흔히 존재하는 광물질과 같은 존재로 구성되어 있다.

(2) 생명체(lift body)

생명체 혹은 에테르체(Aetherleib)라고 한다. 이는 광물질과 같은 육체가 정신적인 존재로 작용하기 위해서 필요한 생명력, 즉 정신적인 힘이라고 볼 수 있다. 이런 생명체는 동식물, 인간의 육체에 내재되어 있다. 결국 생명체는 육체를 존재하게 하는 거대한 힘이며 물질체의 중심 기둥이라고 말할 수 있다.

(3) 감정체(sentient body)

감정체는 아스트랄체(Astralleib)라고 하는데 인간이 느낄 수 있는 기쁨, 슬픔, 고통, 생리적 욕구, 충동, 열정 등 감정을 말한다. 인간과 같은 동물만이 가지고 있는 감정체는 욕망과 감정 상태를 나타낸다.

(4) 자아체(I-being body)

자아체는 다른 동물과 확연히 구분되는 본질로서 인간이 가지고 있는 가장 최상의 영혼인 '나', 즉 자아에 대한 것을 말한다. 인간만이 가지고 있는 독특한 본질이며 특성으로 자아체가 상실되면 충동과 욕망에만 사로잡히게 되어 충동적이고 감정을 절제하지 못하는 인간이 되고 만다. 자아체는 인간의 습관, 성향, 기질 혹은 기억 등을 담당하는 주체가 된다.

발도르프 프로그램에서 중요하게 다루어지고 있는 인간의 기질은 위에서 설명한 인간의 본질과 밀접한 상호연관성이 있다. 인간의 기질은 우울질, 담즙질, 다혈질, 점액질로 구분된다.

다음은 네 가지 유형으로 설명되어지는 인간의 기질이다(Grunelius, 1998).

(1) 우울질(Melancholiker)

우울질인은 감상적이며 풍부한 감정을 가지고 있다. 또한 성실하고 통찰력이 있으며 관용적인 태도를 가지고 있다. 하지만 신경이 예민하여 작은 일에 신경을 많이 쓰고 자아가 강하여 자기중심적인 태도를 자주 보인다. 따라서 주변 상황을 어둡게 만들기도 하고 기분이 상황에 따라 자주 변화한다.

(2) 담즙질(Choleriker)

매사 적극적이고 능동적인 자세로 임하며 감정의 기복이 심하며 격하다. 또한 자신의 행하는 일에 있어서 뚜렷한 목표의식이 있으며 추진력도 있다. 그리고 인내력과 리더십이 강하며 정의감도 강하다. 하지만 공격성과 함께 자신의 뜻과 맞지 않으면 횡포를 부리거나 복수를 하는 경향이 강하다.

(3) 다혈질(Sanguiniker)

감정적이고 충동적이며 상황이나 기분에 따라 감정의 기복이 심하다. 매우 낙천적이고 어린애다운 기질이 있으며 매사 호기심이 많고 자유로운 사고방식을 가지고 있으며 주위 사람들을 즐겁게 만드는 재주를 가지고 있다. 하지만 인내력과 끈기가 부족하고 침착하지 못하고 산만한 경향이 있다.

(4) 점액질(Phlegmatiler)

매우 침착하고 감정의 기복이 심하지 않다. 남의 일에 별 관심을 보이지 않으며 자기의 일에만 관심을 쏟는다. 내적으로 강하지 않으며 화를 내는 경향도 적다. 점액질인은 자칫 힘든 일은 싫어하고 쉬운 일만 하려는 경향이 짙고 게으름을 자주 피운다. 또한 냉소적이고 방관자적인 태도를 취하기도 한다.

일반적으로 인간의 네 가지 기질은 균등하게 모든 인간에게 배분되어 구성되어지는 것이 아니고 어느 특정한 하나의 기질적 성향이 우세하게 나타난다. 그렇다고 해서 어느 한 기질만 나타난다고 볼 수 있는 것은 아니다. 보통 네 가지 기질을 모두 가지고 있으며 어느 한 가지 기질의 특성이 우세하게 나타난다고 이해할 수 있겠다. 따라서 교사는 유아를 잘 관찰하여 어느 기질이 우세한지 살펴보고 그 기질을 잘 파악하여 교육해야 한다. 슈타이너에 따르면 다양한 기질의 특성을 갖고 있는 유아들을 혼합적으로 반을 구성하여 교육하기보다는 같은 기질과 성향이 유사한 유아들을 같은 반으로 구성하여 가르치는 것이 교육적인 면에서 더 효과적이라고 강조한다(Kugelgen, 1991).

슈타이너에 의하면 인간은 7년 주기로 성장 · 발달한다고 한다. 다음은 슈타이너의 7년 주기 발달 이론이다(Steiner, 1998).

(1) 제 1주기(출생-7세): 물리적 육체 탄생

이 주기의 유아는 모든 것을 흡수하고 받아들이는 단계이다. 오감각을 활용하여 외부환경을 경험하고 탐색해 간다. 그리고 모든 학습은 모방을 통해 이루어진다. 따라서 유아의 학습을 바람직하게 이끌기 위해서는 본보기와 모방을 올바르게 보여주는 것이 필요하다. 이 시기의 유아는 어른들의 행동을 단순히 모방하여 따라 하는 것이 아니라 어른과의 내적인 공감을 형성하고 상호연관을 통해 동질감 및 유대감을 느끼게 된다.

또한 이 시기에는 유아의 신체적 발달과 성장 그리고 오감각의 발달을 자극하여 환경을 탐색하고 경험할 수 있도록 하는 것이 중요하다. 따라서 교사나 부모는 유아의 발달에 알맞은 물리적 환경을 조성해 주는 것이 필요하다. 왜냐하면 유아는 감각을 통해 주변세계를 탐색하고 경험함으로써 세계를 인식하기 때문이다.

(2) 제 2주기(7-14세): 생명체 탄생

이 주기의 생명체는 습관, 기억, 성향, 기질 등을 담당한다. 따라서 이 시기의 아동은 학습에 열중하고 예술에 대한 감각이 발달된다. 특히 음률적인 예술적 감각이 발달하게 된다. 그리고 논리적이고 추상적인 기능이 발달하는 시기이다.

(3) 제 3주기(14-21세): 감정체 탄생

청소년 시기에 주로 감정체가 탄생하며 제 3주기를 맞게 된다. 이 주기에는 취미활동에 열중하며 자신이 관심 있어 하는 분야나 호기심 있는 것을 더욱더 탐색하게 된다. 그런 과정을 통해 인지적 능력이 발달하고 개인의 잠재적 능력도 발달시킨다. 논리적이고 추상적인 사고능력도 발달되어 논리적인 사고 기능과 추상적 사고 기능이 능숙하게 된다.

(4) 제 4주기(21세 이후): 자아체 탄생

이 주기에는 자아체가 탄생하며, 자아체는 동물과 인간을 구별짓게 하는 가장 큰 특징이라고 볼 수 있다. 즉 자신에 대한 하나의 이미지, 즉 상을 갖게 된다. 결국 '자아'가 정립되는 시기라고 볼 수 있다.

2) 교육목적

교육의 목적은 전인적 인간으로 성장 · 발달시키는데 있다. 인간의 성장 · 발달은 우주원리와 통한다고 보고 있으며 성장하고 변화하는 것은 육체, 영혼, 정신의 세 가지가 통합되어 이루어지는 것이라고 생각한다.

따라서 발도르프 유치원의 교육목적은 머리, 마음, 손을 통한 전인적 인간교육을 추구하고 있음을 알 수 있다. 결국 인간 본연에 대한 진지한 이해와 인간 내면을 통한 교육을 추구하고 있으며, 인간내면의 추구와 인간본성에 대한 이해는 '예술'교육으로 표현하고 있으며 유아의 의지, 감정, 생각이 통합적으로 발달될 수 있도록 한다.

유아의 통합적 발달을 위해 발도르프 프로그램에서는 모방과 본보기 교육을 강조하고 있으며 감각적 경험을 중요시하고 있다. 그리고 리듬과 반복을 강조하는 생활교육을 실시하고 있으며 유아의 상상력 발달을 강조하고 있다.

다음은 교육 원리에 대해 살펴보기로 한다(Grunelius, 1998; Steiner, 1987, 1998).

(1) 모방과 본보기 교육 원리

제 1주기에 해당하는 유아기에는 육체가 탄생하는 시기로 유아는 감각을 통해 세계를 인식하고 모방을 통해 학습을 한다. 유아는 자신을 돌봐 주는 사람, 즉 양육자에게 애착을 느끼며 모방을 한다. 따라서 교사나 부모는 올바른 모델링이 되어야 하며 유아에게 좋은 본보기를 보여주어야 한다.

이 시기의 모방은 어른들의 행동을 단순히 따라 하는 것에 그치는 것이 아니기 때문에 애착대상과의 내적 유대관계를 맺는 의미로 이해하고 받아들여져야 한다. 어른들의 언행을 모방함으로써 공감대가 형성될 뿐 아니라 가치 있는 존재로 자신을 받아들이게 된다. 결국 어른들의 모방과 본보기 교육을 통해 유아는 어른과 끈끈한 내적 유대감을 형성한다.

슈타이너에 따르면 유아는 어른들의 모든 행위를 모방함으로써 자신의 내면에 세상을 형성한다고 말하면서 어른들의 좋은 모델링과 본보기를 강조하였다(Jaffke, 2000).

(2) 감각 교육 원리

인간의 감각 중에서 '생명감각', '균형 및 방향감각', '촉각' 그리고 '운동감각'은 신체와 밀접한 감각이다. 이 감각들은 유아기에 빠르게 성장 · 발달하기 때문에 특히 감각을 활용하고 발달시킬 수 있도록 교육해야 한다. 이런 감각들이 제대로 발달되지 않으면 심한 심리적 불안을 느끼게 되고 산만하게 되는 등 다소의 문제 행동을 일으키게 된다.

따라서 발도르프 유치원에서의 교육은 감각 교육을 매우 중요하게 생각하고 있다. 유아의 신체감각의 균형을 깨뜨리고 발달을 저해하는 기계와 플라스틱 등의 놀잇감이나 교재 · 교구는 활용하지 않는다. 따라서 기계를 이용한 시청각 교재나 플라스틱이나 공업용 놀잇감 등은 발도르프 교실에서 찾아보기 힘들다.

유아의 감각을 발달시키기 위해서 좋은 놀잇감은 자연물을 그대로 이용하는 것이라고 강조한다. 예를 들어 모래, 나뭇잎, 나무토막, 흙, 나무열매, 조개껍데기, 헝겊, 돌멩이 등을 많이 가지고 놀도록 강조하고 있다.

(3) 리듬과 반복이 있는 생활 교육 원리

유아들에게 안정감과 편안함을 주고 즐거움과 행복을 주기 위해 발도르프 유치원에서는 리듬 있는 생활과 반복적인 생활 교육의 원리를 강조하고 있다. 리듬과 반복은 불안감과 긴장감을 해소시켜 주는 역할을 하며 삶을 능동적으로 만든다. 즉 즐겁게 살아갈 수 있도록 이끄는 힘의 원천이 된다. 따라서 리듬 있는 생활이 될 수 있도록 하며 동시에 반복적인 활동을 통해 안정감과 즐거움을 주도록 한다.

따라서 유아들의 하루일과 프로그램에서도 계절, 명절 등 다양한 풍습이나 행사 등을 해마다 반복하여 경험할 수 있도록 활동을 준비한다. 그리고 활동을 계획할 때에도 같은 시간대에 같은 활동을 반복적으로 할 수 있도록 시간배치를 한다. 2주에서 4주 정도 같은 시간대에 같은 활동을 배치하면 유아는 다음 활동이 무엇인지 예측하게 되고 반복적인 활동을 통해 편안함을 느끼고 더불어 반복과 함께 생활에 리듬을 느끼게 된다.

(4) 상상력을 통한 창의성 교육 원리

발도르프 유치원에서는 조잡한 놀잇감이나 인공적이고 기계적인 놀잇감은 지양한다. 대신 자연물을 이용하여 유아가 상상력을 동원하여 자유롭게 놀이를 할 수 있도록 장려한다. 단순하고 소박한 나뭇잎이나 나뭇가지로도 얼마든지 상상력을 동원하여 창의적이고 재미있는 놀이를 만들고 즐길 수 있음을 강조한다. 따라서 인형도 천으로 만든 인형을 주고 그림책이나 동화를 들려줄 때에도 되도록 세밀하고 복잡한 그림이 있는 것은 활용하지 않는다. 가장 단순한 형태나 모습을 통해 유아가 마음껏 상상할 수 있도록 분위기를 만들어 주고 환경을 조성해 준다.

(5) 감성 교육 원리

무엇인가 새로운 것을 발견해 내고 만들어 가고 자신의 감정을 표현하는 과정 중에 유아의 감성은 더욱더 풍부하게 되고 자신의 감정을 다양하게 표상하는 방법도 터득하게 된다.

예술 활동을 통해 유아는 자신의 감정을 이해하고 조절하고 더불어 타인의 감정을 이해한다. 그리고 아름다움과 슬픔을 느낄 줄 알고 그 감정을 다양한 형태로 표현할 줄도 알게 된다. 이런 예술적 활동을 통해 유아의 정서는 발달되고 세련되어진다.

3) 교육내용

교육내용의 특징은 예술 교육이다. 수업 전체가 하나의 통합된 예술로서 표현할 수 있을 정도로 예술 교육을 중요시하고 있다. 그리고 창의적인 동작활동인 오이리트미(eurythmy)를 하고 수채화 그리기를 통해 색의 아름다움을 느낄 수 있도록 한다. 또한 상상력 계발과 창의력을 증진시키기 위해 동화 들려주기를 하고 인형극 및 동극놀이를 한다. 또한 노래와 라이겐(리듬활동)활동을 하며 자연물을 가지고 자유놀이를 한다.

교육내용을 살펴보면 다음과 같다(Grunelius, 1998; Knipping, 1992).

(1) 예술 교육

슈타이너 교육의 가장 큰 특징은 예술 교육이다. 그는 '교육예술(Erziehungkunst)'이라고 표현한다. 슈타이너가 교육을 예술이라고 표현하는 데는 작은 부분에서도 전체를 느낄 수 있다는 통합성의 원리 때문이다.

발도르프 유치원에서는 주로 예술 교육을 한다. 일반적인 예술 교육을 시켜 정서를 발달시키고자 하는 단순한 차원도 아니고, 예술가를 키우고자 하는 목적도 아니다. 노래를 부르면서 악기를 다루면서 그림을 그리면서 공작을 하면서 요리를 하면서 자연스럽게 모양을 알고 색에 대해 알고 음률과 리듬을 몸과 마음으로 느끼고 맛과 향을 느끼는 과정에서, 인간행위의 의미도 이해하고 자연의 섭리와 이치도 깨달아간다는 것이다. 즉 모든 자연 만물의 원리가 예술에서부터 출발한다는 의미이고 사고과정도 예술을 하는 과정 중에 싹튼다는 것을 느끼게 한다. 수업 전체가 하나의 예술과정으로 진행되어 가고 그 과정에서 유아는 여러 가지 다양한 종류의 학습이 자연스럽게 이루어진다.

(2) 오이리트미(eurythmy)

오이리트미는 '아름답다(Eu)'와 '리듬(Rhythmus)'의 합성어이다. 따라서 아름다운 리듬으로 풀이해도 좋을 듯하다. 오이리트미는 인간 내적인 경험과 바깥으로 드러나 보이는 외적인 동작과 움직임을 통합하는 교육을 말한다. 즉 슈타이너가 만든 것으로 단순한 신체표현이라기보다는 창의적이고 예술적인 동작교육을 의미한다.

다시 말해 오이리트미는 내면적인 느낌과 감정, 그리고 생각을 외적으로 보이게끔 신체로 표현하는 행위라고 말할 수 있다. 결국 내적인 경험과 외적인 움직임의 예술적 조화라고 표현해도 좋을 것 같다. 오이리트미를 통해 유아는 신체와 영혼의 합일을 느낄 것이며 자신들이 느끼고 감상했던 추상적인 느낌과 생각을 신체를 통해 눈으로 볼 수 있는 동작으로 표현해 낼 수 있음을 알게 된다.

따라서 이런 내외적 · 통합적 동작교육은 형식적으로 정해져 있는 것이 아니라 자유롭게 개성적이고 창의적으로 표현하면 된다. 일정하게 정해진 규칙이나 형식을 배제하고 내면적 느낌과 감정에 충실하여 외적인 아름다움과 동작을 표현하여 합일을 이루는 것을 의미한다.

오이리트미에는 언어, 음악, 도형 오이트리미가 있으며 모든 출발점은 원에서 시작한다. 원모양을 만든 후 내적으로 느낀 감정을 외적인 동작으로 자유롭게 표현하도록 한다.

(3) 수채화 그리기

발도르프 프로그램은 예술 교육을 중요시하고 예술을 통해 인간을 이해하고 자연을 이해하는 것이다. 그림 그리기에 있어서도 특이한데, 물에 젖은 도화지 위에 그림물감을 이용하여 그림을 그린다. 물에 젖었기 때문에 색이 자연스럽게 도화지에 스며들게 되고 그 과정 속에서 색의 조화와 아름다움에 대해 알게 된다. 여기에서는 모든 예술이 가장 기본이 된다. 자연스러운 느낌과 감성의 표현을 예술적 행위로 이끌어 가고 그 과정 중에 동식물의 성장과 발달, 자연의 순리, 인간행동의 이해에까지 모든 것에 대해 의미와 가치를 둔다.

이런 방법의 수채화 그리기는 처음에는 경계선이 모호하고 형태가 나타나지 않지만 연령이 증가되어감에 따라 자연스런 형태와 모양이 생기게 되고 스며드는 색의 자연스런 조화와 아름다움도 느끼게 된다.

결국 하나의 조화, 통합을 통해 인간본질을 이해한다. 그리기할 때 교사는 특별한 주제를 유아에게 주기보다는 자유롭게 그리고 싶은 것을 그리도록 하며 교사는 본보기로 그림을 그려 본다. 그리기는 유아의 감정을 표현하는 방법이고 생각과 느낌 그리고 내적 세계를 형상화하는 활동이다. 따라서 그림물감으로 그리는 과정 중에 예술적 아름다움은 물론 내적 평화를 느낄 수 있도록 한다.

(4) 동화 들려주기

발도르프 프로그램에서는 상상력 계발에 중점을 두고 있다. 따라서 상상력을 풍부하게 하기 위해서 동화를 자주 들려주고 동화모임을 만들어 이야기를 새롭게 구성해 보기도 하고 자신의 느낌과 생각에 대해서도 이야기한다.

발도르프 유치원에서의 동화 시간은 그림이 없는 책을 가지고 한다. 안정과 편안함을 유지하기 위해 같은 시간에 동화를 반복적으로 들려주도록 한다. 일반적으로 구연으로 동화를 많이 들려준다. 책이라고 하는 매개체 혹은 그림이 없는 책을 이용하여 동화를 들려주기 때문에 유아는 더욱더 상상의 날개를 마음껏 펼 수 있다. 그리고 교사와 유아간의 유대감도 더욱더 형성된다.

(5) 인형극 및 동극놀이

동화를 매일 듣고 재구성하여 매일 동극놀이가 진행된다. 하나의 주제에 대한 여러 가지 동화의 내용을 듣고 자신의 생각과 느낌을 이야기한다. 그리고 또래들과 함께 역할을 정한 후 동극활동을 한다. 이 과정 중에 언어발달도 이루어지고 배경을 꾸미기 위해 미적 감각도 발달되게 된다. 그리고 사회성 발달 및 도덕성 발달도 이루어지고 신체발달도 함께 이루어진다. 결국 동극놀이는 유아의 모든 발달을 통합하고 조화롭게 하는데 도움이 된다.

또한 인형극을 통해 유아의 상상력을 자극하도록 한다. 지나치게 주제가 부각되거나 유아에게 모든 것을 다 알려주는 메시지는 피하도록 한다. 인형극을 통해 유아가 스스로 생각하고 스스로 깨달아 갈 수 있도록 한다.

(6) 라이겐(리듬활동)

창의적인 신체표현 활동 혹은 리듬활동으로 이해하면 된다. 즉 라이겐은 동화, 노래, 이야기 등을 가지고 신체를 이용하여 창의적이고 다양한 움직임을 나타내는 것을 말한다. 교사가 주제에 맞는 짧은 이야기를 만들거나 동시를 지어 유아들이 자유롭게 그에 맞게 동작으로 표현하는 것을 말한다. 기존에 있는 노랫말이나 짧은 동화 등으로 라이겐 활동을 해도 좋고 교사나 유아가 새롭게 창작하여 라이겐 활동을 하여도 좋다.

(7) 자유놀이와 놀잇감

놀잇감은 일반적으로 자연물을 이용하여 진행된다. 예를 들어 조개껍질, 돌멩이, 나무껍질, 나무토막, 씨앗, 말린 과일, 다양한 천 등을 활용한다. 매듭짓기, 등나무로 바구니 짜기, 바느질하기, 조각, 요리하기, 진흙놀이, 모래놀이, 물놀이, 나뭇잎놀이, 다람쥐 되어 가을산 돌아보기 등 자연 속에서 단순하고 소박한 재료를 가지고 자유롭게 놀이를 한다.

슈퍼마켓이나 완구점에서 판매하는 구조화된 놀잇감 대신 유아의 상상력을 자극하고 얼마든지 다양한 형태로 놀이를 이끌어 갈 수 있는 놀잇감을 이용하여 자유놀이를 한다. 이 과정에서 유아는 정서적 안정감을 느끼고 상상력이 풍부하게 되고 창의력이 발달하게 된다.

(8) 노래

노래는 유아의 정서발달에 알맞은 것을 선택하여야 하고 반음이 없어야 좋다고 제안하였다. 슈타이너에 의하면 '레, 미, 솔, 라, 시'의 5음을 사용하고 6세에서 8세 정도까지는 5도의 음정이 발달에 적합하다고 보았다. 그리고 노래에 맞춰 다양한 악기를 사용하면서 리듬과 반복의 운율을 느낄 수 있도록 하였다. 그 과정에 유아는 즐거움과 기쁨을 느끼고 정서적 안정을 느낀다.

4) 교수-학습 방법

발도르프 유치원에서는 혼합 연령으로 반을 구성하며 개인의 개인차를 존중하고 있으며 한 교사가 연령이 증가해도 계속 같은 반을 맡고 있다. 일반적으로 유치원은 3년에서 5년 정도 같은 교사가 유아를 담당하게 된다. 또한 종일제를 하기보다는 반일제 프로그램을 기본으로 하고 있다.

다음은 교수-학습 방법을 정리하였다(Knipping, 1992; Steiner, 1998).

① 개별화 교육을 강조한다.

유아의 인격을 존중하고 독립적인 인격체로 인정하며 개인의 개성을 중요시한다. 이는 유아 개개인의 개인차를 존중함을 강조하는 것이다.

② 혼합연령으로 학급을 편성한다.

모방과 협력학습을 위해서 혼합연령 구성이 바람직하다.

③ 살아 숨 쉬는 지식을 강조하는데 마음으로 느끼고 받아들일 수 있는 지식을

강조한다.

무엇인가 가르치려고 애쓰는 것보다는 생활 속에서 경험하고 느끼고 생각하는 것을 강조한다.

④ 예술 교육을 강조한다. 가르치고 배우는 것은 예술이라고 강조하였다.

오이리트미, 미술 교육 등 다양한 활동을 통해 예술적 감흥을 느낄 수 있도록 한다.

⑤ 유아는 모방과 모델링을 통한 학습을 한다는 것에 전제하고 좋은 모델링을 보이도록 강조한다.

⑥ 유아에게 적합한 교육적 환경과 함께 교사의 자유로운 행동을 강조한다.

일반적으로 계획되고 틀에 짜여진 프로그램에 의해 진행하기보다는 자율의지로 활동한다. 예를 들어 교사가 필요하다고 인식되었을 때 함께 활동을 한다.

⑦ 담임 교사제를 채택하고 있다.

담임 한 명이 같은 유아를 약 3년간 맡는다. 이는 유아에 대한 깊은 애정을 충분히 갖기 위한 시간이고, 보다 더 많이 관찰하여 유아의 발달과 성장을 올바르게 이해하는데 도움이 되기 때문이다.

⑧ 부모 및 지역사회와 협력한다.

부모와 교사가 심의회를 만들어 모임을 갖고 회의를 한다. 또한 부모를 위한 강연회나 특별모임이 있을 때는 지역사회의 인사나 협력을 요구하여 함께 협조한다. 발도르프에서는 원장, 원감, 교사 등 수직적인 교사체제가 없고 수평적인 관계, 동등한 입장에서 회의하고 교육과정을 편성하여 운영해 나간다.

5) 환경

자연을 닮은 환경을 선호한다. 각이 없는 건물에 둥근 선을 강조한다. 교실은 흥미영역별 구성을 하나 자연물이나 자연적인 느낌이 나도록 환경구성을 한다.

유아의 상상력과 창의력을 계발할 수 있도록 환경을 자연스럽고 개방적인 분위기가 연출될 수 있도록 꾸미고 놀이터 등 다양한 놀이를 통해 예술적 경험을 많이 할 수 있도록 환경조성을 한다.

정서적으로 안정되고 유아가 스스로 내적 감정과 느낌을 자연스럽게 표현할 수 있도록 분위기를 조성한다. 그리고 교실의 벽은 다양한 모양과 색이 혼합된 천이나 벽지를 선택하는 것보다 유아들에게 부드럽고 편안하게 느껴지는 한 가지 색의 벽지나 천을 사용하도록 한다. 되도록 복잡하지 않고 혼란스럽지 않도록 교실벽을 꾸미도록 한다. 밝고 환한 느낌의 색을 선택하는 것이 바람직하다. 그리고 교실 내의 자유선택 활동 영역에는 자연물을 소재로 한 다양한 재료를 구비해 놓는 것이 필요하다. 사고를 획일화시키는 놀잇감, 혹은 인공적인 놀잇감, 과학의 영향으로 만들어진 텔레비전, 비디오, 컴퓨터 등은 되도록 피한다.

실외는 유아들이 자유롭게 동식물을 관찰할 수 있고, 마음껏 뛰어놀고 자유롭게 산책할 수 있는 자연 공간이 필요하다. 따라서 발도르프 유치원은 자연과 가까운 곳에 위치한 경우가 많으며, 건물의 모양도 자연을 닮은 형태로 디자인한다. 예를 들어 둥근 산 모양처럼 둥글게 지붕을 만들고 뾰족하고 정형적인 각을 만들지 않도록 한다. 대체적으로 둥글고 부드럽고 편안한 이미지가 될 수 있도록 건물의 외형을 설계한다.

발도르프 유치원의 환경은 다음과 같다(Grossmann, 1994).

① 발도르프 유치원의 건물은 각진 모양이 없다. 즉 모두 곡선 모양을 하고 있다.

곡선 모양을 지향하는 것은 자연주의 철학에서 비롯된 것이라 이해할 수 있다.

② 유원장에는 모래밭, 원두막과 유사한 조그만 집, 오래된 나무들로 구성되어 있다.

즉 소박하고 꾸밈없는 자연을 닮도록 구성한다.

③ 교실에는 텔레비전, 컴퓨터, 비디오 등 시청각 매체가 없다.

④ 실내외 환경은 자연의 모습을 재현할 수 있도록 소박하게 구성한다.

⑤ 공장에서 생산된 상품화된 놀잇감을 구비하지 않고, 자연물 및 여러 가지

재료를 이용하여 유아 스스로 만든 창작품을 교실 안에 구비해 놓는다. 이는 유아의 상상력을 자극하여 창의적인 유아로 성장하도록 돕는다.

⑥ 발도르프 유치원 및 학교에는 원장과 교장이 없다.

원 운영 및 학교 운영은 교사들에 의해 경영되어진다. 교사들은 위계적 서열이 따로 없다. 서로 협력하여 원을 운영해 나간다.

⑦ 교사와 부모와의 협력체제하에 프로그램이 진행된다.

서로 협의하고 의논하여 운영체계가 수립되고 어떤 사안에 대해 결정하고 문제가 있을 때에는 함께 처리해 나간다.

⑧ 자유로운 의사결정을 할 수 있는 개방적 분위기이다.

⑨ 한 반에는 한 명의 교사가 운영하고 그 외 보조교사는 존재하지 않는다.

⑩ 교사와 유아의 비율은 다른 유치원에 비해 높은 편이다.

일반적으로 교사 1명 당 유아 20명에서 25명이 있다.

6) 교사의 역할

발도르프 프로그램에서는 교사의 역할이 매우 중요하다. 교사는 좋은 모델링을 보일 뿐 아니라 교육적 환경도 함께 제공해 주어야 한다. 한 유아를 몇 년 동안 함께 지내면서 유아를 보다 더 깊이 이해할 수 있고 그들의 특성과 흥미 그리고 관심도를 이해하여 유아가 자유롭게 그들의 활동을 즐거운 마음으로 할 수 있도록 돕는다.

그리고 교사는 학부모와 협력관계를 유지하고 공동으로 학급을 운영하도록 한다. 유아들에게 인지적인 학습을 강조하기보다는 유아 스스로 예술 활동에 참여하여 예술적 감동과 감흥을 느끼고 더불어 정서적 안정을 느낄 수 있도록 노력해야 한다.

교사의 역할을 정리하면 다음과 같다(Grunelius, 1998; Steiner, 1998).

① 유아를 존중하고 개성을 존중하도록 한다.
② 교사 자신이 감정이 풍부하고 다양한 예술적 느낌을 표현할 수 있어야 한다.
③ 교사의 자기계발과 자기수양을 강조한다.
④ 유아의 상상력과 창의력이 발휘할 수 있도록 한다.
⑤ 좋은 본보기를 보여주도록 한다.
⑥ 교사는 부모와 협력하여 학급을 운영해 간다.
⑦ 자유로운 의사결정을 할 수 있도록 한다.
⑧ 인지발달 중심으로 교수-학습 방향이 이루어지지 않도록 한다.

발도르프 유치원에서의 교사는 틀에 얽매인 교육계획에 의해서 하루일과를 운영하는 것이 아니다. 단 주어진 상황 속에서 자유 의지를 가지고 유아들이 마음껏 호기심과 흥미와 욕구에 따라 활동이 이루어질 수 있도록 교육환경을 마련해 주는 것이 필요하다.

교사는 유아와 끊임없는 상호교류를 통해 서로에게 긍정적인 영향을 미치도록 해야 한다. 그러기 위해서 교사는 좋은 본보기를 보인다. 유아는 모방을 통해 교사와 내적으로 공감대를 형성하고 상호유대관계를 유지할 수 있다.

일반적으로 발도르프 유치원의 하루일과는 반일제로 한다. 반일제가 원칙인 이유는 가족과 떨어져 있는 시간이 많이 있으면 가족 간의 유대감, 가족애가 결핍될 수도 있기 때문이다. 하지만 부모들의 요구, 지역사회의 상황에 따라 종일제로 운영하는 경우도 있다.

다음은 발도르프 유치원의 하루일과 운영계획이다. 상황에 따라 얼마든지 융통성 있게 시간과 활동을 조정할 수 있다.

[발도르프 프로그램에 기초한 P유치원의 하루일과]

주제	여름 과일	2015년 7월 1일 수요일
목표	여름에 볼 수 있는 과일의 종류를 안다 과일의 이름과 특징을 안다.	
시간	**활동내용**	**준비물 및 유의점**
8:30 ~ 9:50	▶ 등원 및 자유놀이 · 선생님 친구들과 인사하기 · 신발 정리하고 실내화 신기 · 등원하는 대로 활동실에서 조용한 놀이	다림질하기 나무토막 쌓기 천인형으로 놀기 실꼬기, 실뜨기 상점놀이 바느질하기(헝겊조각, 실타리) 기타 등등
9:50 ~ 10:10	▶ 교구 정리 정돈하기 화장실 다녀오기 및 손닦기	
10:10 ~ 10:30	▶ 리듬 있는 놀이하기 오이리트미 활동하기(계절에 따라 주제는 바뀐다.)	리듬에 맞춰 몸동작하기
10:30 ~ 10:50	▶ 간식(포도 반송이)	간식(과일)
10:50 ~ 11:40	▶ 정원에서 자유놀이하기 줄넘기, 공놀이, 동물에게 먹이주기, 꽃밭 가꾸기, 잡초 뽑기, 곤충 관찰하기, 모래놀이, 나무로 굴렁쇠 굴리기, 목발로 걸어 다니기 등	비가 오면 공원 산책하기
11:40 ~ 11:50	▶ 정리하기(손닦기)	
11:50 ~ 12:10	▶ 동화 듣기 인형, 나뭇가지 등을 이용하여 동화를 들려주기(일주일 동안 같은 동화 들려주기)	수박왕자의 모험
12:10 ~ 12:20	▶ 정리하기	
12:20 ~	▶ 귀가지도 부모가 유치원에 와서 데려가기	

8. 레지오 에밀리아 접근법

1) 이론적 배경

레지오 에밀리아 접근법(Reggio Emilia Approach)은 이탈리아의 교육철학자이며 운동가인 말라구찌(Malaguzzi)에 의해 교육과 서비스가 결합된 통합 유아교육 프로그램이다. 레지오 에밀리아 접근법은 이탈리아 북부 레지오 에밀리아 시에서 부모 공동조합으로 시작되어 현재까지 전 세계적으로 확대 · 보급되어 활용되어지고 있는 프로그램이다.

레지오 에밀리아 접근법을 창시한 말라구찌는 그의 동료들과 함께 듀이의 진보주의, 피아제, 비고츠키의 구성주의와 사회적 상호작용의 강조, 에릭슨의 사회문화적 심리성적이론, 환경론자인 브론펜브레너, 다중지능이론의 가드너 등의 많은 이론들을 받아들였다.

그는 효율적인 가정과 교육기관 그리고 지역사회와의 협력 체제를 강조하고 '유아로부터 가르치고 하려는 것을 배워야 한다.'라고 역설하기도 하였다. 그는 1963년에 '로빈슨'유치원을 설립하여 그의 철학적 이론을 전개해 나갔으며 현장에서 직접 실천하였다. 그는 유아의 권리와 유아에 대한 바른 인식 그리고 최적의 교육적 환경을 마련하기 위해 부모, 교육기관의 교사, 지역사회의 자원 등이 공동 협력하여 유아의 전인적 성장을 이루고자 노력하였다.

말라구찌는 학습자의 자발적이고 능동적인 참여를 중요하게 생각하였으며 환경과의 적극적인 상호작용도 강조하였다. 그리고 무엇보다 유아중심교육과정을 중요시하였다.

레지오 에밀리아 접근법은 1991년 미국의 뉴스위크지가 뽑은 세계에서 가장 훌륭한 10개 학교 중 유아교육 분야에서 선정되어 많은 나라에 소개되고 알려지기 시작하였다(Newsweek, 1991, 12. 2). 유아의 상징적 표상활동에 초점을 두고 유아의 지적 발달을 도모하며 다양하고 포괄적인 예술적 접근도 시도하였으며 창의력

교육에도 강조점을 두었다. 특히 교육과 서비스의 통합이라는 독특한 기본 철학위에 가르치는 교사와 유아, 학부모 뿐 아니라 지역사회와의 상호작용을 통한 통합교육적 면에서 독특한 특성을 가지고 있다.

레지오 에밀리아 접근법은 피아제의 구성주의, 비고츠키의 사회문화이론, 가드너의 다중지능이론, 듀이의 진보주의, 브루너의 발견학습, 브론펜브레너의 생태학적 접근 등의 이론적 근간을 이루고 있다.

다음은 레지오 에밀리아의 기초를 이루고 있는 이론을 정리해 보았다(Malaguzzi, 1998).

(1) 피아제의 구성주의

유아가 능동적으로 환경과의 상호작용을 통해 인지적 발달을 이룬다. 동화와 조절을 통해 평형화에 이르며 평형화는 지적인 성장을 의미하며 사물에 대해 하나의 기본 개념이 형성된 것을 의미한다. 사물과의 상호작용을 통해 유아는 자기규제, 조절을 할 수 있다.

따라서 레지오 에밀리아 접근법에서는 유아가 자기를 통제하고 조절함으로써 사물과 환경을 재구성하여 문제를 해결할 수 있다고 보았다.

(2) 비고츠키의 사회문화이론

개인과 사회와의 상호관계를 중요하게 생각하고 인간과 인간의 상호작용을 강조하였다. 타인과의 협력을 강조하고 사회문화에 적응해 가는 과정을 통해 인간은 학습된다고 하였다. 비고츠키는 '근접발달영역지대'의 개념을 통해 유아의 잠재적 능력을 한 단계 끌어올릴 수 있음을 시사하였다. 그러기 위해서는 유능한 또래, 교사, 부모의 적극적 협력과 지지가 필요하다고 하였다. 인지발달보다 언어가 먼저 발달한다고 주장하였으며 결국 언어를 통해 인지가 발달된다고 강조하였다. 즉 언어가 인지발달의 도구이며 언어가 발달되는 과정은 곧 인지가 발달되어

가는 과정이라고 하였다.

따라서 레지오 에밀리아 접근법에서는 비고츠키가 강조한 대로 유아와 교사, 부모, 또래간의 상호작용을 강조하고 협력을 통해 문제를 해결할 수 있다고 본다. 더불어 유아의 잠재능력을 더욱 발달시킬 수 있다고 강조한다.

(3) 가드너의 다중지능이론

한 개인은 저마다 다른 독특한 능력을 가지고 있고 그 능력을 더욱더 발달시킬 수 있도록 교사와 부모가 안내하고 도와주어야 한다고 강조한다. 인간의 지능은 수학, 논리적인 지능 뿐 아니라 언어적 지능, 음악적 지능, 공간적 지능, 신체 지능, 대인관계 지능, 개인이해 지능 등 8가지의 지능을 가지고 있다. 이 모든 지능은 서로 유기적으로 결합하며 작용한다. 하지만 사회문화적 환경에 따라 얼마든지 어느 한 분야의 지능이 뛰어나게 발휘될 수 있다.

따라서 레지오 에밀리아 접근법에서는 이를 토대로 유아의 잠재적 능력을 극대화시킬 수 있도록 프로젝트 활동을 하고 다양한 표상활동을 통해 개인의 능력을 펼칠 수 있도록 한다.

(4) 듀이의 진보주의

유아의 일상생활을 강조하고 경험을 통해 학습이 이루어짐을 강조한다. 유아들의 흥미, 욕구, 개성에 따라 다양한 학습이 이루어진다. 따라서 레지오 에밀리아 접근법에서는 유아의 일상생활 맥락 안에서 다양한 경험을 강조한다. 또한 유아의 흥미와 욕구를 중요하게 생각한다.

(5) 브루너의 발견학습

유아의 흥미와 호기심의 욕구에 따라 스스로 관찰하고 탐색하여 무엇인가 발견해 내는 기쁨을 맛보게 한다. 스스로 발견을 통해 성취감과 만족감을 느낄 수 있다.

따라서 레지오 에밀리아 접근법에서는 유아의 흥미와 욕구, 개성을 존중하고 유아의 자발적이고 능동적인 학습을 강조한다.

(6) 브론펜브레너의 생태학적 접근

사회맥락 안에서 유아의 발달을 강조한다. 따라서 레지오 에밀리아 접근법에서는 유아가 속한 지역사회와 문화 안에서 함께 협력하는 긴밀한 관계를 강조한다. 지역사회, 부모, 교사의 모든 협력 하에서 유아의 전인적 발달이 가능하다고 보고 있다.

레지오 에밀리아 접근법에서는 교육과 보육을 구분하지 않고 지역사회의 도움으로 인해 유아들이 충분한 사회적 서비스를 받을 수 있도록 한다. 부모 뿐 아니라 지역사회에서는 유아를 위해 교육기관의 환경에 관심을 갖고 적극적으로 협력하도록 한다.

다음은 레지오 에밀리아 접근법에서의 유아관을 살펴보도록 한다(Rinaldi, 1993).

① 유아는 태어날 때부터 그들만의 고유한 생각과 이론이 있다. 결국 유아는 유능하다.

따라서 교사가 무엇인가 가르치려고 하는 것보다 유아가 가지고 있는 고유한 생각과 이론을 사람들과의 관계 속에서 상호작용하면서 지식을 구성해 나가도록 도와주어야 한다.

② 유아는 타인과의 관계 속에서 즐겁고 행복함을 느낀다.

타인과의 상호작용을 통해 유아는 사랑을 받고 사랑을 주려고 한다. 애정관계 속에서 행복을 느낀다.

③ 유아는 환경과 끊임없는 상호작용을 통해 지식을 구성해 나갈 뿐 아니라 사회적 관계를 맺고자 하는 강한 의지가 있다.

다음은 레지오 에밀리아 접근법의 기본 원리를 정리하고자 한다(Cadwell, & Gandini, 1997; Edwards et al., 1993).

① 유아는 지식을 구성하고 획득하는 학습의 주체자이다.

지식을 구성하고 획득하는 과정에서 유아는 수동적인 자세가 아닌 적극적이고 능동적인 자세로 환경과 상호작용하여 지식을 구성해 나가는 존재이다.

② 유아는 사회적 맥락 안에서 가족, 유아교육기관, 지역사회의 협력자이다.

단순히 어리고 세상과 떨어진 고립적인 존재로서 유아라기보다는 또래, 교사, 부모, 지역사회 인사 등 사회구성원들과의 상호작용을 통해서 자신을 형성하는 존재로서 인식해야 한다.

③ 유아는 의사소통자이다.

언어 뿐 아니라 동작, 그림, 조형, 미술놀이, 극놀이, 음률활동 등 다양한 상징적 표상활동을 통해 타인과 의사소통하며 자신의 감정과 느낌을 전달한다. 더불어 상징기술이 발달되고 창의성도 발달된다.

④ 환경은 유아의 학습을 촉진하는 촉매자 역할을 한다.

유아가 학습의 주체로서 능동적으로 환경과 상호작용할 때 지적 발달을 이룬다. 즉 환경은 유아의 학습을 촉진해 주고 지원해 주는 중요한 역할을 한다.

⑤ 교사는 유아의 파트너이며 학습활동이 실현가능하도록 이끌어 주는 안내자이며 격려자이다.

교사는 유아의 학습활동을 위해 도와주는 역할을 하며 학습과정을 관찰하고 기록하고 분석하여 유아의 학습이 더욱더 효율적으로 진행될 수 있도록 도와준다.

2) 교육목적

레지오 에밀리아 접근법에서의 교육목표나 교육목적은 명확히 제시된 것이 없다. 단 지역사회와 조화를 이루어 교사, 부모, 유아 간 상호 협력적 관계를 도모하여 유아의 발달을 자연스럽게 이루고자 한다(New, 2000). 즉 유아의 잠재적 능력, 융통성, 개방성, 성장 · 발달하려고 하는 내적 욕구, 호기심, 타인과의 관계 형성, 의사소통하려는 강한 욕구 등이 있다고 하는 유아관을 믿고 있는 것이다(Rinaldi, 1993).

결국 교육목적은 행복한 유아, 강한 유아, 능력 있는 유아로서 그들의 역할을 수행하고 행복한 삶을 영위하는 인간으로 자라나게 하는데 있다.

유아가 자신의 환경, 교사, 부모 및 지역사회의 여러 인적, 물적 환경과의 상호작용을 통해 그들의 인지적, 정서적 발달을 도모하고 그들의 잠재적 능력을 계발하고 발휘할 수 있도록 하는데 그 목적이 있겠다.

다음은 레지오 에밀리아 접근법의 교육목적 및 목표를 정리해 보았다(Malaguzzi, 1998).

① 유아는 풍부한 자원을 토대로 자신의 생각과 감정을 백 가지 언어로 표현할 수 있도록 한다.

② 유아의 자율성 발달과 자기 표현력을 증진시키는데 있다.

③ 유아가 자신을 둘러싼 사회문화적 환경을 이해하고 그 속에서 공동체 의식을 갖기 바란다.

④ 유아 스스로 자신의 존재를 소중하게 생각하기를 바란다.

⑤ 유아, 교사, 부모, 지역사회 구성원간의 상호교류를 통해 협력할 수 있는 사회구성원으로 자라기를 바란다.

⑥ 유아 스스로 지식을 구성하고 획득하는 능동적인 존재이기를 원한다.

⑦ 사회적 의사소통 및 사회적 관계형성을 하려는 강한 의지와 욕구가 있는 유능한 존재로 거듭나기를 원한다.

⑧ 유아 스스로 자신의 삶이 즐겁고 행복하다고 느끼기를 원한다.

3) 교육내용

교육내용은 유아의 일상생활에서 발생하는 모든 것들이 교육내용이 될 수 있다.

즉 발현되는 상황에 따라 얼마든지 자유롭게 교육내용이 선정되어지고 교사와 유아의 상호 협력 하에 융통성 있게 조정되어질 수 있다. 자유롭고 개방적인 분위기에서 교사와 유아가 끊임없이 상호작용하며 학습을 진행시켜 나간다.

일반적으로 레지오 에밀리아에서는 인지적, 도덕적, 정의적 활동을 중요시하며, 교사와 유아의 경험을 매우 중요하게 생각한다. 더불어 지역사회의 협력, 즉 지역 공동체를 강조하고 있다. 그리고 장 · 단기적 프로젝트 활동, 일상생활에 밀접한 활동, 교사와 유아, 유아와 유아, 유아와 부모, 지역사회 간 협력활동, 다양한 사고활동과 표현활동, 지역공동체 참여 등의 활동을 주 교육내용으로 삼고 있다 (Krechevsky & Stork, 2000; Hewett, 2001; New, 2000).

주제는 유아의 흥미와 관심에 맞추어 일상적으로 친밀한 것이 교육내용이 된다. 하지만 추상적이고 관념적인 것도 주제로 정하게 된다. 예를 들어, 죽음, 사랑, 미움, 왜 사는가? 등에 대한 것도 주제로 탐구되어진다.

레지오의 하루일과는 오전 7시에서 시작되어 오후 4시 정도면 끝나게 되는데 오전 중에는 학급 전체의 대집단 활동이 진행된다. 예를 들어, 학급전체의 관심분야에 대한 이야기 나누기, 노래 부르기, 프로젝트 선정에 대한 토의와 토론, 동화 듣기 등의 활동을 한다. 그리고 자유선택활동을 하며 점심식사를 하고 낮잠 자는 시간도 갖는다.

주로 유아는 상상놀이, 적목놀이, 역할놀이 등 다양한 흥미영역별 선택활동을 하게 되고 프로젝트를 선정할 때에는 자신의 흥미 분야에 대해서 이야기하고 친구들의 생각을 들으며 상호 협력하여 공동의 주제를 선정하게 된다.

주제에 대해 '백 가지 언어'라고 불리는 말, 몸, 그림, 페인팅, 그림자놀이, 음악 등 다양한 방법으로 자신의 생각을 표상한다. 표상활동은 주제에 대해 자신의 생각과 개념을 표현하는 것이며 자신의 가지고 있는 잘못된 정보나 개념에 대한 하나의 근거자료가 되어 후에 주제에 대해 탐색할 때 중요한 자료가 된다.

그리고 활동한 것에 대해 기록할 것을 강조한다. 활동을 기록으로 남기는 과정과 작품을 통해 결과물을 도출해 내는 과정 모두를 중요하게 생각하기 때문에 활동을 할 때 행하는 모든 자료를 중요하게 생각한다.

다음은 레지오 에밀리아의 교육내용을 살펴보도록 한다(Bergen, 2000; Bodrova & Leong, 1996; New, 2000).

(1) 프로젝트 활동

레지오 에밀리아의 대표적 교육내용은 '프로젝트'이다. 유아들이 관심 있어 하고 흥미 있어 하는 주제를 선정한 후 주제를 중심으로 활동이 전개되어진다. 일단 주제가 선정되면 교사는 진행되어 갈 활동 목표를 세우고 목표를 향해 유아들이 활동을 진행해 갈 수 있도록 필요한 환경을 준비해 준다.

그리고 주제에 대하여 유아들과 상호작용을 한다. 상호작용을 통해 주제에 대한 아이디어가 생성되고 제기된 문제를 해결하기 위해 활동이 진행된다. 이때 교사는 프로젝트의 활동 방향을 안내하고 주제에 연관된 새로운 문제를 제안하거나 제시하여 유아들로 하여금 다양한 문제를 협력하여 해결할 수 있도록 유도한다. 프로젝트를 통해 유아는 하나의 주제에 집중할 수 있으며 심화학습을 할 수 있다.

프로젝트 활동을 할 때 교사는 일반적 목표는 세우지만 구체적인 교수 계획은 하지 않는다. 즉 주제에 대해 그 순간 떠오르는 아이디어를 중심으로 활동을 진행해 가기 때문이다. 순간적인 상황에 따라 발현되는 아이디어는 유아의 흥미와 관심을 끌기에 충분하고 유아의 잠재적 능력을 이끌어 내기에 충분하다. 유아들이 주제에 대해 함께 생각하고 토론하고 문제를 해결하기 위해 다양한 아이디어를 가지고 활동을 하기 때문이다. 따라서 교사는 유아들이 프로젝트를 자발적으로 이끌어 갈 수 있도록 돕는 역할을 해야 한다. 그리고 활동을 전개해 가는 과정 중에 유아의 창의성이나 잠재적 능력이 상징적으로 표출되기 때문에 유아들을 자세히 관찰할 필요가 있다.

또한 프로젝트를 진행해 가는 중, 유아들은 저마다 독특한 양식으로 자신들의 아이디어와 느낌 등을 표현한다. 즉 유아들은 자신의 생각과 감정을 표현하기 위해 여러 상징매체를 통하여 표상활동을 한다(Bodrova & Leong, 1996). 이런 표상활동은 '아틀리에(atelier)'라는 공간에서 자유롭게 할 수 있다.

유아 자신들의 표상활동에 대해 교사와 함께 상호작용하면서 주제에 대한 생각과 감정, 관찰한 것, 상상한 것 등에 대해 다양한 활동을 함께 공유할 수 있고 문제에 대한 갈등을 해결하기도 한다. 이런 과정은 유아로 하여금 주제에 대한 지식과 올바른 정보를 획득하게 하여 지적 능력이 발달되며 언어발달, 정서발달, 사회성 발달이 이루어진다.

따라서 교사는 유아들의 표상활동을 적극적으로 지원하고 격려해 주며 유아들이 지식을 표상하는 과정을 글로 기록해 두거나 비디오 혹은 카메라로 담아 두고 유아들 간의 대화도 녹음해 둔다. 주제에 대해 함께 토론하고 협력하는 과정을 사진기로 찍어 두는 일도 잊지 말아야 한다. 이런 기록은 유아 개인의 발달을 평가하는 자료로 활용되기도 하고 학습활동을 계획하거나 평가할 때 참고자료로 활용된다. 그리고 부모와 상담할 때도 활용된다. 따라서 레지오 에밀리아의 교실은 유아들이 프로젝트 활동한 여러 경험들이 곳곳에 많이 전시되어 있다.

프로젝트를 진행해 가는 중에 유아는 교사 뿐 아니라 또래들과 상호작용을 하기 때문에 인간관계 형성, 공동협력학습 등 사회적 상호작용을 한다. 프로젝트를 하면서 유아는 실제로 그들을 둘러싼 사회적 상황을 이해하며 상호교류를 통해 지식을 획득하고 정보를 공유하게 된다(Stone, 1993).

말라구찌(Malaguzzi, 1998)에 의하면 프로젝트를 진행하면서 유아는 주제에 대한 돌발 상황, 즉 전혀 예상하지 못한 상황에 더욱더 호기심을 나타내며 그 때 유아들은 다양한 표상활동을 한다고 한다. 따라서 교사는 프로젝트의 결과에 연연하기보다는 과정에 더욱더 관심을 갖고 유아를 관찰해야 한다고 강조한다. 그리고 유아들의 다양한 표상활동을 있는 그대로 수용하여야 하는데 그것은 유아의 상상력과 창의력을 더욱더 향상시키는 지름길이라고 제안하였다.

(2) 일상생활 활동

일상생활의 다양한 경험은 유아의 삶을 즐겁고 행복하게 만든다. 유아의 일상생활 중 특히 유아교육기관에서의 생활은 유아의 가치를 더욱더 빛나게 하고 잠재능력을 마음껏 펼칠 수 있는 장이 된다. 따라서 유아를 맞이하는 등원에서부터 귀가할 때까지 교사는 유아를 위해 최선을 다해야 한다. 유아를 반갑게 맞이하여 처음 만나는 순간을 즐겁고 행복하게 만들고 활동을 할 때에는 자율적이고 능동적으로 참여할 수 있도록 하여야 한다. 유아의 무궁무진한 능력을 믿고 그 능력을 발휘할 수 있도록 도와주는 역할을 해야 한다. 새로운 것에 호기심을 느끼고 탐색하고 관찰할 수 있도록 상황을 만들어 주고 새로운 작품 등을 만들어 봄으로써 목표 성취감을 높이고 자율성을 증진시킬 수 있도록 한다.

일상생활 활동 중 중요한 부분을 차지하는 것은 '요리하기'이다. 요리를 통해 물질의 변화를 알 수 있으며 오감각을 활용하여 요리하는 과정을 보고, 맛보고, 듣고, 냄새 맡고, 만져 보는 등 다양한 경험을 할 수 있다. 이는 유아의 지적 발달을 향상시킬 뿐 아니라 다함께 맛있게 먹으면서 일상생활에 필요한 식사예절도 알 수 있는 기회가 된다. 그리고 요리하는 과정을 직접 그림으로 그리거나 글로 표현하여 책을 만들어 보는 기회를 갖기도 한다. 요리활동은 다른 활동으로 연계하여 진행할 수 있어 유아의 통합적 발달을 이룰 수 있다.

(3) 공동체 협력활동

레지오 에밀리아 접근에서는 유아의 상호협력을 강조한다. 하나의 주제에 대해 함께 생각을 나누고 협력하여 문제를 해결한다. 프로젝트를 수행하는 것은 유아의 협력이 얼마나 필요한 것이고 중요한 것인지 깨닫게 해 준다. 개인이 혼자 과제를 수행하는 것보다 다른 유아들과 혹은 교사와 그 밖의 지역사회의 인사들과 협력한다면 더욱더 과제를 효과적으로 수행할 수 있으며 문제를 창의적으로 해결할 수 있다.

공동체 협력활동은 타인의 입장에 서서 타인을 바라볼 줄 아는 시각을 길러 주고 배려와 협동을 알려 준다. 더불어 살아가는 공동체 의식을 길러 주는 협력활동을 통해 유아는 봉사하는 마음과 타인의 감정을 이해하는 마음을 갖게 된다.

(4) 인간관계 활동

레지오 에밀리아에서는 관계형성을 강조하고 있다. 사람과 사람과의 긍정적이고 바른 인간관계는 더불어 살아가는 민주시민으로서 반드시 필수불가결한 요소이다. 주제를 진행시키고 문제를 해결하는 과정에 있어서도 개인 혼자서 하는 것보다 여러 사람들이 힘을 합해 공동의 문제를 해결해 나가는 과정을 중요하게 생각한다. 그 과정에 유아는 사람과의 관계를 배우게 되고 관계형성을 위해서 어떤 마음을 갖고 어떻게 행동해야 하는지에 대해 알게 되기 때문이다. 유아와 유아와의 관계, 유아와 교사와의 관계, 유아와 부모와의 관계, 유아와 지역사회와의 관계를 인식하고 상호작용을 통해 지속적인 관계형성을 하는 것이 중요하다는 것을 깨닫게 한다.

프로젝트 활동을 통해 유아는 사람과의 관계를 배우게 되고 관계형성의 중요성을 알게 된다. 그리고 놀이를 통해 유아들은 서로 대화하고 상대방의 생각과 감정을 이해하고 공유하는 방법을 깨닫게 된다. 레지오 에밀리아에서는 함께 하는 활동을 장려하고 그들의 사진을 전시함으로써 관계의 중요성을 일깨워 준다.

(5) 표현 활동

유아의 개인 내적 활동을 위해서는 자신의 감정을 충분히 이해하고 표현하는 방법을 알게 하는 것이 중요하다. 더불어 타인의 감정을 바르게 이해하는 것도 중요하다. 다양한 주제와 다양한 활동을 통해 유아는 표현의 중요성을 깨닫게 되고 다양한 관점에서 여러 가지로 표현된다는 것도 인식하게 된다.

레지오 에밀리아에서는 주제에 대해 혹은 탐색한 경험에 대해 다양한 방법으로 표현하기를 장려하고 있다. 예를 들어 상상한 것, 기억한 것, 경험한 것에 대해 글자, 도표, 기호, 그림, 창작물, 언어 등 다양한 방법으로 표현하기를 기대하고 있다. 하나의 주제에 대해 다양한 방법으로 표상하는 것은 결국 주제에 대해 유아가 얼마나 이해하고 느꼈는지를 알 수 있다. 따라서 다양한 관점에서 다양한 시각으로 다양한 방법으로 상징적 표상을 할 수 있도록 돕는 것이 필요하다.

(6) 지역사회 참여활동

레지오 에밀리아에서는 지역사회와의 연계성을 강조하고 있으며 지역사회 참여활동을 중요하게 생각한다. 교육목표를 위해 부모와 교사는 물론 지역사회의 시민들까지 함께 참여하여 목표에 도달될 수 있도록 노력한다. 해당 분야에서 경험이 많은 지역사회의 인사나 그 밖의 시민들의 참여는 유아들에게 실질적 도움을 주며, 지역사회는 유아들에게 복지 및 교육서비스를 충실히 한다. 주제에 대해 의견을 함께 이야기하고 토론하면서 논의하고 공동의 과제를 해결하기 위해 시간과 노력을 아끼지 않는다.

유아들은 지역사회 참여활동을 통해 공동체 의식을 함양하고 참여함으로써 느끼는 참된 가치에 대해서도 깨닫게 된다. 더불어 긍정적인 사회 인식과 함께 민주시민으로서의 올바른 자질에 대해서도 알게 된다.

4) 교수-학습 방법

일반적으로 하루일과 계획표는 있으나 교육과정은 명확하게 정해져 있지 않다. 유아들이 주제에 대해 충분한 성취와 만족을 얻을 수 있을 때까지 시간을 많이 제공해 준다. 그리고 하루일과는 순환적으로 이루어져 반복학습이 될 수 있도록 한다. 그리고 다른 사람과 함께 협력하여 공동으로 과제를 수행함으로써 사회적 관계형성 뿐 아니라 지식과 정보를 쌓아 나갈 수 있도록 한다. 특히 유아는 적극적인 학습의 주체자로서 사물과 현상 그리고 환경에 능동적으로 참여하여 지식과 정보를 구성해 나갈 수 있다.

다음은 레지오 에밀리아 접근법의 교수-학습 방법에 대해 정리해 보았다(Berk, & Winsler, 1995; Edwards, & Willis, 2000; Forman,, 2002).

(1) 발현적 교육과정

발현적 교육과정(emergent curriculum)은 미리 계획된 교육과정이 아니라 유아의 흥미나 경험에 의해 주제가 결정되어지게 된다. 이 때 교사는 선정된 주제가 유아의 지적 호기심을 충족시킬 수 있는지, 유아의 발달에 도움이 되는지 관찰하고 유아와 함께 상호협력 과정을 통해 주제를 결정하는데 참여하게 된다.

발현적 교육과정은 유아의 호기심과 흥미로부터 출발하며 상호협력을 강조하고 있다. 한 가지 주제에 대해 심화학습할 수 있으며 프로젝트 활동을 통해 개념과 지식과 정보를 다양하게 얻을 수 있다.

교사는 무엇인가 반드시 가르쳐야 한다는 압박감에서 벗어나 자유로운 상황에서 유아들이 대화하고 활동하는 것에 관심을 갖는 것이 중요하다. 뜻밖의 상황에서 돌출되는 유아들의 여러 가지 아이디어와 감정에 대한 상호교류에 관심을 갖고 그것을 알아 가려고 하는 유아들의 활동 과정을 소중하게 생각하도록 한다.

(2) 장 · 단기 프로젝트 활동

소집단의 유아가 한 가지 주제를 선정하여 주제에 대해 심도 있게 탐색하고 탐구해 나가는 활동을 한다. 여기에는 미리 사전에 계획을 세워 놓지 않고 유아의 흥미와 관심분야에 따라 융통성 있게 프로젝트가 정해지고 짧게는 며칠부터 시작하여 길게는 몇 달까지 한 가지 주제에 대해 심화학습으로 이끌어 간다.

프로젝트 활동을 위해 교사와 유아는 상호협력하게 되고 순간순간 발현되는 아이디어에 따라 학습이 진행되어진다. 따라서 교사는 유아의 잠재적 능력이 더욱 더 빛을 발할 수 있도록 개방적 질문과 함께 유아에게 흥미를 끌 수 있는 매력적이고 아이디어를 충만하게 할 수 있는 풍부한 환경을 마련해 주어야 한다.

(3) 공동학습 방법

부모, 교사, 유아 그리고 지역사회의 여러 인적 자원과 함께 공동으로 교수-학습이 이루어진다. 주제와 연관된 주변 인물을 방문하여 인터뷰도 하고 물적 환경을 찾아가 탐색하고 조사하기도 하면서 심화된 학습으로 이끈다. 이때 다양한 사람들과의 공동협력으로 인해 유아는 새로운 정보를 얻고 지식과 개념을 형성해 나간다.

(4) 유아주도와 교사주도의 상호협력

주제 선정에 있어서 기본적으로 유아의 흥미와 관심에서 출발하고 그들의 개성을 존중하지만 교사도 유아와 함께 주제를 선정하는데 있어 상호협상 및 협력관계를 유지한다. 교육과정의 계획과 실행은 개방주의형이지만 교사주도와 유아주도의 형태가 함께 공존한다고 볼 수 있다.

(5) 다양한 사고와 상징적 표상활동

상징화는 반성적 사고능력을 향상시키는 데 중요하다. 하나의 주제에 대해 여러 가지 다양한 매체를 사용하여 다각도로 표상하게 한다. 다양한 상징적 표상활동은 유아로 하여금 그 주제에 대해 인지능력을 발휘하게 되어 개념획득에 도움이 되고 주제에 대한 이해력도 높게 만들어 준다.

따라서 유아는 자신의 생각과 느낌을 구체적으로 표현하기 위해 상징적 표상활동을 한다. 이런 상징적 활동은 유아 자신의 생각 뿐 아니라 상상한 것, 관찰한 것 등을 잘 표현할 수 있도록 돕는다. 레지오 에밀리아에서의 유아들은 '백 가지 언어'로 불리는 말, 그림, 페인팅, 그림자놀이, 동작, 음률, 콜라주 등 다양한 형태로 자신의 생각과 느낌을 자유롭게 표상한다(Bodrove & Leong, 1996).

(6) 나선형 방식

레지오 에밀리아 접근의 교사는 나선형적 방식으로 사고하고 활동한다. 하나의 활동을 하고 다음 활동으로 나아갈 때 쫓기지 않고 다시 생각하고 조사하고 탐구할 여유를 갖는다. 하나의 주제에 대해 여러 번 재반복적 활동을 통해 경험의 순환과정을 겪는다. 유아는 순환과정을 통해 주제에 대해 보다 깊이 있게 이해하게 되고 심화학습으로 이끌어 갈 수 있다(Edward, Gandini, & Forman, 1993).

(7) 반복학습 방법

한 가지 주제에 대해 또 생각하고 회의하고 토론하고 다양한 활동을 해 보도록 한다. 한 가지 주제에 대해 여러 번 조사하고 탐색하고 표현하고 활동하는 과정 중에 아이디어와 개념형성이 되고 상징화된다.

(8) 활동의 기록화

매일 진행되어지는 탐색과 활동에 대한 기록을 남겨 두는 것을 중요하게 생각한다. 기록은 개인과 집단의 학습활동을 그대로 보여주는 결과물이자 학습과정으로써 매우 중요한 역할을 한다. 유아와 유아간의 공동학습, 상호작용과정이 담긴 녹음테이프, 각종 작업한 것과 작품, 활동과정이 담긴 사진과 비디오테이프 등 다양한 기록화가 이루어진다.

기록은 매우 중요한 의미를 내포하고 있는데 첫째, 유아가 활동한 모든 것을 기록으로 남겨 놓음으로써 유아는 자기 존중감 뿐 아니라 자신감을 얻는다. 그리고 전시된 기록을 봄으로써 자기 성취감을 느낀다. 둘째, 교사는 기록한 것을 통해 유아들의 흥미와 관심의 정도가 어디에, 어느 정도 있는지 파악할 수 있으며 다음 기회의 학습 활동을 잠정적으로 계획할 수 있다. 그리고 셋째는 기록한 것을 부모 및 지역사회와 함께 공유함으로써 상호협력의 의미를 새길 수 있으며 강한 연대감을 느낄 수 있도록 한다(Kennedy, 1996).

(9) 통합 교육

교육과정의 통합, 유아발달의 통합, 다양한 활동 간의 통합 등을 통해 유아의 경험을 의미 있게 확장하고 다양하게 사고할 수 있도록 한다. 한 가지 주제에 대해서 통합적 활동을 수행하다 보면 경험과 사고와의 연합을 할 수 있어 주제에 대한 의미를 깊이 있게 이해할 수 있으며 지식을 재구성할 수 있다. 더불어 통합교육은 유아의 언어, 인지, 사회, 정서, 신체간의 균형과 조화를 이루어 통합적 발달, 즉 전인적 인간으로 성장할 수 있도록 돕는다(Edwards & Willis, 2000).

5) 환경

순환적이고 자연적인 환경구조, 그리고 투명한 환경구조를 강조한다. 즉 막힘없이 어느 곳으로 가든 개방되어 있어 순환될 수 있는 환경을 선호하고 자연스런 환경을 중요하게 생각한다. 그리고 투명한 환경구조란 벽과 문과 창에 모두 보일 수 있도록 유리로 설치하여 서로의 존재를 느낄 수 있도록 하였다.

일반적으로 교실은 신체활동영역, 역할놀이영역 등 흥미영역별 공간이 마련되어 있으며 커다란 거울도 마련되어 있다. 거울은 사물의 호기심을 이끌어 내는 역할을 한다. 또한 현관입구에는 유아들과 교사들이 협력하여 수행한 다양한 활동 사진과 작품들이 전시되어 있는 전시관이 되어 있으며 유아들에게 매력적인 실외활동을 할 수 있는 놀이터가 마련되어 있다. 또한 유아들의 호기심과 관심을 끌 수 있는 극놀이 무대 등이 설치되어 있다.

그리고 '아뜰리에(atelier)'라는 주제 활동과 연관된 표상활동을 하기 위한 다양한 도구나 자료 그리고 기술을 탐색할 수 있는 공간이 있다. 여기에는 '아뜰리에스타(atelierista)'라고 하는 미술교육을 받은 미술교사가 있어 다른 유아교사들과 상호협력을 하면서 함께 환경을 조성한다. 아틀리에라는 공간에서 유아는 자신의 생각과 느낌을 마음껏 표현할 수 있으며 재활용품을 이용한 다양한 창작품을 만들어 내기도 한다. 이를 통해 유아는 창작에 대한 기쁨과 성취감을 맛볼 수 있다.

복도나 교실 내부에는 유아들이 프로젝트를 진행하면서 표현한 다양한 작품들이 전시되어 있다. 교실은 밝고, 안정적이고, 따뜻하며 환영받는 분위기이다.

학급은 동일연령 혹은 혼합연령으로 구성하고 있으며 2명의 교사가 한 학급을 담당하게 된다. 한 학급의 유아는 약 25명 내외로 구성된다. 그리고 지정된 학급은 약 3년간 같은 교사가 담당한다. 같은 교사가 3년 동안 반을 운영하게 되면 유아와 교사간의 애정과 신뢰가 쌓여 가족적인 분위기가 된다. 그리고 교사는 무엇보다 유아 개개인의 흥미, 발달의 특성, 발달의 흐름 등에 대해서 잘 파악하고 유아를 이해하는데 더욱더 도움이 된다.

지역공동체와의 협력 체제를 유지하는 환경을 조성하는 것도 매우 중요하다. 지역의 시민들, 부모들의 적극적인 참여와 상호협력 체제를 구축할 수 있는 사회적 환경을 조성하는 것이 필요하다. 따라서 주말이나 혹은 일정한 시간을 정해두고 학부모 모임을 갖거나 유아들의 기록화를 지역 주민과 함께 공유하기 위해 전시회를 갖는 등 다양한 지역공동체 참여활동을 하도록 한다. 이런 지역민과의 협력활동은 유아로 하여금 민주적인 의사결정 방법, 공동체 의식과 책임감, 단결 등을 몸소 체험하게 하는 역할을 해 준다.

다음은 레지오 에밀리아 접근법의 환경을 정리하면 다음과 같다(Forman, 1999; Malaguzzi, 1998; Terwilliger, 1997).

① 유치원 입구 혹은 복도, 교실 등에 유아들의 활동 기록을 담은 사진, 작품, 모빌, 갖가지 모양의 거울, 쿠션, 대화기록, 프로젝트 활동 기록 등이 전시되어 있다.

레지오 에밀리아의 물리적 환경은 유아들의 활동내용 모든 것을 기록하여 전시하고 있으므로 어느 공간을 가도 유아의 작품들과 활동기록들로 가득하다. 결국 유치원의 모든 벽은 기록공간이라고 표현할 수 있다. 즉 기록물을 보고 우리는 유아의 지식 구성과정을 이해할 수 있다.

② 순환적인 환경을 구성한다.

순환적이란 어느 곳으로든 막히지 않고 통할 수 있도록 열린 공간, 자연스러운 공간구성을 의미한다고 볼 수 있다. 순환적인 환경은 유아와 유아 간, 유아와 교사, 유아와 부모, 유아와 지역시민, 교사와 교사, 교사와 부모 등 어떤 구성원들과의 상호교류를 의미한다. 더불어 인간과 환경과의 상호작용도 의미한다. 따라서 레지오 에밀리아 건물은 어느 곳으로든 통할 수 있는 중앙공간(piazza)이 있다. 중앙공간을 중심으로 하여 활동하는 교실, 화장실, 아틀리에, 기타 부대시설이 배치되어 있다.

③ 투명한 공간구성을 특징으로 하고 있다.

즉 모든 문과 창은 유리로 되어 있어 누구나 유아들의 활동을 볼 수 있다. 서로 다른 공간에서 활동할지라도 투명한 유리로 되어 있기 때문에 유아들은 서로의 존재를 의식하면서 활동을 전개해 나간다.

④ 아름다운 환경을 추구하고 있다.

유아들이 프로젝트를 전개하면서 했던 작품들, 수집한 물건들, 공동 협력하는 과정, 대화기록 등 다양한 활동자료와 작품을 자연스럽고 아름답게 배치, 전시하고 있다. 즉 예술성과 창의성에 기초하여 환경을 구성한다. 따라서 레지오 에밀리아 유치원에 들어서면 아름답다고 신기한 느낌이 나는 것이다. 아름답고 따스하고 신비로운 느낌은 유아들 뿐 아니라 모든 사람들에게 매력적으로 다가온다.

⑤ 유아의 학습을 촉진시킬 수 있는 심리적 분위기와 물리적 환경을 제공한다.

호기심이 가득하고 무엇인가 알고자 하는 욕구가 들 수 있도록 환경을 준비한다.

⑥ 유아의 발달과 연령에 맞는 환경을 구성한다.

유아의 자연스런 발달적 성장을 위해서 유아의 연령과 발달 특성을 고려하여 환경구성을 한다.

⑦ 유아들이 안전하고 편안하게 활동에 몰입할 수 있도록 안전한 시설과 공간구성을 한다.

위험의 요소를 제거하고 집과 같은 안락하고 안전한 분위기가 될 수 있도록 한다.

⑧ 흥미영역과 그에 따른 활동자료는 다양하게 변화시킨다.

유아의 욕구와 흥미에 따라 다양하게 변화시키도록 한다.

⑨ 주방, 식당, 화장실 등은 쾌적하고 밝은 분위기로 구성한다.

⑩ 교실마다 작은 아틀리에를 마련하여 교실에서 수행한 프로젝트가 연계되어 전개할 수 있도록 한다. 아틀리에에는 여러 가지 도구와 재료 등을 구비해 놓는다.

6) 교사의 역할

레지오 에밀리아 접근법에서의 교사는 유아와 협력하여 학습을 진행시켜 나간다. 상호 협력하에 주제를 정하고 유아의 흥미와 관심을 파악하여 어떤 것에 관심과 욕구가 있는지 관찰하여야 한다. 이것은 유아에게 풍부한 환경을 제공해 주어 유아의 잠재적 능력을 이끌어 낼 수 있는 힘으로 작용하게 된다. 자유롭고 개방적인 학습의 분위기를 조성하는 것은 물론 유아의 다양한 사고활동과 표상활동을 적극적으로 지지하고 존중해 주는 역할도 해야 한다.

다음은 교사의 역할을 정리해 보았다(Edwards & Willis, 2000; Forman, 1999).

① 일반적 교육목표는 세우나, 세부적인 교육계획은 세우지 않는다.

교사는 선정된 주제에 대해 가설을 세우고 유아의 흥미에 맞게 프로젝트를 진행시킨다.

② 유아에게 자율성을 주며 유아 개개인의 흥미에 관심을 갖는다.

개방적인 분위기에서 개개인의 흥미에 따른 활동을 강조하고 적극적이고 능동적인 학습의 주체로서 역할을 수행하도록 돕는다.

③ 유아의 다양한 사고활동과 표현활동을 존중한다.

개개인의 생각과 느낌을 다양하게 표현할 수 있는 기회를 줌으로써 상상력이 풍부하고 창의적인 인간으로 성장·발달할 수 있도록 돕는다.

④ 부모와 지역사회와 유아와의 적극적 상호작용을 하도록 한다.

부모와 협력 체제를 유지하고 지역사회와도 협력 체제를 유지한다. 이는 더불어 살아가는 모습을 통해 공동체 의식, 함께 의논하고 토의하며 교육할 수 있는 환경적 분위기를 마련하기 위함이다. 교사와 부모, 유아와 지역사회와의 편안하고 개방적인 협력 체제는 유아를 민주시민으로서의 자질을 함양하는데 많은 도움을 준다.

⑤ 유아와 유아간의 협력관계를 증진시킬 수 있도록 한다. 또래와의 협력을

통한 즐거움과 성취감을 느낄 수 있도록 기회를 준다.

⑥ 다양한 표상활동을 위한 자료를 준비한다.

미술재료, 재활용품, 거울, 다양한 자료를 준비해 둔다. 이는 유아의 생각과 느낌을 자유롭고 창의적으로 표현할 수 있도록 돕는다.

⑦ 안내자, 보호자, 동반자, 학습자, 연구자, 협력자의 역할을 수행한다.

교사는 유아의 학습을 안내하고 보호하고 파트너로서 역할을 해야 한다. 함께 의논하고 협력하고 학습을 이끌어 가는 학습자, 협력자로서의 역할을 해야 하며 끊임없이 유아를 탐색하고 관찰하는 연구자로서의 면모도 갖추어야 한다.

⑧ 각 교실에는 교사 두 명이 짝을 이루어 3년 동안 유아들과 함께 지낸다.

교사는 유아와의 관계를 중요하게 여기고 함께 유아가 지식을 스스로 구성할 수 있도록 돕는 촉진자로서의 역할도 수행해야 한다. 또한 교사가 3년 동안 유아와 함께 지내므로 누구보다 유아의 성장·발달을 이해하는데 도움이 되고 상담자로서의 역할도 수행할 수 있다.

⑨ 유아가 수행한 활동을 기록하는 역할을 한다.

유아와 주고받은 대화를 기록하거나 소그룹 혹은 대그룹으로 협력하여 진행된 작업 등을 기록하여 둔다. 유아의 작품, 활동사진, 비디오 등 다양한 활동을 기록하고 기록한 것을 전시해 놓는다. 이런 과정을 통해 유아는 성취감을 느끼고 만족감을 느껴 더욱더 적극적이고 능동적인 자세로 임할 수 있다.

⑩ 유아의 학습을 주체적으로 이끌기보다는 유아의 프로젝트가 진행되는 과정에서 유아가 필요로 할 때 언제든지 도와줄 수 있는 도움제공자 혹은 환경제공자로서 역할을 해야 한다.

또 다른 학자들은 레지오 에밀리아 접근법에서의 교사는 다음과 같은 역할을 해야 한다고 강조하고 있다(Fraser & Gestwicki, 2002; New, 2000).

① 교사는 유아의 발달과정을 연구하고 유아의 경험, 활동에 관한 모든 것을 기록한다.

② 유아의 놀이, 사물에 대한 관찰과 탐색, 의사소통을 증진시키기 위한 환경을 조성한다.

③ 유아의 지식구성을 위해 다른 교사들과 협력하고 계획한다.

④ 유아의 경험이 가정과 유치원에서 일관성 있도록 하기 위해 부모와 협력한다.

⑤ 교사는 유아의 대화를 경청하고 아이디어를 다듬어 주는 등 의사소통자로서 역할을 한다.

⑥ 교사는 유아를 잠재적 능력을 가지고 있는 유능한 존재라는 인식을 가져야 한다.

⑦ 교사는 유아들이 지식을 공동으로 구성할 수 있도록 기회를 마련해 주어야 한다.

공동체 학습은 단 유아들끼리만 하는 것이 아니라 부모, 교사, 지역사회와 상호 협력하여 이룰 수 있도록 한다.

⑧ 교사는 유아와 상호 이해관계를 유지해야 한다.

교사는 유아의 다양한 관점에서 바라보는 생각과 감정을 이해하도록 한다. 더불어 유아가 타인의 관점에서 바라볼 수 있는 기회를 제공하여 타인을 이해하는 마음을 갖도록 한다.

⑨ 미술전담교사(atelierista)는 프로젝트 활동의 틀을 만들어 가는 과정에서 지원하고 격려하는 역할을 한다.

⑩ 교사는 학부모에게 교육활동 진행에 대해 알려주고 프로젝트 활동에 필요한 지원을 도움받도록 한다.

다음은 레지오 에밀리아 접근법으로 수행한 단기 프로젝트이다. 4주간 실시한 J유치원의 하루일과를 참고하기 바란다.

[레지오 에밀리아 접근법의 단기 프로젝트 활동의 예 ①– '지구와 우주']

1. 생활 주제 선정의 이유

텔레비전에서 우리나라 최초의 우주인이 우주선을 타고 우주로 가는 모습을 보고 유아들은 우주에 대한 호기심으로 가득 찼다. 뿐만 아니라 우리가 살고 있는 지구에 대해서도 관심을 보였다. 따라서 '지구와 우주'라는 주제를 선정하게 되었다.

2. 주제 및 소주제

주 제	소 주 제
지 구	· 지구는 아주 오래 되었어요.
	· 지구는 둥글게 생겼어요.
	· 지구는 땅과 바다로 되어 있어요.
	· 지구는 움직여요.
우 주	· 우주에는 해, 달, 별이 있어요.
	· 해는 빛과 열을 내요.
	· 달은 여러 가지 모양으로 보여요.
	· 달에는 공기가 없어요.
	· 하늘에는 많은 별이 있어요.
	· 우주여행을 할 수 있어요.

* 주요 개념

- ○ 지구는 흙과 물로 되어 있다.
- ○ 지구는 공기로 둘러싸여 있다.
- ○ 지구에는 여러 가지 흙이 있다.
- ○ 우주에는 해, 달, 별, 행성이 있다.
- ○ 별들은 하늘에서 움직인다.
- ○ 사람들은 우주선을 타고 우주로 여행 갈 수 있다.

3. 가정과의 협력

'지구와 우주'라는 주제는 우리가 살고 있는 곳에 대한 유아들의 경험을 통하여 '지구'라는 주제에 관심을 가지게 하고, 더 나아가 '우주'에 대한 관심과 호기심을 갖도록 한다.

그러기 위하여 가정과의 긴밀한 협조가 필요한데 구체적인 방법으로는 가정통신에 의한 부모교육, 부모의 회의, 워크숍, 견학, 강연회, 주제에 대해 알아오기, 관련 자료 가져오기 등이 있다.

다음은 가정통신을 통한 예를 소개하면 다음과 같다.

◇가정통신의 예◇

유치원에서는 지구와 우주에 관한 생활 주제를 진행하면서 그림자에 대한 활동을 전개하고 있습니다. 그림자 게임, 그림자 인형극 놀이, 그림자 길이 재기, 그림자 그리기, 그림자 밝기 등빛과 그림자의 관계에 대한 다양한 활동을 하고 있습니다. 가정에서도 가족과 함께 전기스탠드를 이용하여 손가락 그림자놀이를 해 보시도록 자료를 보내 오니, 손가락으로 다양한 그림자를 만들어 보거나 그림 자료를 보고 그대로 따라 해 보시기 바랍니다.
○ 자녀와 함께 그림자놀이를 할 때 준비물 : 전기스탠드, 흰벽이나 하얀 켄트지

4. 환경 구성 및 영역별 활동을 위한 자료

벽면 구성 영역별 구성	· 벽면 그림과 사진(산과 바다에서 찍은 사진, 우주에 관한 확보) · 검정천을 이용해 우주를 꾸민 벽면
쌓기놀이	· 여러 종류의 블록(속이 빈 블록, 단위 블록, 종이 벽돌, 색이 있는 작은 블록), 끼우기 블록류(코코 블록, 로봇 블록, 레고 블록) · 교통기관류(자동차, 배, 비행기, 등), 인형류(사람, 공룡) · 파란색의 천막 천이나 헝겊, 조개 껍데기, 빨랫줄, 휴지말이 속대, 산과 바다에서 찍은 사진
역할놀이	· 우주복, 외계인 가면, 무전기, 망원경, 산소통, 손전등, 우주에 관련된 음향이나 노래 테이프, 셀로판지로 만든 창문 장식
언어놀이	· 같은 그림 찾기 게임판과 그림카드, 글자 먹는 공룡통과 그림카드, 부직포 글자카드, 선 따라 그리기 종이 자료, '만약 ~이라면'의 그림카드, 수수께끼 상자와 그림카드, 그림 보고 이야기 꾸미기 자료
조작놀이	· 16쪽 정도의 퍼즐류(공룡, 지구, 우주선 등), 끼우기 블록류(로봇, 라마곤), 해 · 달 · 별 모양으로 오린 종이, 비닐, 돗바늘, 털실
미술놀이	· 털실, 수수깡, 단추, 종이컵, 고무 밴드, 이쑤시개, 빨대, 투명 필림통, 돌, 색모래, 찰흙, 밑그림이 그려진 4절 켄트지, 색종이, 조각, 여러 색의 금 · 은 종이, 쿠킹 호일, 스티로폼판, 스티로폼 공, 각종 크기의 상자
수학놀이	· 하늘 · 땅 · 바다 분류 통과 카드, 융판, 로켓과 발사대 그림카드 · 우주선과 우주인 그림카드, 우주 탐험 주사위 게임, 주사위, 말

과학놀이	· 여러 종류의 돌, 훌라후프 진자와 놀잇감(놀이실에 있는 것), 9장 거울, 2장 접는 거울, 숫자 카드나 시계
음률놀이	· 카세트 레코더, 카세트테이프(곡목 : 우주인의 비밀 신호), 로봇 장난감(태엽을 감는 것, 또는 건전지로 움직이는 것), 여러 종류의 리듬 악기(리듬 막대, 캐스터네츠, 트라이앵글, 목탁, 북 등), 몸꼬기판(P166), 화살표판
요리놀이	· 요리순서표, 모양찍기, 개인 접시, 버터나이프나 설압자
모래놀이	· 모종삽, 비닐, 물통, 바가지나 플라스틱 물병, 물레방아
바깥놀이	· 종이 접시나 은박 접시, 리본 테이프, 스티커, 훌라후프, 무전기, 우주복, 산소통, 텐트

◇ 참고 자료 ◇

〈도서〉 지구와 하늘, 해, 달, 별, 지구와 우주의 신비, 우주선, 돌과 화석 등 그림책

[레지오 에밀리아 접근법에 기초한 J유치원의 하루일과]

<table>
<tr><td colspan="2">일 시</td><td colspan="2">2015년 9월 30일</td><td colspan="2">하늘반</td></tr>
<tr><td colspan="2">생활주제</td><td colspan="2">지구와 우주</td><td>소주제</td><td>우주여행</td></tr>
<tr><td colspan="2">목 표</td><td colspan="4">· 우주여행에 필요한 것들을 말할 수 있다.
· 우주여행에 필요한 것들을 창의적으로 만들고 꾸밀 수 있다.</td></tr>
<tr><td colspan="2">학습과정</td><td colspan="2">활동내용</td><td colspan="2" rowspan="15">–자료–
개인 사물함
자유선택활동 계획표
일과 순서표
상상놀이 카드
로켓, 발사대 그림,
게임판
돋보기, 검은 종이
게임판, 말
우주선, 우주복, 산소통
도화지 및 크레파스
색종이, 풀
정리용 음악
수건
영역별 활동 결과물</td></tr>
<tr><td colspan="2">구분</td><td>I 수준</td><td>II 수준</td></tr>
<tr><td colspan="2" rowspan="2">등원 및 계획
(08:50 ~ 09:00)</td><td colspan="2">· 친구와 선생님께 인사한다.
· 소지품을 개인 사물함에 정리한다.</td></tr>
<tr><td>· 원으로 모여 앉아 일과 계획해 보기</td><td>· 계획한 것을 스스로 실천해 보기</td></tr>
<tr><td rowspan="6">흥미
영역
활동
(09:00
~
09:40)</td><td>언어</td><td colspan="2">■만약 ~ 이라면</td></tr>
<tr><td>수</td><td colspan="2">■로켓과 발사대
우주탐험 주사위 게임</td></tr>
<tr><td>과학</td><td colspan="2">■햇빛 모으기, 태양계로 출발</td></tr>
<tr><td>조작</td><td colspan="2">■우주도시 꾸미기</td></tr>
<tr><td>역할</td><td colspan="2">■우주여행하기</td></tr>
<tr><td>조형</td><td colspan="2">■로켓 접기, 우주인 그리기</td></tr>
<tr><td colspan="2">정리 정돈
(09:40~09:50)</td><td colspan="2">· 음악을 듣고 교구를 제자리에 정리 정돈한다.</td></tr>
<tr><td colspan="2" rowspan="2">화장실 가기
및 손씻기
(09:50~09:55)</td><td colspan="2">· 차례를 지켜 화장실에 다녀온다.</td></tr>
<tr><td colspan="2">· 물을 아껴서 사용한다.</td></tr>
<tr><td colspan="2" rowspan="2">흥미영역
활동평가
(09:55~10:00)</td><td>· 영역별 활동에 대한 자신의 경험, 생각, 느낌을 이야기해 보기</td><td>· 주제에 대하여 함께 이야기를 나누어 보기</td></tr>
<tr><td colspan="2">· 이야기를 듣고 궁금한 것에 대하여 물어 보기</td></tr>
</table>

<table>
<tr><th colspan="2">학습과정</th><th colspan="2">활 동 내 용</th><th rowspan="14">-자료-
파워포인트 자료
우주복, 산소통
박스, 은박지, 색종이, 도화지, 유리테이프, 본드, 모루
상자, 색종이, 시트지
색종이, 시트지, 가위, 풀, 크레파스
편지지, 필기도구
우주복, 우주선, 머리띠</th></tr>
<tr><th colspan="2">구분</th><th>I 수준</th><th>II 수준</th></tr>
<tr><td colspan="2">이야기
나누기
(10:00~10:20)</td><td colspan="2">■우주여행을 해요.
· 우주에서 온 초대장 소개
· 우주에 대해 상상해 보기
· 우주여행 준비물 상상하기</td></tr>
<tr><td rowspan="5">공동
활동
(10:20~10:40)</td><td rowspan="2">만들기</td><td colspan="2">■우주선 만들기
· 여러 가지 재료와 도구를 활용하여 자유롭게 만들어 본다.</td></tr>
<tr><td colspan="2">■로케트 만들기</td></tr>
<tr><td>꾸미기</td><td colspan="2">■우주정거장 꾸미기</td></tr>
<tr><td>편지쓰기</td><td colspan="2">■우주인에게 편지쓰기</td></tr>
<tr><td>역할놀이</td><td colspan="2">■우주여행</td></tr>
<tr><td colspan="2">공동활동 평가
(10:40~10:50)</td><td colspan="2">· 모둠 활동에 대해 경험, 생각, 느낌을 이야기 나눈다.
· 친구의 활동에 대해 함께 이야기를 나눈다. | · 친구의 활동에 대해 궁금한 것을 물어 본다.</td></tr>
<tr><td colspan="2">화장실 가기 및 손씻기
(10:50~11:00)</td><td colspan="2">· 차례를 지켜 화장실을 이용한다.</td></tr>
<tr><td colspan="2">간식
(11:00~11:20)</td><td colspan="2">· 음식을 소중히 여긴다.
(II 수준) · 적당한 양의 음식을 먹는다.</td></tr>
<tr><td colspan="2">신체표현
(11:20~11:40)</td><td colspan="2">■우주여행 놀이
우주선을 타고 우주 여행하는 것을 신체로 표현해 본다.</td></tr>
<tr><td colspan="2">게임
(11:40~12:00)</td><td colspan="2">■우주 식량 나르기</td></tr>
<tr><td colspan="2">동화
(12:00~12:10)</td><td colspan="2">■ 해에 가려던 우주인 동호</td></tr>
<tr><td colspan="2">평가
(12:10~12:20)</td><td colspan="2">· 우주여행에 필요한 것들을 말할 수 있는가?
· 여러 가지 재료를 이용하여 창의적으로 표현하였는가?</td><td></td></tr>
<tr><td colspan="2">귀가지도
(12:20~)</td><td colspan="2">· 교통 안전 지도</td><td></td></tr>
</table>

[레지오 에밀리아 접근법의 실례 ② – '우주']

(1) '우주'에 대해 이야기 나누기

- 유아들은 우주에 대해 이미 알고 있는 것이나 들은 이야기, 그리고 본 것에 대해 자유롭게 이야기 나누었다.

–우주에는 외계인이 살아요.
–우리나라 사람이 로켓 타고 우주로 여행 갔어요.
–이소연씨가 우리나라 최초의 우주인입니다.
–우주에는 공기가 없어요.
–우주에 가면 몸이 풍선처럼 붕붕 떠요.
–우주정거장이 있대요.

–우리가 사는 태양계의 행성에 대해 이야기하기

- 수성, 금성, 지구, 화성, 목성, 토성, 천왕성, 해왕성, 명왕성의 그림카드를 보며 각 행성에 대해 이야기를 나누었다.

T : "이러한 행성들은 어디에 있는 거죠?"
"우주는 어떻게 생겼을까요?"
"친구들 우주를 어디에서 봤어요?"
C : "우주에 있어요."
"지구가 있어요."
"동글해요", "사람이 없어요."
"만화영화에서 봤어요, 책에서 봤어요."

- 파워포인트에 담긴 태양계의 행성을 보여주면서 함께 이야기하였다.

–우리가 사는 곳은 지구, 지구는 우주의 태양계에 속해요.
–태양계는 태양과, 달, 9개의 행성으로 이루어져 있어요.
–9개의 행성은 수성, 금성, 지구, 화성, 목성, 토성, 천왕성, 해왕성, 명왕성입니다.
–파워포인트에 있는 행성들의 모양은 어떠하며, 어떤 곳일까? 상상한 것에 대해 자유롭게 이야기하였다.

- 바구니에서 맞는 행성의 글자를 찾아 연결하며 행성에 대한 이름과 모양을 인지하였다.

- 맞게 연결했는지 친구들과 이야기를 나누며 확인하였고, 틀렸으면 의논하여 다시 행성모양과 글자카드를 맞추었다.

(2) '내가 타고 싶은 우주선'과 '가고 싶은 행성'에 대해 언어와 그림으로 표현하기

- 내가 타고 싶은 우주선은 어떤 모양이고 어떤 것인지 상상한 것을 이야기하였다. 그리고 도화지에 마음대로 우주선을 그려 보았다.
- 우주선을 그린 후, 우주선의 이름을 정해 주었다.
- 원하는 색깔로 색칠해 보았다.
- 완성된 그림을 보며 서로 이야기를 나누었다.

(3) 우주인에게 편지쓰기

- 우주인과 친구가 되면 어떤 말을 하고 싶은가? 하고 싶은 말을 생각하여 글로 표현했다.

글을 잘 쓰지 못하는 친구는 글과 그림으로 표현해 보았다.
- 우주인에게 하고 싶은 말을 자유롭게 표현하였다.
- 편지를 다 쓴 후, 서로 돌아가면서 읽어 보았다.

(4) 우주여행을 하는 자신의 모습을 동작으로 표현해 보기

- 우주선을 타고 우주여행을 떠나 우주에서 움직이는 모습을 표현해 보았다.
- 우주선에서 어떻게 내려 땅을 내려오는지 표현해 보았다.
- 두 팀으로 나눈 뒤, 한 팀은 교사의 나레이션에 따라 태양계를 순서대로 여행하는 모습을 표현해 보고, 다른 친구들은 이를 지켜보았다.
- 중간 평가를 한 뒤, 평가에 유의하여 나머지 팀이 교사의 나레이션에 따라 신체표현을 하였다.
- 유아들의 동작 활동을 기록화 한 것을 유아와 교사가 함께 보며 유아가 새로운 사고로 변형하고 창조화할 수 있도록 하였다.
- 모든 유아들이 우주인이 되어 즐겁게 동작표현을 하였다.

(5) '우주박물관' 견학하기

- 우주박물관을 견학하였으며, 우주에 관련된 여러 자료를 보았다.
- 천체 망원경을 보며 행성을 관찰하였다.

(6) '우주박물관' 견학한 후, 새롭게 알게 된 것에 대해 표상하기

- 견학 전에 이야기 나누기했던 우주에 대한 그림 자료 혹은 파워포인트 자료와 우주박물관에서 경험한 우주의 모습이 어떤지 비교해 보며 토론하였다.
- 가장 인상 깊었던 것이나 흥미로웠던 것에 대해 그림으로 표상하거나 직접 행성을 만들어 보았다.

(7) '우주'를 탐색한 후 다양한 활동으로 자유롭게 표현해 보기(우주복, 로켓 만들기, 우주인놀이, 우주 정거장 꾸미기, 기타 등등)

- 우주박물관을 다녀온 후, 소그룹으로 나누어 로켓을 만들어 보기도 하고 우주복을 만들어 보았다.
- 우주인 비밀신호를 만들어 보고 즐겁게 우주인놀이를 하였다.

(8) 낮과 밤이 생기는 원리 실험하고 이야기 나누기

- 지구본과 손전등을 준비한 후 유아들에게 손전등으로 지구본을 비추며 이야기 나누었다.

  T : "낮과 밤은 왜 생겨나는 걸까요?"
  "친구들! 우리 왜 지구에 낮과 밤이 생기는지 알아보기로 해요".
  "여기 지구본이 있어요".
  "여기 지구본을 우리가 살고 있는 지구라고 하고 이 손전등은 무엇이라고 할까?"
- 지구본과 손전등을 이용하여 낮과 밤이 생기는 원리를 알아보았다.

(9) 마무리 및 평가

- 우리나라 최초 우주인이 우주탐사를 했다는 언론 덕분에 유아들이 우주에 대해 깊은

관심을 보였으며, 우주와 우주인에 대한 상상과 견학을 통해 다양한 방법으로 우주에 대한 지식과 정보를 획득해 나갔다.

- 교사는 우주 프로젝트 활동에 대한 유아의 활동상황을 관찰하고 기록하였고, 기록한 것을 교실과 복도에 전시하였다.

9. 다중지능이론에 기초한 프로그램

1) 이론적 배경

다중지능이론은 1983년 가드너(Gardner)에 의해 소개된 이후 지금까지 세계적으로 끊임없는 관심과 함께 프로그램 연구가 계속되고 있다. 가드너는 '마음의 틀(Frame of Mind)'이라는 책을 통해 다중지능이론을 소개하였다. 다중지능(Multiple Intelligences)이란 인간의 정신은 여러 가지 지능들로 조직되어 있으며, 이런 복합적이고 다원적인 지능은 하나 혹은 그 이상의 문화권에서 가치 있는 산물을 만들거나 갈등이 빚어지는 상황을 제대로 파악하여 문제를 해결하는 능력이다(Garder, 1983).

그는 인간의 다양한 능력(capacities)을 지능이라고 하였다(Garder, 1999). 다시 말해 다중지능은 인간이 한 문화권에서 유용하고 효율적으로 쓰일 수 있는 정보를 처리하는 생물학적, 심리학적인 잠재능력이라고 볼 수 있다(Garder, 1999). 따라서 한 인간이 그의 잠재적 능력을 최대한 유용하게 사용하기 위해서는 개인이 속한 사회문화적 환경이 매우 중요함을 시사한다. 아무리 잠재적 능력이 무한한 인간이라 하더라도 환경이 어떠하냐에 따라 발현되지 못하고 사장되는 경우도 있기 때문이다.

가드너에 의하면 인간의 지능을 논리, 수학적 지능 및 언어 지능에만 국한되어 생각해 왔던 기존의 사고틀을 벗어나 인간의 지능은 여러 가지 복잡한 요인에 영향을 받아 다양한 지능이 존재한다는 것을 시사해 주었다. 따라서 인간의 지능은 여러 가지 요인에 의해 구성되어지고 인간은 한 가지 지능이 아닌 여러 가지 지능을 가지고 있으며 개인의 독특한 특성이나 문화적 배경 등 환경에 의해서도 얼마든지 다른 양상의 지능을 가지고 있다고 강조한다.

가드너 박사는 인간의 잠재적 능력은 얼마든지 계발 가능하다고 보았으며 9가지 종류의 지능이 있다고 강조한다. 예를 들어 언어 지능, 논리 및 수학 지능, 신체 및 운동 지능, 공간 지능, 음악 지능, 대인관계 지능, 개인내적 지능, 자연탐구 지능 등을 제시하고 있다. 이외에도 영적 지능 등을 설명하고 있다(Glock, Wertz, & Meyer, 1999).

이들 지능은 각각 독립적인 기능과 역할을 하지만 상황에 따라서 서로 유기적인 관계를 맺고 상호 협력하여 기능을 발휘한다. 가드너에 따르면 인간을 한두 가지 지능으로 국한시켜 평가해서는 안 되며, 인간이 지닌 능력은 무한하며 그 잠재적 능력을 이끌어 내는 것이 중요하다고 강조한다(Gardner, 1999).

그의 이론은 통해 많은 연구자들은 인간의 잠재적 능력에 관심을 기울이게 되었고 더불어 개인의 다양하고 독특한 개성 및 지능을 계발하고 발전시키기 위한 프로그램 개발에도 연구를 하고 있다. 다중지능이론에 따른 프로그램은 유아들의 개별적 특성을 고려하여 적극적인 학습의 주체자로서 학습에 참여하도록 하고 더불어 사회의 적극적인 참여자로 성장시킨다. 또한 다양화된 현대사회에 적합한 민주시민으로서 제 역할을 충분히 할 수 있는 인간으로 성장·발달하게 한다. 결국 다중지능이론에 기초한 프로그램은 인간이 지닌 복합적인 특성을 이해하고 개인이 가지고 있는 잠재적 능력을 최대한 이끌어 내어 사회에서 충분히 발휘할 수 있도록 도와준다(Gardner, 2003).

다음은 다중지능이론에 대한 기본 개념을 정리하였다(Gardner, 1999; Sternberg, 1983; Walters & Gardner, 1985).

① 인간의 지능은 여러 가지 요인으로 구성되어 있다.

다중지능이론은 수학, 논리적 지능 및 언어 지능과 같은 전통적인 심리측정이론으로 인간의 지적 능력을 이해하려 하지 않았다. 즉 하나의 지능으로 인간의 지적 능력을 평가하지 않았다.

② 인간의 지능은 각 문화권에 따라 다양하게 해석되고 정의된다.

사회문화적 환경에 따라 가치 기준이 다르고 그 가치를 인정하는 능력이 상이하기 때문에 인간의 지능을 이해할 때에는 사회문화적 맥락을 고려해서 이해해야 한다(Sternberg, 1983).

③ 인간은 누구나 여러 가지 독특한 지능을 가지고 있다.

누구나 다양한 지능을 모두 가지고 있지만 사회문화적 환경에 따라 계발이 되지 않았을 뿐이다.

④ 인간의 지능은 독립적이다.

누구나 소유하고 있는 다양한 지능 중에서 어느 하나의 지능이 높다고 해서 다른 지능도 모두 높을 것이라고 예측하기는 어렵다. 이 말은, 즉 지능은 비교적 독립적이기 때문에 하나의 지능이 높다 해서 다른 지능도 높다고 생각해서는 안 된다는 것이다. 물론 서로 다른 지능은 유기적으로 상호연관이 있지만 인간은 상대적으로 저마다 독특한 지능 한 가지는 높아 독립적인 기능을 발휘한다.

⑤ 인간이 소유하고 있는 다양한 지능은 서로 동등하고 유기적이다.

전통적인 지능에 대한 심리측정분야에서는 수학, 논리적인 지능을 매우 높게 여겼으나 그것은 결국 사회문화적 환경의 영향이다. 즉 환경에 따라 신체운동 지능이 강조되어질 수 있고, 개인내적 지능이 강조되어질 수 있다는 것이다.

가드너에 따르면 인간의 다양한 지능은 서로 동등하며, 그렇게 바라보아야 한다고 강조한다. 어느 한 영역의 지능이 높다고 해서 뛰어난 지능만으로 인간의 능력을 평가해서는 안된다. 왜냐하면 뛰어난 한 가지 지능만으로 인간의 능력이 최대로 발휘될 수 없기 때문이다. 즉 인간의 뛰어난 능력은 여러 가지 지능이 서로 상호 협력하여 조화를 이룰 때 그 가치를 발휘한다고 볼 수 있다(Walters & Gardner, 1985).

2) 교육목적

교육의 목적은 유아의 특성을 이해하고 강점과 흥미를 발견하여 잠재적 능력을 계발하는데 있다. 이는 인간의 모든 지능을 골고루 발전시켜 전인적 인간을 육성하는데 그 목적이 있겠다(Gardner, 1993, 1999).

인간의 다양한 능력을 인정하고 계발시켜 줌으로써 자신이 하고자 하는 분야에서 역량을 발휘하여 참다운 인간, 행복한 인간으로 성장 · 발달할 수 있도록 돕는 것이 중요하다.

3) 교육내용

가드너가 제시한 다양한 인간 지능을 골고루 조화롭게 교육시키되 그것보다 더욱더 중요한 것은 유아 개개인마다 흥미를 찾아 내어 한 가지의 지능을 강화시켜 나가는 방향으로 교육을 전개해 나가는 것이 더욱더 효율적이라고 강조한다(Gardner, 1993, 1999).

다중지능이론에 기초한 프로그램에서의 교육은 먼저 유아의 흥미와 관심에 따라 주제를 선정한다. 주제를 선정한 후, 언어 지능 등 다양한 지능을 계발하고 강화시킬 수 있도록 학습활동을 계획하고 진행한다. 그리고 마지막에는 평가를 한다. 주제중심으로 학습활동이 이루어지며, 결국 유아의 통합적 발달을 이룰 수 있도록 한다. 주제에 따라 각 센터별 영역에서 유아는 학습활동을 한다. 그러나 다양한 지능을 골고루 계발하는 것보다 유아의 흥미와 개성에 따라 강점이 있는 한 가지 지능을 더욱더 강화하는 방향으로 학습활동이 전개되어질 수 있도록 한다(Campbell, 1994; Chapman & Freeman, 1993; Lazear, 1994).

다음은 다중지능이론에 기초한 교육내용을 살펴보겠다. 가드너가 제시한 다양한 지능들의 특성과 그 지능을 강화하기 위해서는 어떤 내용을 가지고 학습활동을 하는지 알아보겠다.

다양한 지능을 위한 활동은 다양한 흥미영역 센터에서 이루어지며 프로젝트에 따라 융통성 있게 진행된다. 프로젝트를 진행할 때에는 한 가지 지능영역에만 몰두하는 것이 아니라 다양한 지능영역을 포함할 수 있도록 활동을 통합시켜 전개해 간다.

(1) 언어 지능(linguistic intelligence)

언어 지능을 위해서 듣기, 말하기, 읽기, 쓰기 등의 능력을 기를 수 있는 내용을 구성한다. 그림책을 통해 상상력을 불러일으켜 이야기를 구성해 보고 꾸며 보면서 말하는 활동을 하기도 하고 동극활동이나 역할놀이를 통해 상황에 따라 대화를 적절하게 사용하는 능력이나 자신의 감정이나 의견 등을 정확하고 바르게 말할 수 있도록 한다. 예를 들어 동시짓기, 이야기 꾸미기 활동, 이야기 꼬리말 달기, 중간이야기 설정하기, 이야기 새로 쓰기, 작가가 되어 새로운 이야기 만들어 내기 등 다양한 언어활동을 한다.

(2) 논리 및 수학 지능(logical-mathematical intelligence)

수학적이고 과학적이고 창의적인 사고를 도울 수 있는 여러 가지 수, 과학적 활동을 한다. 예를 들어 일대일 대응놀이나 수놀이, 다양한 수와 과학을 연결하여 활동하는 게임이나 놀이, 그래프, 컴퓨터를 활용한 게임, 논리로 생각하기, 문제해결하기 등 다양한 놀이를 한다.

그리고 도표, 수열, 계산, 부호알기, 비교, 유추, 추리, 변별 등 다양한 능력을 계발할 수 있도록 한다.

(3) 신체 및 운동 지능(bodily-kinesthetic intelligence)

신체 및 운동 지능을 위해서는 기본적인 신체능력을 발달시킬 수 있도록 신체를 움직여 보거나 게임을 통해 신체가 균형 있게 발달할 수 있도록 한다. 역할극,

게임, 평균대놀이, 공놀이, 훌라후프, 각종 운동경기를 하고 가위질하기, 바느질하기 등 소근육을 발달시킬 수 있는 놀이도 함께 한다.

(4) 공간 지능(spatial intelligence)

공간 지능을 위해서는 상상놀이, 디자인하기, 창작공예, 조각하기, 사진놀이, 여러 가지 색 배합하기, 목공놀이, 퍼즐놀이, 사진 찍기, 지도제작하기, 패턴놀이, 조각하기, 항해놀이 등 다양한 활동을 한다. 다양한 재료를 가지고 활용할 수 있도록 하며 선, 모양, 색깔, 공간, 형태에 대한 감각을 키우고 균형을 살려 공간을 꾸미고 효율적으로 활용할 수 있는 다양한 활동을 한다.

(5) 음악 지능(musical intelligence)

자연의 소리, 악기소리, 일상생활에서 들려오는 소리 등에 민감하도록 한다. 소리를 듣고 표현해 보는 활동이나 소리의 느낌에 따라 자신의 감정을 표현해 보는 활동을 해 본다. 그리고 소리를 만들어 보는 활동도 한다. 노래 만들기, 음악 듣고 소리 만들기, 배경음악 선정하기, 리듬 맞추기, 노래 바꿔 부르기, 소리 높낮이 구분하기, 리듬패턴 이해하기 등 다양한 음악적 활동을 한다.

(6) 대인관계 지능(interpersonal intelligence)

대인관계 지능을 위해서는 동극놀이, 역할극, 소꿉놀이 등 다양한 놀이를 할 수 있도록 한다. 상황에 따른 대처능력 기르기 활동 등을 통해 상황에 민감해지고 타인을 올바로 이해할 수 있는 기회를 갖는다. 그리고 타인의 감정을 이해하고 그에 따른 자신의 감정을 바르게 표현할 수 있도록 한다. 소그룹활동, 협력학습, 공동 작업하기, 상대방 마음 알고 표현하기, 집단 프로젝트, 유아와 일대일 상호작용 후 상대방의 느낌 표현하기 등 다양한 활동을 한다.

(7) 개인이해 지능(intrapersonal intelligence)

자아에 대한 지능으로 자신을 어떻게 생각하느냐에 대한 것이다. 따라서 자신을 긍정적으로 생각할 수 있도록 격려하고 자신감을 기를 수 있도록 돕는다. 또한 자신의 감정과 느낌 그리고 생각을 표현할 수 있도록 기회를 준다. 감정을 조절하거나 감정에 따른 행동을 어떻게 하느냐에 대한 것도 생각해 보고 그에 따른 활동을 해 본다. 극놀이나 역할놀이를 통해 개인이해 지능을 높일 수 있고, 동시 짓기, 이야기 꾸미기 등을 통해 자신의 감정을 표현하는 방법을 알게 한다. 자기 자신의 감정과 느낌 알아내기, 한 가지에 정신집중하기, 자신의 감정 조절하고 통제하기, 행동 조절하기, 자아에 대한 상을 말로 혹은 그림으로 표현하기, 자신의 장점, 단점 알기 등의 활동을 한다.

(8) 자연탐구 지능(naturalist intelligence)

자연탐구 지능을 높이기 위해서는 견학이나 소풍 등 바깥놀이를 많이 한다. 또한 애완동물 키우기, 동식물 기르기, 자연현상 관찰하기 등의 활동을 한다. 그리고 관찰한 것을 글과 그림으로 표현해 보고 사진으로 찍는 활동도 한다. 다양한 생물체를 돌보고 관찰하고 키워 보는 활동은 자연에 대한 이해를 높이고 생명에 대한 소중함을 깨닫게 한다. 그리고 환경에 대해 관심을 갖게 하고 환경의 중요함을 일깨워 준다.

(9) 실존 지능(existential intelligence)

실존 지능은 삶과 죽음에 대해 호기심을 갖고 끊임없이 생각하고 탐구해 나가는 개인적 노력을 의미한다. 대자연, 대우주 만물의 근원을 생각하고 인간이 어떻게 살아가야 참된 인간인지, 인간의 조상은 누구인지, 언제부터 인간이 지구에 살게 되었는지, 죽고 난 후 우리 인간은 어디로 향하는지, 죽음의 세계는 어디에 있는지, 기타 등등 인간 실체에 대한 끊임없는 궁금증과 호기심을 가지고 탐구해 가는 능력이다. 영적인 세계와 현실세계에 대해 관심을 갖고 궁금증을 표현하고 여러 가지 방법으로 답을 찾으려고 노력한다.

위에서 살펴본 바와 같이 인간의 지능은 다양하다. 이 외에도 유머 지능, 요리 지능, 후각 지능, 창의성, 직관, 성적 관심, 도덕적 감수성, 다른 지능을 분석하는 능력 등 다양한 지능이 있음을 제시하고 있다(Armstrong, 1994). 여러 가지 지능들이 복합적으로 연결되어 있고 유기적 상호보완적 역할을 하고 있다. 인간은 각 개인의 특성이나 흥미에 따라 여러 가지 지능 중에 특별히 흥미 있고 강점이 있는 지능이 있다. 따라서 우리는 유아의 흥미도가 높고 다른 유아들에 비해 특히 어떤 한 가지 지능에 강점을 가지고 있다고 판단되면 그 지능이 더욱더 발달될 수 있도록 도와주어야 한다.

결국 다중지능이론에 따른 프로그램은 기본적으로는 여러 가지의 지능들이 골고루 발달될 수 있도록 교육내용을 구성하고 가르치지만 결국 유아가 뛰어난 지능을 보인 영역에 있어서는 집중적으로 발달될 수 있도록 돕는데 그 의의가 있겠다.

4) 교수-학습 방법

교수-학습 방법은 통합적으로 전개해 나가며 다양한 방법으로 전개해 간다. 주제를 중심으로 프로젝트 활동으로 전개해 나가고 있기 때문에 통합적으로 진행되어간다. 또한 유아중심, 흥미중심, 개성중심으로 진행되기 때문에 매우 융통성이 있고 자율적이다. 또한 주제를 중심으로 활동이 이루어질 때 한 가지 지능에만 국한되어 이루어지는 것이 아니라 여러 가지 지능 영역이 골고루 포함될 수 있도록 교육과정을 구성하고 있다(Campbell, 1994; Glock, Wertz, & Meyer, 1999; Lazear, 1994).

교수-학습 활동은 크게 4가지 범주로 구분하고 있다(Gardner, Feldman, &

Krechevsky, 1998).

(1) 유아중심 소집단 활동

교사는 최소한 지시사항만 제시해 줄 뿐 유아가 중심이 되어 활동을 한다. 주로 2명에서 5명 정도의 유아가 함께 활동한다.

(2) 교사중심 소집단 활동

교사가 주도를 하여 유아들과 함께 프로젝트를 진행시켜 나간다.

(3) 유아중심 대집단 활동

교사는 간단히 지시만 하고 유아들이 전체적으로 혹은 반 정도의 유아들이 모여 활동을 전개한다.

(4) 교사중심 대집단 활동

교사가 주도하여 과제나 활동을 유아와 함께 대집단으로 활동을 전개해 간다.

다중지능이론에 기초한 프로그램의 교수-학습 활동에는 다음과 같은 특징이 있다(Gardner, 1993; Deamicis, 1999).

① 주제에 따라 교수-학습 방법이 융통성 있게 진행된다.
② 다양한 교수방법과 교사의 다양한 아이디어가 통합되어 진행된다.
③ 각각의 주제가 다양한 지능영역을 모두 포함시키지 않아도 된다.
즉 주제에 따라 여러 가지 지능이 모두 포함되지 않고 언어 지능과 개인내적 지능만 포함되어도 된다는 것이다.

④ 유아가 주체가 되어 주제에 적극적으로 참여할 수 있도록 한다.

⑤ 주제에 대한 이해를 위해 얼마든지 새로운 교수방법이 제시될 수 있다.

⑥ 각각의 지능센터에서 센터별 활동을 하며 다양한 지능영역을 강화시킨다. 그 중 유아가 한 가지 영역에 집중하면 그 영역을 더욱더 강화하여 활동을 한다.

다중지능이론에 기초한 프로그램을 진행할 때에는 프로젝트를 선정한 이유와 목적에 대해 유아들이 인식할 수 있도록 함께 이야기 나눈다. 그리고 교사가 예상한 주제 조직망을 짜고 더불어 유아들도 함께 주제에 대한 조직망을 짜 본다.

프로젝트를 실행하는 데는 다음의 3단계를 거친다(Deamicis, 1999; Gardner, Feldman, & Krechevsky, 1998).

① 주제에 대한 계획을 잡는다.

주제에 대한 브레인스토밍을 하여 다양한 생각이 많이 나올 수 있도록 한다. 주제에 대한 다양한 생각들을 유사점과 차이점을 변별하여 유목화하고 자신의 느낌과 생각을 정리해 본다.

② 주제에 대한 탐색과 표상활동을 한다.

주제에 대한 면밀한 관찰과 탐색활동을 통해 주제를 더욱더 이해할 수 있으며 다양한 방법으로 표상활동을 해 본다.

③ 마무리하고 평가한다.

주제에 대한 어떤 지식과 정보를 얻었는지 점검해 보고 주제를 실행함에 있어 부족한 점이나 앞으로 어떤 방법으로 실행해야 더욱더 많은 정보를 얻을 수 있는지 평가해 보고 점검해 본다. 자신들이 함께 실행했던 방법에 대해 반성해 보고 깨닫는 시간을 갖게 한다.

5) 환경

주제에 대한 동기유발이 생길 수 있도록 유아의 흥미와 관심이 있는 풍부한 환경을 마련해 주고 교사는 새로운 교수법과 다양한 아이디어를 제공할 수 있어야 한다. 유아들이 주제에 대해 계획하고 계획한 주제에 대해 탐색하고 표상활동을 할 수 있도록 다양한 정보와 지식을 줄 수 있는 환경을 마련한다(Hoerr, 2000).

특히 유아들이 선정한 주제에 대해 보다 심화된 탐색을 할 수 있도록 물리적 환경을 제공해 줄 뿐 아니라 유아의 호기심과 관심을 고조시킬 수 있도록 독립적인 흥미센터를 마련한다. 즉 언어센터, 과학센터, 수학센터, 감각 및 동작센터, 미술센터, 음악센터, 사회센터, 개인센터 등을 마련해 준다. 이 영역을 통해 유아는 자신들이 잠재적으로 갖고 있는 지능을 더욱더 계발시킬 수 있고 더불어 여러 지능들의 통합적 발달도 가능하게 된다.

무엇보다 자율적이고 개방적이며 유아중심 활동이 진행될 수 있도록 자유스러운 분위기와 환경이 필요하다. 그리고 유아들이 활동에 집중하고 즐겁게 탐색하고 탐구할 수 있도록 플로우(flow) 상태를 마련해 주는 것도 필요하다. 플로우(flow) 상태란 유아의 정신과 신체가 하나가 되어 완전히 활동에 몰입해 있는 정신 상태를 말한다(Krechevsky, 1994).

플로우 상태에서 유아는 주위환경을 잊은 채 자신이 탐색하고 싶은 활동에 정신집중을 할 수 있으며 그 활동을 통해 유아는 즐거움과 행복감을 맛보게 된다. 따라서 다중지능이론에 기초한 프로그램에서는 유아들에게 플로우 상태를 경험할 수 있도록 교실환경을 조성하도록 한다(Gardner, 1993; Deamicis, 1999).

6) 교사의 역할

교사는 유아의 잠재적 능력을 인정하고 개개인의 흥미와 관심이 어디에 있는지 잘 관찰하여 파악하는 것이 필요하다. 그래야 유아 개개인의 수준과 흥미에 따라 적합한 학습방법을 제공해 줄 수 있다. 그리고 교사는 지역사회의 주민들과도 협력 체제를 유지해야 한다. 각각의 지능을 계발하기 위해 각 지능에서 우수한 역량을 발휘하고 있는 현직 전문가들을 초청하여 자문을 구할 수 있고 조언을 받을 수 있기 때문이다.

다음은 교사의 역할을 정리하였다(Gardner, 2003).

① 풍부하고 다양한 환경을 제공해 주어야 한다.
② 유아들이 자연스럽게 활동을 전개해 나갈 수 있도록 안내하고 지시한다. 지나친 안내와 간섭은 삼가야 한다.
③ 새로운 교수법을 개발하고 다양한 아이디어를 제공하여야 한다.
④ 유아들 개개인에 대해 관심과 사랑을 가져야 한다.
⑤ 유아들이 다양한 지능을 골고루 발달시킬 수 있도록 여러 가지 흥미센터 영역에 물리적 자극을 줄 수 있는 다양한 재료와 매력적인 환경을 연출할 수 있어야 한다.
⑥ 교사는 창조적 방법으로 유아들이 지능을 통합해 나갈 수 있도록 한다.
⑦ 다양한 교수방법으로 진행시킬 수 있도록 돕는다.
⑧ 지역 주민과의 협력 체제를 구축하여 도움을 구한다.
⑨ 유아 개개인의 능력을 파악할 수 있는 평가자로서의 역할도 수행한다.
⑩ 개개인 유아의 포토폴리오를 통해 유아의 발달을 체크하고 유아의 강점이 어떤 지능영역에 있는지 살펴본다.

이는 학부모와의 면담자료로 활용되고 잠재적 능력을 개발하는 데도 도움을 준다.

다중지능이론에 기초한 프로그램은 기존에 한두 가지로만 국한되어 생각되어 왔던 지능에 대한 편견을 벗어나게 할 수 있는 이론이다. 이는 다른 말로 우리 인간의 잠재적 능력은 얼마든지 계발 가능하며 개개인이 강점으로 작용하고 있는 지능이 한 가지 쯤은 얼마든지 있다는 말이다. 따라서 유아 개인의 특성과 개성을 살려 보다 흥미 있는 활동을 통해 강점인 지능을 더욱더 보강 발전하여 그 분야에서 전문적이고 창의적인 일을 수행할 수 있는 한 인간으로 육성하는데 그 의의가 있다고 본다.

유아교육 프로그램은 지금도 무수히 많은 연구자들에 의해 개발되어지고 있으며 실행되어지고 있다. 이와 같은 노력은 유아교육의 질을 한 차원 끌어올리는 일이다.

다음은 다중지능이론에 기초한 프로그램을 운영하고 있는 H유치원의 사례이다. 프로젝트에 따라 융통성 있게 조정가능하다. 참고하기 바란다.

[다중지능이론에 기초한 H유치원의 프로젝트 예 ①]

생활주제	먹거리	지도대상	만 4세
주제선정의 이유	쇠고기 파동, 조류인플랜자의 영향으로 오리, 닭고기 먹지 말자는 텔레비전 뉴스를 보고 '먹거리'에 대한 유아의 관심이 증가하였다. 따라서 유아들에게 좋은 먹거리의 의미에 대한 이해, 그리고 동시에 다양한 먹거리를 키우는 사람, 만드는 사람, 운송하는 사람의 역할과 고마움을 알게 하기 위하여 이 주제를 선정하였다.		
주제 목표	• 나와 내 가족이 먹는 먹거리에 대하여 안다. • 우리 식탁에 오르는 먹거리가 어떻게 만들어지는지 안다. • 우리 몸에 좋은 먹거리에 대해 안다. • 다양한 먹거리를 키우고, 만드는 사람들의 고마움을 안다.		
주제 조직망			

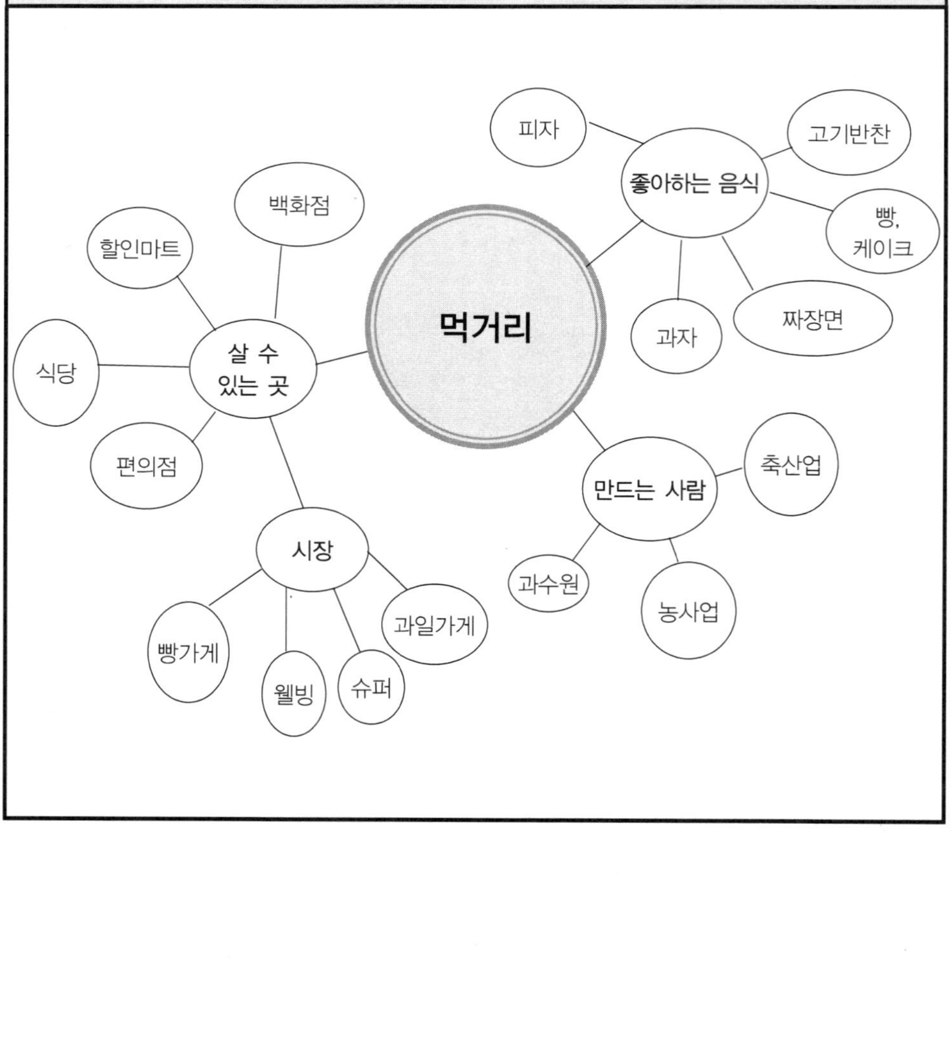

먹거리

과학 센터
(자연탐구 지능)

- –요리하기: 핫케이크 만들기
- –관찰 및 탐색: 물질의 변화 관찰하기 (모양, 색, 형태의 변화된 모습 표상하기)
- –주스 보고 재료 알아맞추기

사회 센터
(대인관계 지능)

- –역할놀이:주인과 손님되어 보기
- –이야기 나누기: 음식의 역사, 몸에 좋은 음식, 먹거리를 키우는 사람에 대한 고마움
- –실내 플로우활동: 부모님 고향의 먹거리 알아보기
- –견학: 요리학원가기

언어 센터
(언어 지능)

- –이야기 나누기: 음식 먹어 본 경험나누기(다양한음식)
- –동화: 구름빵, 치킨공주
- –동시: 음식에 대한 동시 짓기
- –실내 플로우활동: 음식 이름 짓기

수학 센터
(논리 수학지능)

- –수세기: 빵세기, 빈접시 세기
- –패턴 및 모양: 음식 모양과 패턴 찾기

개인 센터
(개인내적 지능)

- –마음 속 표현하기: 먹거리에 대한 개인의 생각과 느낌을 언어로 혹은 그림으로 표현하기
- –동작표현: 내가 만약 빵이라면? 느낌을 신체로 표현해 보기
- –가상여행하기: 초콜릿 자동차 타고 가장 가고 싶은 곳은?

감각 센터
(공간 지능)

- –공간활동: 가상 음식 운반차 운전하기
- –소근육활동: 내가 원하는 음식 만들기 및 꾸며 보기
- –좋아하는 음식으로 집 만들기

동작 센터
(신체 · 운동 지능)

- –떡을 먹는 모습, 먹은 후 느낌에 대해서 신체로 표현하기.
- –짜장면이 되는 과정을 동작으로 표현하기
- –게임: 과자 먹고 빙빙빙!

음악 센터
(음악 지능)

- –노래하기: 김치, 인절미
- –리듬악기 연주: 음식 노래에 대에 대한 느낌을 악기로 표현해 보기
- –노래 만들기: 제일 좋아하는 음식으로 노래 만들어 보기

'먹거리' 프로젝트에 대한 각 센터 활동

[프로젝트 활동 중, '빵 만들기' 예]

<table>
<tr><td>활 동 명</td><td colspan="4">맛있는 빵</td></tr>
<tr><td>생활주제</td><td>먹거리</td><td>소주제</td><td colspan="2">빵 가게 (베이커리)</td></tr>
<tr><td>활동일시</td><td>년 월 일</td><td>활동시간</td><td colspan="2">10:10 ~ 10:50 (40분)</td></tr>
<tr><td>관련영역</td><td>언어센터, 미술센터</td><td>활동형태</td><td colspan="2">대집단 – 동화, 조형</td></tr>
<tr><td>대상연령</td><td>만 4세</td><td>지도교사</td><td colspan="2">○ ○ ○</td></tr>
<tr><td>활동목표</td><td colspan="4">• 동화를 듣고, 느낀 것에 대해 이야기를 나눈다.
• 동화를 듣고, 동화 속에 나오는 빵을 다양한 모양으로 만들어 본다.</td></tr>
<tr><td>교육과정
관련요소</td><td colspan="4">• 언어생활 : 듣기, 말하기 • 탐구생활: 밀가루 관찰, 모양 관찰
• 표현생활 : 느낌, 표현 • 건강생활: 소근육 발달 • 사회생활: 협동학습</td></tr>
<tr><td>활동자료</td><td colspan="4">그림책 '구름빵'의 ppt자료, 색 밀가루 반죽, 받침</td></tr>
<tr><td rowspan="2">활동과정
및 소요시간</td><td colspan="3">수업 내용</td><td rowspan="2">자료 및 유의점</td></tr>
<tr><td colspan="2">교사</td><td>유아</td></tr>
<tr><td>도입
(4분)</td><td colspan="2">▸ 손유희로 주위 집중을 한다.
나는 콩 땡글땡글 콩 냉장고 속에 들어갔더니 아이 추워~ 아이 추워~
나는 콩 땡글땡글 콩 프라이팬 속에 들어갔더니 아이 뜨거워~ 아이 뜨거워~
나는 콩 땡글땡글 콩 유치원 속에 들어왔더니 쉿~

▸ 빵을 먹어 보거나 만들어 본 경험에 대해 이야기해 본다.
– 우리 친구들은 빵을 먹어 본 적이 있나요?

– 맛이 어땠나요?

– 그럼 빵을 직접 만들어 보았거나 만드는 것을 본 사람이 있나요?

– 00이는 빵을 무엇을 가지고 만들었나요?
– 그래요. 밀가루를 가지고 만들었어요. 오늘 선생님은 우리 친구들에게 아주 신기한 재료로 만든 빵의 이야기를 들려주려고 해요.

▸ 책의 표지를 보며 내용을 예측해 본다.
– 우리 친구들 여기 이 책의 제목이 뭐라고 써 있나</td><td>– 네
먹어 봤어요.
– 달콤했어요.
맛있어요
쫀득쫀득했어요.

– tv에서 봤어요.
엄마랑 만들었어요.

– 밀가루요</td><td></td></tr>
</table>

	요? – 그래요. 구름빵이라고 써 있어요. 여기 이 책의 제목이 왜 구름빵일 것 같나요? – 그렇구나~ 그럼 우리 친구들이 생각한 내용이 맞는지 잘 들어 보기로 해요~	– 구름빵 – 구름빵이 나와서 빵이 구름 모양이라서요. 구름이 빵 모양이라서요. – 네~	
전개 (29분)	▸ **동화를 들려준다.** 구름빵 백희나 어느 날 아침, 눈을 떠 보니 창밖에 비가 내리고 있었어요. “일어나 봐, 밖에 비와”, 나는 동생을 데리고 밖으로 나갔어요. 한참 동안 비 오는 하늘을 올려다봤어요. 오늘은 뭐가 재미있는 일이 생길 것 같았지요. “어 이제 뭐지?” 작은 구름이 나뭇가지에 걸려 있었어요. 작은 구름은 너무너무 가벼웠어요. 우리는 구름이 날아가지 않게 조심조심 안고서 엄마에게 갖다 주었어요. 우리 엄마의 직업은 빵을 만드는 것이예요. 그래서 엄마는 구름으로 빵을 만들기로 했습니다. 엄마는 큰 그릇에 구름을 담아 따뜻한 우유와 물을 붓고, 이스트와 소금 설탕을 넣어, 반죽을 하고, 박고 동그랗게 빚은 다음 오븐에 넣었지요. “이제 45분만 기다리면 맛있게 익을 거야. 그럼 아침으로 먹자꾸나.” 그 때였어요. ‘ 이런 늦었군, 늦었어! 비 오는 날은 길이 더 막히는데!” 아빠는 빵이 익을 때까지 기다릴 수가 없었어요. 급하게 가방과 우산을 챙겨 들고 허둥지둥 회사로 뛰어갔지요. “아침을 안 먹으면 배고플 텐데……” 엄마는 아빠를 걱정했어요. 45분이 지나고 부엌 가득 고소한 냄새가 피어올랐어요. 엄마는 살며시 오븐을 열었지요. 맛있게 잘 익은 구름빵들이 두둥실 떠올랐어요. “우와 맛있겠다, 잘 먹겠습니다.” 구름빵을 먹은 우리들도 두둥실 떠올랐어요. “아빠는 무척 배고프실 거야.” 동생이 말했어요. “우리, 아빠한테 빵을 갖다 드리자” 나는 빵 하나를 봉지에 담았어요. 그러고 나서 창문을 열고 동생과 힘껏		구름빵 ppt 자료

<table>
<tr>
<td></td>
<td>날아올랐지요.
"아빠는 어디 계실까? 벌써 회사에 가신 걸까?" "아냐 그럴 리 없어, 차가 이렇게 서 있는 걸" "앗, 아빠다" 동생이 소리쳤어요. 우리는 자동차가 빽빽하게 늘어선 찻길에서 아빠를 찾았어요. 아빠는 콩나물시루 같은 버스를 타고 있었어요. 구름빵을 먹은 아빠도…… 둥실 떠올라 훨훨 날아서 금세 회사에 다다랐어요.
"휴우 다행이다." 우리는 다시 높은 건물 사이를 날아서 전깃줄을 아슬아슬 비켜서, 우리 집 지붕 위에 살짝 내려앉았어요.
비가 그치자 하늘에서 흰 구름이 하나 둘 떠올랐어요.
"있잖아, 나 배고파" 동생이 말했어요. "하늘을 날아다녀서 그럴거야, 우리 구름빵 하나씩 더 먹을까?" 동생과 나는 구름빵을 또 먹었어요. 구름을 바라보며 먹는 구름빵은 정말 맛있었습니다.

▸ 동화의 내용에 대해 이야기를 나눈다.
– 우리 친구들 동화 잘 들었나요?
– 동화에는 누가 나왔나요?

– 동화에서 고양이들이 비 오는 날 무엇을 엄마에게 가져다 주었었죠?

– 엄마는 그 구름으로 무엇을 만드셨나요?
– 구름빵을 먹은 고양이들이 어떻게 되었나요?

– 그런데 고양이 가족이 아침으로 모두 구름빵을 먹었나요? 못 먹은 사람은 없나요?

– 우리 친구들 모두 잘 기억하고 있네요. 아빠는 회사에 늦어서 구름빵을 먹지 못했어요. 그래서 고양이들이 어떻게 했지요?

– 고양이들은 아빠를 어디서 찾았나요?</td>
<td>– 네~
– 고양이요, 엄마요, 아빠이요, 동생이요, 나 고양이 가족

– 구름이요~
가벼운 구름

– 빵이요
– 둥둥 떠 다녔어요.
날아다녔어요.

– 아빠는 못 먹었어요.

– 훨훨 날아서 아빠에게 가져다 주었어요.

– 도로 속에서요
버스 안에서요
– 날아서 회사에 갔어요.
안 늦었어요.

– 높은 건물
전깃줄

– 달콤한 맛
아무 맛도 안나요.

– 엄마요
아빠요
친구요
– 구름모양
하트모양</td>
<td></td>
</tr>
</table>

	- 구름빵을 먹은 아빠는 어떻게 되었나요? - 고양이들이 아빠를 만나고 돌아갈 때 동네에는 어떤 것들이 있었나요? ▸ **구름빵에 대해 이야기해 본다.** - 구름빵은 어떤 맛일 것 같나요? - 만약 우리 친구들이 구름빵을 만든다면 누구에게 주고 싶나요? - 어떤 모양의 구름빵을 만들고 싶나요? ▸ **밀가루 반죽을 탐색하며 어떤 그름빵을 만들 수 있을지 이야기해 본다.** - 그럼 이제 우리가 구름빵을 한번 만들어 보기로 해요. 선생님이 우리 친구들 자리에 구름 반죽을 만들어 놓았어요. 자리에 가서 앉도록 해요. - 구름 반죽의 느낌이 어떤가요? ▸ **유아가 원하는 모양으로 구름빵을 자유롭게 만들어 본다.** - 우리 친구들은 어떤 모양으로 구름빵을 만들고 싶나요? 한번 원하는 모양으로 만들어 보세요~	- 물컹물컹해요. 부드러워요 - 네~(만든다)	색 밀가루 반죽 유아들이 작업하는 동안 교사는 개별적으로 상호작용한다.
평가 및 마무리 (7분)	▸ **활동을 마무리한 후, 모여 앉아 자신의 작품을 소개한다.** - 우리 친구들 모두 완성했나요? - 완성하지 못한 친구는 점심을 먹고 마저 만들기로 해요. 우리 친구들 모두 구름빵 접시를 들고 여기 매트 위에 앉아 주세요~ - 우리 친구들 구름빵을 어떤 모양으로 만들었나요? 친구들 앞에서 소개해 주세요~ ▸ **활동을 하며 느낀 점이나 감정에 대해 이야기한다.** -우리 친구들 구름빵이라는 동화를 듣고, 직접 구름	- 네 아니요 - 저는 엄마에게 줄 달팽이의 모양의 구름빵을 만들었어요. 저는 하트모양으로 만들었어요	

	빵도 만들어 보았어요. 구름빵을 만들어 보니까 어땠어요? – 힘들었던 점은 없나요? – 그럼 어떤 점이 재미있었나요? • 유아들의 대답에 적절한 반응을 하고, 활동을 마무리한다. – 친구들이 모두 즐겁게 활동해 주어서 선생님도 기분이 좋았어요. – 이제 구름빵 만든 것을 피아노 위에 전시하고 손을 씻고 오세요.	– 재미있었어요. – 빵 만들 때 힘이 들었어요. – 동화가 재미있었어요. 구름 반죽이 재미있었어요.	
확장 활동	• 쌓기놀이 영역: 블록을 이용하여 빵 가게를 만들어 본다. • 역할놀이 영역: 자유선택활동 시간에 빵 가게 놀이를 해 볼 수 있다. • 과학영역: 빵을 직접 만들어서 먹어 보는 요리활동을 할 수 있다. • 모래놀이 영역: 모래로 여러 가지 빵을 만들어 본다. • 신체활동: 빵의 다양한 모습을 신체로 표현해 본다. • 현장학습 : 빵 가게를 방문하여 여러 가지 빵을 살펴본다.		
유의 사항	• 유아들이 활동하는 동안 개별적으로 상호작용해 주도록 한다. • 밀가루 반죽으로 장난을 치지 않도록 한다.		

[다중지능이론에 기초한 G유치원의 '프로젝트' 예 ②]

–'아빠' 프로젝트–

–G유치원 백합반–

1. 주제 계획

어버이날을 맞아 부모님에 대해 생각해 볼 기회를 마련하였다. 그런데 우연히 한 아이가 "우리 아빠는 미워요. 매일 늦게 오고…… 하나도 고맙지 않아요."라고 말하는 것이었다. 그 후 다른 유아들도 자신들의 아빠에 대해 이야기를 하기 시작하였다. 유아들은 아빠에 대해 많은 것을 알고 싶어했고 좋아하였다. 하지만 일부는 아빠에 대한 잘못된 인식을 하고 있는 유아도 있었다. 아빠에 대한 고마움과 잘못된 인식을 바로잡아 주고 싶었기에 이번 기회에 '아빠 프로젝트'를 하기로 결정하였다.

2. 탐색 및 표상활동

1) 도입

(1) 이전 경험 표현하기
▷ 아빠에 대한 생각을 언어로 표현한 후 글로 써 본다.
 * 아빠는 매일 늦게 들어오세요.
 * 아빠는 회사에 다니세요.
 * 우리 아빠는 힘이세요.
 * 아빠는 말랐어요.
 * 아빠를 제일 사랑해요.
 * 아빠는 나를 제일 좋아하세요.
 * 아빠는 밤에 텔레비전이나 컴퓨터를 하세요.
 * 아빠는 늦게까지 일을 하세요.
 * 아빠는 일요일에 등산을 가세요.
 * 아빠는 야구를 좋아하세요.

(2) 브레인스토밍과 유목화

▷ 유아들에게 아빠 하면 생각나는 것들을 자유롭게 적도록 유도한다.

▷ 유아들은 외형적으로 드러나는 아빠에 관하여 이야기를 하며 아빠에 대해 깊게 알고 이야기하는 경우는 드물다고 한다. 그러므로 아빠를 좀 더 많이 알고 가까이 다가갈 수 있도록 계기를 만들어야 한다.

* 아빠 하면 생각나는 것들

– 가족, 직장, 물건, 취미, 좋아하는 것, 싫어하는 것……

* 그래프 만들기

– 모든 유아들이 "아빠 하면 생각나는 것들의 "그래프를 만든다.

(3) 주제망 구성하기

▷ 유목화를 바탕으로 아빠에 대한 주제망을 구성한다.

(4) 질문목록 작성하기

▷ 유아들과 대집단으로 모여 아빠에 대해 궁금한 것을 이야기한다.

▷ 대부분의 질문이 아빠에게 직접 질문하여 해결할 수 있다.

▷ 질문목록을 작성한 후 궁금한 것을 집에서 조사해 오기로 한다.

* 아빠는 왜 힘이세요?

* 아빠는 왜 신문을 자주 보세요?

* 아빠는 왜 수염이 있어요?

* 아빠는 왜 키가 커요?

2) 전개

(1) 아빠를 소개해요.

▷ 아빠에 대한 관심을 높이기 위해 아빠를 소개할 수 있는 활동지를 가정으로 보내 작성한 후 발표하는 시간을 갖는다.

▷ 활동지 뿐만 아니라 가족사진을 함께 가지고 온 유아들은 사진을 보여주며 발표를 한다.

① 닮은 곳 찾기

* 모든 유아들이 가족사진을 가져와 발표할 수 있도록 한다.

* 다른 유아들의 가족사진을 보며 아빠와 닮은 곳을 찾아본다.

* 아빠의 웃음소리, 방귀 소리를 흉내내 본다.

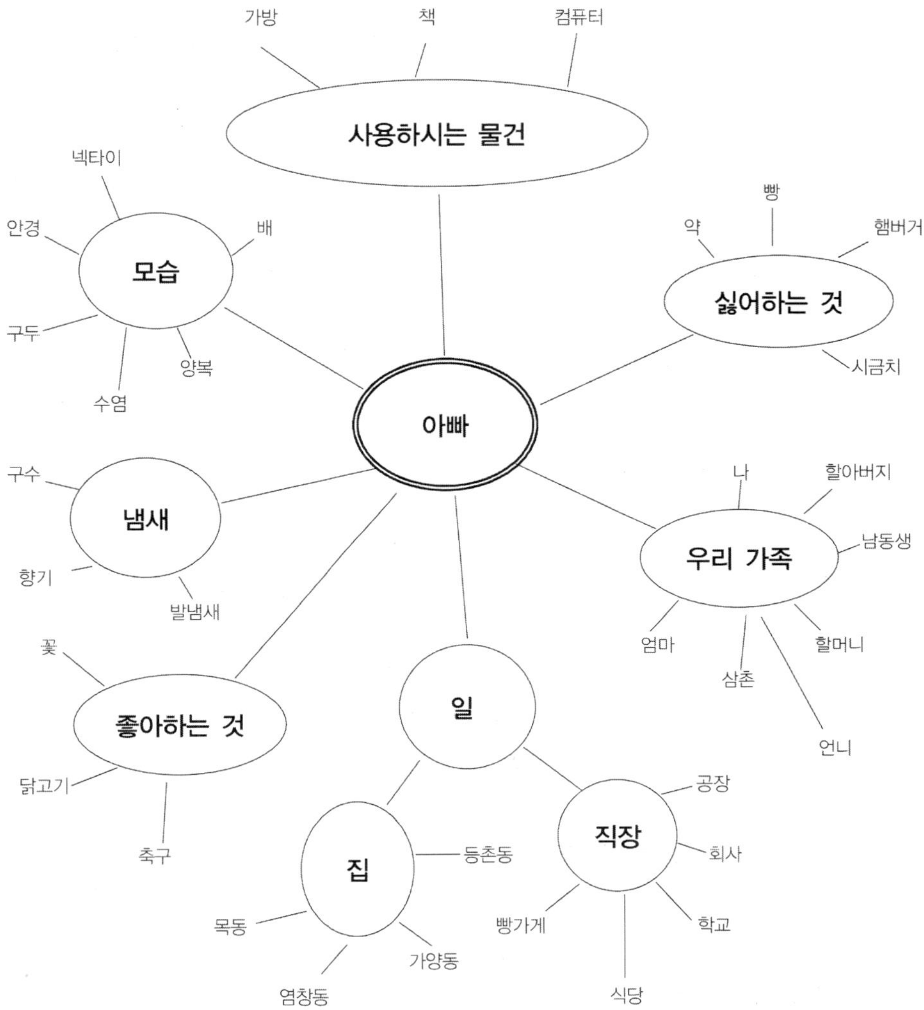

② 액자 만들기

* 활동지는 벽면에 제시하고 사진은 액자를 만들어 예쁘게 꾸민 후 집으로 가지고 간다.

* 우드락을 액자모양으로 만든 후 여러 가지 매체로 액자를 꾸민다.

(2) 표상활동

▷ 좀 더 세밀하게 표현할 수 있도록 검정색 펜으로 그림을 그린다.

▷ 1차 표상을 하고 2차 표상을 하여 한 장의 종이에 붙인다.

① 기쁜 얼굴, 화난 얼굴
* 표상활동을 하면서 유아들은 아빠의 표정에 관해 이야기를 한다.
* 유아들에게 직접 아빠의 표정을 지어보게 한 후 사진을 찍어 준다.
* 아빠의 기쁜 얼굴과 화난 얼굴을 그림으로 표현해 본다.
* 표정 사진을 보며 아빠가 언제 그런 표정을 지으시는지 이야기하고 차후에 아빠에게 직접 물어 본다.

② 이런 말은 좋아요, 이런 말은 싫어요.
* 아빠가 행복할 때 속상할 때를 조사해 발표한다.
* 유아들이 느낀 점을 발표한 후 아빠가 쓰시는 말 중 듣기 좋은 말과 듣기 싫은 말을 적어 본다.
* 아빠 옷을 입고 아빠가 되어 우리가 적은 말을 직접 표현해 본다.

③ 만약 아빠가 계시지 않는다면?
* 아빠의 소중함을 깨닫게 해 주기 위해 아빠가 계시지 않는다면 어떻게 될지 함께 이야기 나누어 보고 그림과 글로 표현해 본다.

(3) 조사 활동

▷ 아빠에게 궁금한 점을 조사지에 적어 집에서 적어 오도록 한다.
▷ 가지고 온 조사지를 친구들 앞에서 발표한 후 게시해 준다.

① 공통점과 차이점
* 아빠와 나 비교
* 아빠와 나를 비교해 보고 벤다이어그램으로 표현해 본다.
* '아빠'하면 생각나는 것, '엄마'하면 생각나는 것, '나'하면 생각나는 것을 적어 본다.
* 엄마와 아빠의 공통점 엄마와 나의 공통점, 나와 아빠의 공통점을 분류해 보고 아빠, 엄마, 나의 공통점들을 적어 벤다이어그램으로 만들어 본다.

② 삼행시 짓기
* 나와 아빠를 비교하면서 아빠와 성이 같음을 알려 준다.
* 아빠의 이름을 정확하게 알고 써 본 후 삼행시를 지어 본다.
* 아빠 넥타이를 접어 아빠 얼굴을 꾸미고 아빠 이름 삼행시를 유아들이 만든 활동과 연결하여 전시할 수 있도록 한다.

(4) 아빠가 가장 많이 하시는 말

▷ 집에서 있었던 아빠와의 경험을 이야기해 본다.

▷ 집에서 아빠가 가장 많이 하시는 말이 무엇인지 알아보도록 한다.
▷ 가정통신문을 통하여 유아들에게 긍정적인 말을 많이 해줄 것을 부탁드린다.
① 아빠와 함께 하고 싶어요.
* 어린이집이나 유치원으로 아빠를 초대하여 아빠와 함께 하는 원 생활을 경험해 본다.
* 아빠와 함께 어떤 일을 하고 싶은지 알아본다.
② 아빠가 좋을 때, 아빠가 싫을 때
* 아빠가 어떤 때 좋은지 알아본다.
* 아빠가 어떤 때 싫은지 알아본다.
* "아빠가 좋아요"라는 동시를 지으며 확장활동을 해 본다.

(5) 아빠와 함께 피자놀이 및 요리책 만들기
▷ 동화 "아빠와 함께 피자놀이"를 감상한 후 직접 동화 속 주인공 피트가 되어 신체표현을 해 본다.
▷ 배경음악을 정한 후 피자토핑에 관하여 이야기 나눈다.
▷ 피자가 되어 유아들이 직접 몸을 움직여 보고 교사는 피자 토핑을 뿌려 본다.
▷ 아빠와 함께 만들 수 있는 요리를 알아본다.
▷ 요리책을 만들어 본다.

3. 마무리

1) 개사 활동
▷ '즐거운 우리 집' 노래에 맞추어 유아들과 함께 개사활동을 한다.
▷ 녹음을 해 두어 아빠가 어린이집이나 유치원에 오셨을 때 들려드린다.

2) 편지쓰기
▷ 아빠에게 감사의 마음을 담아 편지를 쓴다.

3) 아빠와 추억 만들기
▷ "아빠를 초대합니다." 초대장을 만들어 아빠를 어린이집이나 유치원으로 초대한다.
▷ 아빠를 초대하여 아빠 프로젝트에 관하여 설명해 드리고 요리, 과학, 음률 들 여러 활동을 해 본다.
▷ 아빠와의 추억을 사진으로 남기기 위하여 폴라로이드 카메라로 사진을 촬영한다.

그리고 미리 준비해 둔 액자에 사진을 붙여 준다.

▷ 감사장을 미리 만들어 놓고 아빠에게 감사하는 마음을 담아 감사장을 수여하는 시간을 갖는다.

4) 아빠 프로젝트를 마치며

▷ 아빠 프로젝트를 마치며 엄마, 아빠, 나의 역할에 대해 알게 된 것을 그림과 글로 표현해 본다.

10. 자연친화 프로그램

1) 이론적 배경

자연친화 프로그램은 21세기의 새로운 패러다임으로써 전 세계적으로 다양하게 행해지고 있다. 자연의 이치를 깨달아 가는 교육으로써 자연과 인간이 하나됨을 깨달아 가고 깨달아 가는 과정에서 행복을 느낀다. 즉 자연 속에서 자신의 존재를 느끼고 더불어 생명존중 사상을 깨달아 가며 자연의 일부로서 자신을 인식하고 타인을 인식하고 더불어 이웃, 동식물, 자연, 우주 등 모든 생명체가 서로 공생하며 살아가는 과정을 깨닫게 한다. 그 과정에서 즐거움과 마음의 풍요로움을 느낄 수 있다.

전 세계적으로 환경오염과 생태계의 파괴 등 문명의 위기로 인해 환경과 생태계 보호 뿐 아니라 자연의 일부로서 인간을 이해하고자 하는 생각이 많아지고 있다. 자연과 인간이 하나가 되는 교육, 자연의 순리를 역행하지 않는 교육을 통해 인간 본연의 모습을 깨닫고 자연 속에서 즐거움과 행복을 느낄 수 있도록 하였다. 일반적으로 자연친화 프로그램은 독일이나 덴마크에서 행해지고 있는 숲유치원, 생태유아교육 프로그램과 네이처 게임(Nature Game) 등 나라마다 지역마다 다양하게 소개되고 전개되어지고 있다.

자연친화 프로그램은 새로운 패러다임으로써 생태론적 세계관에 바탕을 둔 생명학(Vitol)과 생태학(Ecology)의 결합으로 사상적 근간을 살펴볼 수 있다. 또한 브론펜브레너 등의 영향도 받았다. 학자들마다 용어의 차이는 있지만 자연친화 프로그램 혹은 생태유아교육 프로그램 등으로 혼용해서 사용하기도 한다. 생태주의는 인간과 자연을 하나로 보는 관점으로 환경오염의 심각성을 계기로 전 세계적으로 알려지게 되었다. 생태학자인 알도 레오폴드(Aldo Leopld)에 의하면 심각한 환경문제를 조금이나마 해결하기 위해서는 먼저 땅의 가치를 인식하고 땅을 사랑하는 마음이 있어야 한다고 주장한다. 결국 땅의 소중함과 아끼는 마음은 동·식물 등 모든 자연의 사랑함과 소중함으로 이어지는 것이라고 강조한다(Peter, Kahn & Stephen, Kellert, 2002).

생태주의는 1980년대부터 생태주의의 상징인 녹색, 초록을 사용하여 녹색주의, 녹색문화라고도 한다. 일반적으로 생태주의란 자연 속에서 생태적 각성을 느끼고 물질적 풍요보다는 질적인 풍요로움, 영성적 풍요를 추구하고 자연의 질서를 따르고 지구촌 모든 생명들과의 상호 유기적 관계를 맺는 삶, 인간과 자연의 합일, 바로 공생적 삶을 통해 생명의 소중함과 더불어 자연의 소중함을 느끼는 것을 말한다(Taylor, 1986).

이런 공생적 삶을 가장 많이 보여주는 대표적인 장소는 '숲'이라고 한다. 숲은 우리 인간들에게 삶의 장소이자 교육의 장소이다. 또한 모든 생명체가 자연의 순리를 따라며 상호 유기적으로 살아가는 공간인 것이다. 숲 속에서의 삶을 조용히 재조명하고 음미하여 보면 인간의 정신, 육체, 그리고 자연이 하나가 됨을 깨닫게 되고 자연주의 삶이 상실된 자아를 회복하고 환경오염의 근본 해결책까지 제시해 줌을 깨닫게 해 준다. 더불어 생명존중 사상과 함께 함께 공존하면서 느끼는 행복감과 즐거움을 맛보게 한다(Richard, 2005).

2) 교육목적

생명의 원천인 자연에서 느끼는 생명존중 사상과 또래와 자연간의 정서적 공감,

그리고 호기심 있게 자연을 탐구하고 그 과정에서 스스로 깨달아 가면서 즐거움과 마음의 풍요로움을 느끼는 것이 교육의 근본적 목적이라 볼 수 있다. 자연친화 프로그램을 통해 유아는 인성이 발달되고 풍부한 감정이 발달되고 탐구하는 과정에서 인지가 발달된다(Rule & Atkinson, 1994). 더불어 또래들과 숲 속을 마음껏 뛰어놀면서 느끼는 정서와 사회성 발달 그리고 언어발달 등 통합적 발달을 이룰 수 있다. 결국 자연친화 프로그램의 교육목적은 지 · 덕 · 체의 조화로운 전인적 인간을 육성하고자 한다.

3) 교육내용

교육내용은 인간과 자연의 하나됨을 유아 스스로 인식하고 깨달아 가는 과정을 느끼게 하기 위해서 주로 자연, 숲에서 이루어진다. 주로 유아는 숲 속에서 마음껏 뛰어놀면서 오감각을 활용하여 갖가지 다양한 체험을 한다. 자연활동 체험을 통해 유아는 자신이 자연의 일부가 된다는 것을 인식하고 더불어 생명의 신비로움과 소중함, 환경보존의 책임감, 자연과 인간의 공생관계, 더불어 살아가는 진리와 지혜를 터득하게 된다(Rule & Atkinson, 1994).

생명의 가치를 존중하고 실현할 수 있는 교육내용, 몸과 마음과 영혼을 조화롭게 하는 교육내용, 자연 속에서 느끼는 풍부한 감성 교육내용, 더불어 살아가는 공동체 의식 교육내용, 자연의 지혜가 담긴 교육내용 등이 주를 이루고 있다. 구체적인 교육내용을 살펴보면 동식물 관찰하고 길러 보기, 텃밭 가꾸기, 산책하기, 곤충 관찰하고 기르기, 자연과 이야기 나누기, 자연 속에서 명상하기, 야외놀이, 자연을 닮은 동작하기 등이다(Kahn, 1999).

4) 교수-학습 방법

자연친화 프로그램의 교수-학습 방법의 특징은 다음과 같다(Peter, Kahn & Stephen, Kellert, 2002).

① 자연에 따르는 교수 방법, 자연을 통한 교육을 강조한다.

② 생명의 원리를 이해하고 생명존중 사상을 강조한다.

③ 몸과 마음과 영혼이 균형과 조화를 이룰 수 있도록 한다.

④ 자연과 인간이 합일될 수 있도록 한다.

⑤ 자연과 인간, 인간과 인간 등 관계하는 모든 것과의 유기적 상호협조를 강조한다.

⑥ 더불어 살아가는 공동체 의식을 기를 수 있는 방법을 알고 그 속에서 행복을 느낄 수 있도록 교육한다.

⑦ 유아 스스로 학습의 주체가 되어 자연을 탐색하고 깨달아 갈 수 있는 스스로 학습을 강조한다.

⑧ 자연체험 놀이 활동을 강조하며 교재 · 교구는 자연물로 한다.

⑨ 자연활동을 통해 자연의 질서, 규칙, 순환, 관계형성 등에 대한 진리를 스스로 터득해 나갈 수 있기를 강조한다.

⑩ 감각적 활동, 오감의 체험을 강조한다.

5) 환경

자연친화 프로그램의 환경은 말 그대로 자연 그대로이다. 인공적인 물리적 환경이 아니라 공기, 바람, 물, 나무, 꽃, 새, 동물 등 자연 그대로의 모습이 바로 자연친화 프로그램의 환경인 것이다. 자연 속에서 충분히 뛰어놀고 마음껏 호기심을 충족시키는 과정에서 유아는 자연스럽게 자연의 이치를 깨닫게 되고 생명을 존중하는 마음도 생기고 더불어 살아가는 공생관계의 의미도 깨닫게 된다. 이를 통해 유아는 자연이 주는 신비로움을 체험하게 되며 감성이 풍요로운 유아가 된다. 이는 올바른 인성형성에 도움이 된다.

자연친화 프로그램의 환경을 정리하면 다음과 같다(Taylor, 1986).

① 자연 속에서 유아들이 마음껏 놀 수 있도록 자연적 풍요로운 환경을 준다.

② 자연의 원리(생명탄생, 자연의 순리, 서로 돕는 공생관계 등)를 유아 스스로 깨달을 수 있도록 자유로운 환경, 자연을 통한 교육이 이루어질 수 있도록 한다.

③ 기다리고 여유 있는 심리적 환경을 강조한다.

자연주의 교육은 급히 서두르거나 인공적으로 어떤 결과를 얻으려고 하는 것이 아니라 시간이 흐르면 꽃이 피고 잎이 나듯, 그렇게 순리주의, 기다리는 교육이다. 기다리는 과정에서 유아는 마음의 여유가 생기고 정서적 안정도 느끼게 된다.

④ 자연을 친구 삼아 마음껏 놀이를 할 수 있는 개방적 환경을 마련한다.

유아들이 숲 속에서 즐겁게 놀다 보면 자신과 더불어 타인의 중요성도 깨닫게 되고 협동, 배려, 양보 등 사회성도 발달되며 탐구하는 과정에 인지도 발달된다.

6) 교사의 역할

자연친화 프로그램에서의 교사는 자연이라는 대우주의 신비, 대자연의 신비로움을 인식하고 자연의 흐름과 순리에 따르도록 한다. 자연이 주는 생명의 소중함, 대자연의 질서와 규칙, 서로 도와가며 공생해 가는 관계, 자연이 주는 삶의 지혜와 철학을 누구보다 먼저 깨닫고 있어야 한다.

자연친화 프로그램에서의 교사의 역할은 다음과 같다(Calderhead. 1989; Richard, 2005).

① 자연을 사랑하고 소중하게 생각하는 마음부터 갖도록 한다.

② 교사는 유아의 협력자로서의 역할을 해야 한다.

③ 유아가 자연체험 활동을 안전하게 할 수 있도록 관리, 감독해 주는 역할을 해야 한다.

④ 유아의 친구로서, 혹은 안내자로서의 역할을 해야 한다.

⑤ 유아와 상호 협조적 관계를 가져야 하고 수평적 관계를 유지한다.

⑥ 교사는 유아의 정신적 동반자로서의 역할을 수행해야 한다.

⑦ 교사는 예술가로서의 역할도 수행해야 한다. 자연이 주는 감흥과 감동을 동작으로 표현하고 언어로 표현하고 노래, 조형물로도 표현할 수 있어야 한다.

⑧ 교사는 절대 서둘러서는 안 되며 조용히 유아의 활동을 지켜볼 줄 알아야 하고 기다릴 줄 아는 여유와 인내를 가지고 있어야 한다.

⑨ 교사는 대자연이라는 위대한 스승을 항상 염두에 두고 있어야 하며, 자연이 주는 삶의 진리와 지혜를 유아들에게 안내할 수 있어야 한다.

⑩ 자연활동을 끝낸 후에는 반드시 평가를 통해 무엇을 깨닫고 터득했는지 생각해 보는 시간을 갖도록 한다.

⑪ 교사는 유아와 함께 자연활동을 하여 땀의 소중함을 알고 모든 것을 실천하고 체험할 수 있도록 한다.

⑫ 교사는 마음의 여유가 있어야 하고, 감정이 풍부해야 하며, 행복하고 즐거운 삶의 철학을 가지고 있어야 한다.

다음은 자연친화 프로그램을 하고 있는 K어린이집의 하루일과이다. 융통성 있게 시간 및 활동내용을 전개할 수 있음을 이해하고 참고하기 바란다.

[자연친화 프로그램을 하고 있는 K어린이집의 하루일과- '열매채소']

시 간	교 육 내 용
08:30 ~ 10:00	○ 등원, 계획하기 및 흥미영역 선택활동 -유아는 활동 전에 자신의 계획에 대해 교사와 이야기한다. -유아 스스로 선택하고 계획한 활동을 시작한다.
10:00 ~ 10:20	○ 정리 정돈 및 음률활동 -정리 정돈 후 '채소'에 대한 노래하기 -노랫말에 맞추어 창의적인 동작으로 표현해 본다.
10:20 ~ 11:30	○ 텃밭 활동 및 수확하기 -텃밭에 나가서 오이, 호박, 가지가 얼마나 자랐는지 관찰하고 직접 물도 주면서 자유롭게 활동한다. -오이, 호박 등 여러 가지 열매채소를 수확한다.
11:30 ~ 12:00	○ 회상 및 이야기 나누기 -텃밭활동에 대해 자신의 생각과 느낌에 대해 이야기 나눈다. -자신이 직접 기른 채소에 대해 관찰한 것을 친구들과 교사에게 이야기해 준다.
12:10 ~ 1:00	○ 점심준비 및 식사하기 -손씻고 감사하며 맛있게 식사한다.
1:10 ~ 2:10	○ 미술활동(소집단 활동) -오이, 호박, 가지 등 유아가 수확한 채소에 대한 표상활동을 한다. -그림으로 표현하거나 직접 만들어 본다.
2:10 ~ 3:30	○ 조용히 책 보기 및 낮잠 자기 -자신이 좋아하는 책을 보거나 낮잠을 잔다.
3:30 ~ 4:10	○ 산책하기 -바깥에서 자연의 공기를 맛보며 산책한다.
4:10 ~ 5:00	○ 요리하기 및 간식 먹기(야채, 과일 샐러드 만들어 먹기) -오전에 텃밭에서 수확한 오이, 과일 등을 먹기 좋게 썬 후, 큰 그릇에 넣고 마요네즈로 버무린다.
5:10 ~ 6:00	○ 정리 정돈 및 자유놀이
6:00 ~	○ 하루일과 평가 및 귀가 -하루에 있었던 일을 회상하며 어떠하였는지 평가한다. 그리고 귀가한다.

건강생활

〈실외활동〉
–야외농장 마당에서 신나는 자유놀이 하기
〈게임〉
–누가 토마토를 먹었을까?
〈신체활동〉
–방울토마토가 되어 춤을!

사회생활

〈역할놀이〉
–내가 만약 토마토라면?
–우리는 토마토 가족!
〈기본생활습관〉
–더불어 생활하는 습관 갖자.
–협동하고 배려하자.

텃밭활동

–흙 관찰 및 텃밭 고르기와 거름 주기
–모종심기 및 흙으로 덮어 주고 물주기
–지주 세우기, 곁눈 따기, 순지르기, 수확하기

방울토마토

표현생활

〈노래〉
–멋쟁이 토마토(김영광 곡)
–나는 채소야!
–내가 방울토마토라면?
〈그리기〉
–토마토의 성장일기
–텃밭활동에 대해 인상 깊은 것 그리기
〈만들기〉
–토마토를 이용하여 작품 만들기(자유)
〈음률〉
–토마토가 되어 동작표현하기
–'나는 귀여운 방울토마토' 손유희하기

탐구생활

〈수〉
–내가 딴 토마토는 몇 개?
–토마토 꽃잎 세기
–방울토마토 옮기기 게임
〈과학〉
–토마토 관찰하기
(토마토 씨, 잎, 꽃, 색, 맛, 피부에 닿는 느낌, 단면 관찰)
–토마토 모종부터 토마토가 열려 수확할 때까지 관찰일기 쓰기(토마토 성장과정)
–토마토 요리하기
(토마토 주스, 토마토 야채 샐러드, 토마토 피클 만들기)

언어생활

〈이야기 나누기〉
–토마토에 호기심, 관심 갖기
–토마토를 먹어 본 경험, 길러 본 경험에 대해 이야기 나누기
–토마토를 많이 먹으면 우리 몸이 어떻게 될까? 토마토의 영양성분, 효능에 대해 이야기 나누기
〈동시 및 동화〉
–'토마토'에 대한 동시짓기
–동화 '난 토마토 절대 안 먹어'(로렌차일드, 저)
–동극 '토마토 가족여행'

생활영역별 활동 예상안

11. 반편견 · 다문화 프로그램

1) 이론적 배경

현대는 글로벌 시대이며 다문화시대이다. 따라서 국경을 초월하고 인종을 초월하고 성을 초월하고 문화와 환경을 초월하여 서로 다름을 인식하고 다름 속에서 서로의 공통점을 찾아가며 함께 더불어 살아가는 공존의 세계이다. 서로 다름에 대한 다양성을 존중하고 상호존중을 하며 잘못된 인식과 선입견으로부터 적절하게 대응할 수 있는 능력을 기르는 것이 필요하다. 이런 기본적 취지에서 개발된 것이 바로 반편견 교육과정(anti-bias curriculum)이며 유아교육 현장에서는 주로 반편견 프로그램, 다문화주의 프로그램으로 불리어지고 있다(Parkay & Stanford, 1998).

반편견 프로그램은 유아의 긍정적 자아정체감을 길러 주는 것과 함께 편견에 대응하는 능력을 길러 주는 교육이라고 말할 수 있다. 즉 인종, 환경, 장애, 문화, 차별행동 등 우리 사회에 내재해 있는 편견에 대한 문제점에 직면하여 함께 고민하고 생각하면서 편견과 고정관념에 대응하고 탈피하는 능력을 길러 주는 교육이다. 이는 데만과 스파크(Derman & Sparks)에 의해 개발된 것으로 인종, 국경, 성, 나이, 피부색, 종교, 연령, 문화 등 모든 것에 대한 편견을 없애고 고정관념을 탈피하여 긍정적인 사고와 태도를 기르고 더불어 타인과 함께 살아가는 올바른 정신과 태도를 기르도록 하는 것이다. 그리고 모든 것을 편견 없이 받아들이는 긍정적이고 수용적 자세와 태도를 기르고 직면한 불평등 문제를 창의적으로 해결할 수 있는 문제해결 능력을 기를 것을 강조하고 있다. 반편견 교육은 Banks와 Banks(1993), York(1991), Ramsey(1987), Bisson(1992)과 같은 학자들에 의해서도 활발하게 연구되어지고 있다(Wardle, 2003).

반편견 프로그램은 1989년 처음으로 문서화되었으며 성별, 사회적 계급, 종교, 성적 지향, 장애 등과 같은 정체감의 다른 측면들도 유아의 자아정체감과 타인에 대한 배려, 존중감 발달에 중요한 역할을 한다고 보았다. 반편견의 프로그램은 구성주의 교육철학에 기초를 두고 있다(Whaley, 2005).

모든 유아는 각각 특유의 고유성, 개성과 다양성을 동시에 갖고 있음을 인정하고 이러한 것은 국경, 인종, 장애유무, 성, 종교 등의 차원을 벗어나 모든 유아에게 적용될 수 있음을 인정한다. 이제 세계는 모든 문화와 인종을 초월하여 하나의 문화, 하나의 공동체로 형성해 나가고 있다. 즉 각각의 고유성을 인정하면서 개별성, 다양성을 인정해야 한다. 결국 반편견 교육과정, 반편견 프로그램은 다문화주의의 다문화 교육이라고 이해할 수 있다. 다문화주의 교육은 교수-학습 활동, 교육과정, 교육평가 그 밖의 유아의 모든 활동을 포함하는 포괄적 의미를 갖는 관점이다(Grant & Gomez, 1996).

다문화주의를 인정하고 존중하고 편견을 없애기 위해서는 다문화주의가 유아교육기관의 교육과정에 일부가 되어 유아들이 다양한 문화와 환경을 인식하고 서로 다른 것에 대한 가치를 존중하고 타인과 더불어 협동하고 편견으로 인한 갈등상황이 되었을 때 문제를 해결할 수 있고, 갈등 상황에 대처할 수 있는 능력을 기를 수 있도록 하는 것이 중요하다고 강조한다(Grant & Gomez, 1996; Morrison, 1997).

반편견 프로그램에 대한 생각을 정리하면 다음과 같다(Derman-Sparks & The ABC Task Force, 1989).

첫째, 유아들이 받고 있는 억압에 직면하여 함께 사고하고 표현하여 지적, 정서적 능력을 길러 준다.

둘째, 유아들에게 편견에 대응하는 능력을 길러 준다.

셋째, 유아들에게 서로 다름과 차이점에 대해 인식하고 고정관념, 차별적 행동에 대해 대응하는 기술을 학습하게 한다.

넷째, 교육내용은 일상생활과 연관하여 편견 없는 활동을 연간 교육과정과 연계하여 실천에 옮기는 것을 의미한다.

2) 교육목적

반편견 프로그램에서의 교육목적은 인간 뿐 아니라 모든 것을 편견 없이 수용할 수 있는 자세와 자아에 대한 긍정적 태도를 기르고 타인을 존중하고 편견에 대응하는 능력을 가진 전인적 인간을 육성하는 것이다.

구체적인 교육목표를 정리하면 다음과 같다(Hohensee & Derman-Sparks, 1992; Roopnarine & Johnson 2000).

① 다양성을 수용하는 올바른 생각과 태도를 갖는다.
② 자신에 대한 긍정적 자아정체감을 형성하고 타인을 바르게 이해하는 마음을 갖는다.
③ 갈등과 문제 상황에서 창의적으로 문제를 해결할 수 있도록 한다.
④ 다름과 같음을 바르게 이해하며 편견을 갖지 않도록 한다.
⑤ 편견에 대응하는 비판적 사고와 대처능력을 기른다.
⑥ 조망수용 능력과 타인과 감정이입할 수 있는 능력을 기른다.

3) 교육내용

반편견 프로그램은 일반적인 교육과정과 함께 일상생활 전반에 걸쳐 이루어지는 잠재적 교육과정을 통해서도 이루어진다. 잠재적 교육과정은 형식적 교육과정에서 의도하거나 계획하지 않았어도, 교육학습과정이나 교실 내의 환경, 또래들끼리 배우는 가치, 태도, 행동양식과 같은 경험된 교육과정이다. 또래들끼리 상호작용하면서 느끼는 차별과 불평등에 대한 억압과 불안, 두려움을 없애고 편견에 맞서 올바르게 대응할 수 있도록 하는 것이 중요하다.

반편견 프로그램에서는 일반 프로그램에서처럼 주제중심으로 이루어지며 유아의 흥미와 개성 그리고 욕구를 잘 반영하여 주제를 선정한다. 일반적인 주제는 나에 대한 긍정적 생각과 타인을 이해하고 존중하는 마음, 더불어 살아가는 공동체 의식, 다양성을 존중하고 편견에 대처하는 능력 등을 담을 수 있는 것이어야 한다. 특히 편견은 영아기부터 생기는 것이기 때문에 영아기부터 편견을 없애고 편견에 대응할 수 있는 힘을 기르는 것이 바람직하다고 한다. 예를 들면 2세경에는 성, 인종에 대한 차이점을 인식하고 3, 4세가 되면 가족, 문화에 대한 차이를 인식한다고 한다. 즉 유아기에는 성 역할 고정관념, 인종적 편견, 장애에 대한 두려움, 환경과 문화의 차이에 대한 편견, 외모 및 능력에 대한 편견이 형성될 수 있다.

반편견 프로그램에서 일반적으로 다룰 수 있는 교육내용을 제시하면 다음과 같다(Hall & Rhomberg, 1995).

① 능력
② 연령
③ 외모
④ 신념
⑤ 사회계층
⑥ 문화
⑦ 가족 구성
⑧ 성
⑨ 인종
⑩ 성적 선호

또한 반편견 프로그램 유치원에서 실시하고 있는 주제들은 다음과 같다. 주제는 얼마든지 융통성 있게 변화되어질 수 있으며 자유롭게 선정한다. 가장 중요한 것은 이런 주제를 통해 유아는 자신에 대한 바른 가치관을 형성하고 타인을 있는 그대로 존중하고 성, 인종, 장애, 능력, 문화 등의 차별과 편견을 없애고 다양성을 존중하는 사고와 태도를 갖는 것이 중요하다(Sparks & Force, 1989).

① 미국 원주민과 이민자(개척자)
② 특별한 나와 다른 친구들
③ 서로 협력하고 친해지기
④ 동물과 식물
⑤ 기계와 도구
⑥ 여러 가지 다양한 직업
⑦ 지구와 우주, 세계 여러 나라와 세계의 친구들
⑧ 다양한 인종과 성
⑨ 다름과 같음, 공존의 의미
⑩ 일반아와 장애아
⑪ 계절과 환경
⑫ 다양한 전통과 풍습

4) 교수-학습 방법

반편견 프로그램은 통합교육을 통해 교육목적을 이룰 수 있다고 한다. 통합교육(inclusion)은 유아교육 현장에서 어떤 유아도 소외되지 않고 모든 활동에 적극적으로 참여하고 집단의 구성원으로서 인정받고 스스로 소속감을 느낄 수 있도록 하는 방법이다(Hall & Rhomberg, 1995). 편견을 가지게 되면 무의식적으로 혹은 의식적으로 소외시키고 고립시키려는 마음이 강하다. 따라서 가장 중요한 것은 어느 누구하나 소외되지 않도록 하는 것이 중요하다. 따라서 각자 다른 개성을 인정하고 서로의 차이를 존중해 주는 분위기가 필요하다. 그리고 모든 것을 편견 없이 그대로 수용하고자 하는 열린 마음, 개방적 분위기가 형성되어야 반편견 프로그램이 제대로 이루어질 수 있다.

반편견 프로그램에서의 특히 강조하는 교수-학습 방법은 다음과 같이 정리할 수 있다(Hohensee & Derman-Sparks, 1992).

(1) 비판적 사고

편견은 유아가 성장하고 발달하는데 있어 장애요인이 된다. 다양한 인간, 환경, 문화, 능력 등에 대한 잘못된 생각과 부정적인 인식은 유아의 정체감을 혼란스럽게 하고 건전한 발달을 이룰 수 없게 만든다. 따라서 편견을 없애고 고정관념을 탈피할 수 있는 적극적이고 비판적인 사고를 할 수 있도록 해야 한다.

(2) 토의하기

토의를 통해 유아는 편견 없이 무조건 수용하고 다양성의 가치를 인정하는 것을 배울 수 있다. 토의를 통해 유아는 자신의 편협한 사고에서 벗어날 수 있고 타인의 의견이나 가치관, 생활양식 등에 있어 다양하게 수용할 수 있는 열린 마음이 생기게 되고 평등함을 인식하게 된다. 결국 토의하기는 편견에 대한 유아들의 사고를 확장시키고 새롭게 변화시킬 수 있는 중요한 수단이 된다.

(3) 사연 있는 인형(persona doll)을 통해 감정이입 학습

사연 있는 인형은 피부색이 다른 인형, 장애를 가진 인형, 서로 다른 환경에 있는 인형, 서로 다른 직업을 표현할 수 있는 인형 등을 말한다. 유아들은 사연 있는 인형을 통해 역할놀이도 하고 이야기도 구성해 간다. 그런 과정을 통해 유아는 상대방의 감정을 이해하게 되고 더불어 자신과 타인의 다름을 인정하고 가치를 존중하게 된다. 이를 통해 유아는 서로의 차이를 인정하고 존중하며 수용하는 마음과 올바른 태도를 갖게 된다. 따라서 긍정적 자아감을 형성할 수 있으며 타인의 감정을 이해하고 통찰할 수 있는 조망수용 능력도 발달하게 된다.

(4) 문학적 접근

문학작품은 국경과 인종을 초월하고 과거, 현재, 미래 등 시간도 초월하며 공간도 초월한다. 또한 다양한 문화, 환경을 가진 인물들이 등장하고 장애를 가진 유아가 등장하여 이야기를 이끌어 가기도 한다. 즉 나와 다른 환경, 삶의 배경을 가진 다양한 인간들이 나온다. 따라서 문학작품을 통한 활동은 유아가 쉽게 책 속의 등장인물에 감정이입되고 동화되어 그들의 감정을 이해하고 그들의 상황을 인식할 수 있게 된다. 또한 갈등상황이 일어났을 때 바르게 대처할 수 있는 방법을 묵시적으로 제시해 주기도 하고 문제해결할 수 있는 올바른 방법도 제시해 준다. 따라서 문학적 접근은 타인의 감정을 이해하고 나와 다른 상황과 환경을 이해하고 편견과 선입견에서 탈피할 수 있는 적극적인 방법을 알려주기도 한다. 더불어 비판적 사고능력도 향상시켜 준다.

(5) 협동학습

협동학습을 통해 유아는 나와 다른 성, 연령, 능력, 인종, 장애정도 등의 차이를 인식하고 다양한 사람들과 다양한 사고, 다양한 배경, 다양한 환경, 다양한 정도의 차이를 인정하고 존중한다. 따라서 협동은 나와 다른 사람들이 서로 함께 더불어 살아갈 때 더욱더 즐겁고 행복하다는 인식을 해 준다.

5) 환경

교실환경이나 교재 · 교구 등 물리적 환경 혹은 교사 등 심리적 환경은 의도하지 않았지만 유아가 자기도 모르는 사이에 환경에 대한 편견이나 고정관념에 휩싸일 수 있다. 따라서 환경은 유아들이 편견을 갖지 않도록, 즉 반편견적 태도를 가질 수 있도록 환경의 자유로움, 다양성, 각각의 특성을 인정할 수 있는 환경을 구성해야 한다.

반편견 프로그램에서 강조하는 환경은 다음과 같다(Hall & Rhomberg, 1995).

① 다양한 교재 · 교구를 마련한다.

예를 들면 다양한 가족인형, 사연 있는 인형, 시간과 공간을 초월하는 교재 · 교구, 다양한 피부색을 가진 민족인형과 자료, 다양한 문화와 지리적 환경이 다른 교육자료 등을 구비해 놓는다.

② 수용적 분위기와 개방적 분위기를 창출한다.

서로 다른 차이에 대한 인정과 존중을 할 수 있는 수용적 분위기가 되어야 유아는 잠재적으로 인간과 사물에 대한 편견을 버릴 수 있다.

③ 다양한 문학작품을 구비해 놓는다.

세계 여러 나라의 문학작품 등을 준비하고 활동지를 준비해 둔다.

④ 편견을 없앨 수 있는 다양한 사진, 그림, 조형물 등을 준비한다.

⑤ 유아들이 다양한 활동을 할 수 있도록 풍부한 자료를 구비해 둔다.

6) 교사의 역할

교사는 편견적 상황이 발생할 때마다 즉각적으로 개입하여 유아들로 하여금 문제해결을 할 수 있도록 돕고 편견에 대처하는 능력을 길러 줄 수 있도록 한다. 의도하지 않은 요인이 유아에게 영향을 미치기 때문에 교사의 민감성이 중요하며, 반편견에 대한 내용을 일과계획, 환경 구성에 통합하여 운영하도록 한다.

반편견 프로그램에서 교사의 역할을 정리하면 다음과 같다(Hall & Rhomberg, 1995; Morrison, 1997).

① 편견 상황이 발생하여 갈등을 할 때 교사는 즉각적으로 개입을 하여 유아가 문제를 해결할 수 있도록 돕는다.

② 교사는 유아의 반응에 민감하게 대처한다.

③ 반편견 주제에 대한 내용은 하루일과 운영 및 환경구성과 통합한다.

④ 반편견 교육은 특정한 기간에 한정해서 다루어지는 것이 아니라 일년 내내 일상생활과 교과과정에 통합되어 이루어지도록 한다.

⑤ 연령별 발달 수준에 알맞은 반편견 교육이 이루어지도록 한다.

예를 들면 2세경부터 성, 인종의 차이점을 인식하고 3, 4세경이 되면 자신이 속한 가족, 문화 등 문화적 정체성을 인식하며, 4~5세는 외모, 사회계층, 능력(장애)에 대한 차이를 인식한다.

⑥ 교사들은 유아들의 바람직한 모델이 되어야 한다.

교사 자신이 먼저 편견을 가지지 않도록 해야 한다. 즉 다른 사람의 차이점 인정하기, 고정관념 탈피하기, 유아들의 개성 인정하고 존중하기, 타인의 입장 이해하기 등의 바른 모델이 되어야 한다.

⑦ 교사는 편견을 없애는 다양한 교육환경을 제공해야 한다.

⑧ 교사는 다양한 조망수용 능력이 필요하다.

⑨ 교사는 열린 사고를 가지고 부모와 유아를 맞이하여야 한다.

다음은 반편견 프로그램을 하고 있는 P유치원의 하루일과이다. 모든 활동은 다양성을 수용하고 서로 다름의 차이를 인정하고 존중하는 것을 기본 전제로 하고 있다. 시간과 활동은 얼마든지 융통성 있도록 조정 가능하다.

[반편견 프로그램을 하고 있는 P유치원의 하루일과]

주 제	우주	목 표	우주에 대한 호기심과 관심을 갖는다. 우주와 지구의 환경이 다르다는 것을 인식하며 서로 다름의 가치를 이해하고 존중한다.

활동명	활 동 내 용	평 가
등원 및 자유선택 8:10 ~ 9:30	- 유아와 반갑게 인사를 나눈 뒤 건강상태와 기분을 살펴본다. - 가방과 옷, 수첩을 정리 정돈을 할 수 있도록 돕고 부모님과의 정보교류를 나눈다. ★ 유아가 자유선택 활동을 계획하고, 활동영역을 고르게 선택할 수 있도록 돕는다. ▷ 역할놀이 : 우주인 * 목 표 : 여러 가지 물품으로 우주인이 착용하는 우주복과 산소통을 만들어 우주놀이를 할 수 있도록 유도하며 서로 다른 우주복, 다양한 우주인의 모습을 인정하고 존중한다. * 준 비 물 : PET병, 가위, 색테이프, 백업, 은박 보호 호스, 투명 셀로판테이프 * 활동방법 : * PET병을 모은다. * 2개는 바르게 세워 투명 테이프로 연결하여 붙인다. * 하나는 윗부분만 남기고 자른다. * 잘라진 부분은 날카롭지 않도록 투명 테이프로 둘러 붙인다. * 붙인 PET병 위에 백업을 끼운다. * 백업은 1m쯤 남겨 두고 하나로 붙인다. * 붙인 PET병 위에 은박 보온 호스로 어깨에 멜 수 있는 끈을 만든다. * 정리한 후, 원하는 그림을 그리거나 색테이프로 모양을 넣을 수 있다. * 완성된 작품은 역할놀이 영역에 전시하고 유아들이 자유롭게 놀이할 수 있도록 제공한다. ▷ 쌓기영역 : 나무블록 * 목 표 : 나무블록을 만지고 보면서 탐색할 수 있으며 자유롭게 별 모양을 표현해 본다. * 준 비 물 : 나무블록, 별모양 그림판 * 활동방법 : * 나무블록을 만져 보고 나무블록의 모양을 살펴본다. * 별모양 그림판을 살펴본 후 나무블록으로 별모양을 꾸며 본다. * 유아가 생각했던 별 모양을 나무블록을 이용해 꾸며 본다. * 유의사항 : 유아가 스스로 자유롭게 놀이할 수 있도록 유도한다. ▷ 미술영역 : 사포 그림 그리기 * 목 표 : 재질의 느낌을 이야기하며 다양하게 표현해 볼 수 있다. * 준 비 물 : 크레파스, 흰 도화지, 사포, 가위, 풀 * 활동방법 : * 교사가 미리 준비해 놓은 동그라미 모양의 사포 위에 우주를 자유롭게 그린다. 이때 그림을 그리거나 우주선을 접어 붙일 수도 있다. * 흰 도화지에 사포 위에 그린 그림을 붙인다. * 사포 테두리를 따라 지구 위에 있는 것들을 자유롭게 그린다. * 그림을 따라 가위로 오린 후 벽이나 게시판에 붙여 전시하도록 해 준다. ★ 정리 정돈 : 가지고 놀았던 각각의 놀잇감을 제자리에 바르게 정리한다. 정리를 한 유아는 손을 깨끗이 씻고 책상 자리에 바르게 앉는다.	
오전간식 및 화장실 9:30~9:50	▷ 오전간식 : 우유 * 간식을 먹는 유아는 제자리에 바르게 앉아서 먹는다. * 우유가 흐르지 않도록 두 손으로 컵을 들고 마신다. * 자신이 먹은 컵은 쟁반에 바르게 정리한다.	

<table>
<tr><td></td><td>▷ 화장실 다녀오기 : 손씻기 대·소변 보기
* 화장실에 오고 갈 때는 뛰지 않고 천천히 걸어서 다닌다.
* 대·소변을 볼 때 바지를 끝까지 잘 내렸는지 확인한다.
* 속옷부터 천천히 바르게 입는다.
* 대·소변을 본 뒤에는 반듯이 손을 씻는다.
* 손을 씻은 후 수도꼭지를 확인한다.
* 신발을 가지런히 정리한다.</td><td></td></tr>
<tr><td>신체활동
9:50 ~
10:20</td><td><table><tr><td>제 목</td><td>우주인</td></tr><tr><td>활동목표</td><td>우주에서 걷는 걸음을 상상해서 다양하게 표현한다.</td></tr></table>* 활동방법 : ① 유아들에게 우주에 관한 사진이나 동영상 자료를 보여 준다.
② 우주인이 움직이는 모습에 대해서 이야기를 나눈다.
- 우주인의 움직임이 우리와 같은가? 혹은 다른가?
- 다르다면 어떻게 다른가?
③ 우주에서는 중력이 없기 때문에 몸이 자꾸 둥둥 뜨려고 함을 이야기해 준다.
④ 준비한 스펀지 신발을 보여주고 신발을 신고 걸어 보도록 한다.
⑤ 스펀지 신발을 신고 마치 우주인이 된 것처럼 성큼성큼 걸어 보도록 한다.
⑥ 스펀지 신발을 신고 걸을 때 걸음걸이가 어떤지, 걷는 모습은 어떤지 이야기 나눈다.
신발을 벗고 걸어 보게 한 후 비교해 보도록 한다.
⑦ 스펀지 신발을 신은 친구와 실내화를 신을 친구가 짝이 되어 우주인과 지구인의 걷기
시합 대회를 열어 본다.</td><td></td></tr>
<tr><td>정리 정돈
10:20 ~
10:30</td><td>▷화장실 다녀오기 : 손씻기 대·소변 보기,
▷물 마시기 : 교사의 지도에 따라 바른 자세로 앉아 물마시고 컵 정리하기</td><td></td></tr>
<tr><td>대·소그룹
활동

대·소그룹
활동
10:30
~ 12:00</td><td><table><tr><td>제 목</td><td>카드로 출석 부르기</td></tr><tr><td>활동목표</td><td>자신의 이름을 눈으로 익힐 수 있도록 한다.</td></tr></table>* 활동방법 : 교사가 카드를 보여주며 이름을 부른다.
유아는 교사가 보여주는 카드를 본다. 자신의 이름이 호명되면 손을 들며 큰 소리로 대답한다.
* 준비물 : 이름카드<table><tr><td>제 목</td><td>우주 (이야기 나누기)</td></tr><tr><td>활동목표</td><td>우주에 관심을 가진다. 우주란 어떤 곳인지 알아본다.
우주와 지구의 다름을 인식하고 차이를 알며 공존의 의미를 이해한다.</td></tr></table>* 활동방법 : ① 우주에 대해 생각나는 대로 이야기해 본다.
- 우주란 무엇일까요?
- 우주하면 생각나는 것은 무엇일까요?
- 우리가 사는 곳은 무엇이라고 할까요?
- 우주에는 무엇이 있을까요?
- 우주는 언제 생겼을까요?
- 태양계란 무엇일까요?
② 태양에 대해 생각나는 대로 이야기해 본다.
- 태양이란 무엇일까요?
③ 햇빛의 소중함을 이야기해 본다.</td><td></td></tr>
</table>

④ 빛이 없다면 어떻게 될지 생각해 본다.
⑤ 지구에 대해 생각나는 대로 이야기해 본다.
- 지구란 무엇일까요?
- 지구의 소중함을 이야기해 본다.
- 지구는 어떤 모양일까요? 알아본다.

⑥ 우리가 사는 곳을 지구라고 하는데 지구는 어떤 모양일까?
- 낮과 밤을 왜 생길까?
- 봄, 여름, 가을, 겨울은 왜 생기는 걸까?
- 낮에 하늘에서 볼 수 있는 것과 밤에 하늘에서 볼 수 있는 것은 무엇이 있을까?
- 해가 우리에게 도움을 주는 것은?

⑦ 우주여행을 하기 위해서는 무엇이 필요한지 알아본다.
- 우주여행을 하기 위해서는 무엇이 필요할까?
- 왜 필요할까?
- 지구와 무엇이 다를까?

⋆ 준비물 : 우주에 관한 그림이나 사진자료

제　　목	우주 상상하여 그리기 (미술활동)
활동목표	크레파스를 다리미로 녹이면 새로운 모양으로 변하는 것을 알 수 있다. 다양한 형태의 모양으로 나타낼 수 있으며 다양성을 존중한다.

⋆ 활동방법 : ① 색종이로 우주 비행선을 접어 도화지 위에 붙인다.
② 도화지에 행성이나 우주인을 그린다.
③ 크레파스 가루를 바탕 부분에 뿌리고 신문지를 덮어서 다리미로 다린다.(교사가 다린다.)
④ 검정, 파랑, 보라 등 어두운 색 물감으로 바탕을 칠해 주면 우주가 완성된다.

⋆ 준비물 : 색종이, 도화지, 크레파스 가루, 다리미, 그림물감(어두운 색) 붓, 물통, 접시

⋆ 유의사항　다리미로 다리는 것은 교사가 해 주도록 하며 다리미 사용 시 데이지 않도록 주의한다. 바탕은 유아가 직접 칠해 보면서 나타나는 환상적인 표현을 감상해 보도록 한다.

제　　목	별똥별 아줌마가 들려주는 우주이야기-내가 조금만 컸더라면(동화 듣기)
활동목표	동화를 다양한 방법으로 들려준다. 주인공 및 등장인물과 감정이입을 통해 자신의 생각과 느낌을 자유롭게 이야기한다.

⋆ 활동방법 : ⋆ 책을 읽어 주기 전에 책의 앞, 뒤 표지를 보여주고 전체적인 메시지에 대해 이야기해 본다.
⋆ 서로 마주 보고 눈을 맞추며 다양한 소리를 듣고 상상하게 만든다.
⋆ 중간중간 사고가 필요한 부분에 질문을 하고 그림에 맞는 문장도 찾는다.
⋆ 몸짓, 표정, 손동작을 통해서 내용을 풍부하게 한다.
⋆ 예측 능력을 길러 주는 질문으로 창의력을 키울 수 있게 한다.

점심식사 및 자유선택 12:00 ~ 1:00

★점심식사 : 질서지키기와 식사 후 정리 정돈하기
자리에 앉아서 음식을 받는다.
⋆ 식　　단 : 된장국, 콩자반, 김치, 김, 고등어
⋆ 정리 정돈 : 음식을 즐겁게 먹은 후 도시락을 스스로 정리한다.
⋆ 치카치카 : 교사의 지도에 따라 양치를 한다.

★자유선탁활동 : <역할놀이> - 우주인
<쌓기영역> - 나무블록
<미술영역> - 사포그림 그리기

<table>
<tr>
<td>실외놀이
1:00~1:40</td>
<td>
<table>
<tr><td>제목</td><td>뒷동산 산책하기</td></tr>
<tr><td>활동목표</td><td>꽃과 나무의 생김새를 살펴본다.
다양한 꽃과 나무가 있음을 인식한다.</td></tr>
</table>
* 활동방법 : 신발을 바르게 신고 교사의 지시에 따라 이동한다.
* 바깥놀이 활동: 교사의 지시에 따라 안전사항을 지키며 자신이 원하는 놀이를 한다.
* 정리 정돈 : 놀이 후 놀잇감을 바르게 정리한다. (자갈, 자동차 등)
옷과 신발의 먼지를 털고 손과 얼굴을 깨끗이 닦는다.
</td>
<td></td>
</tr>
<tr>
<td>대 · 소그룹
활동
1:40~6:00</td>
<td>
<table>
<tr><td>제 목</td><td>우주여행 (음률활동)</td></tr>
<tr><td>활동목표</td><td>동작을 만들며, 노래를 즐겁게 불러 본다.
우주를 여행한다는 생각을 가지고 노래를 불러 본다.
리듬에 맞추어 악기연주를 해 보고 박수를 쳐 본다.</td></tr>
</table>
* 활동방법 : ① 그림 자료나 사진을 보며 노랫말을 소개한다.
- 우주에는 무엇이 있을까?
- 우리가 만약 우주여행을 간다면 어떤 것들을 가지고 가야 할까?
- 어떤 친구들이 있을까?
② 피아노 음을 듣고 노래를 부른다.
- 이제 선생님이 피아노 소리로만 들려 줄꺼야! 어떤 음인지 잘 들어 보자!
③ 악기에 대하여 소개한다.
- 이런 악기를 본 적이 있니?
- 어떤 소리가 날까?
④ 피아노 소리에 맞추어 노래를 부른다.
- 피아노 소리에 맞추어 부른 느낌이 어떠니?
- 피아노 소리와 다른 악기 소리에 맞추어 불렀을 때 느낌이 어떻게 다르니?
⑤ 다른 악기 소리에 맞추어 불렀을 때 기분이 어떤지 이야기한다.
⑥ 다 같이 불러 본다.
⑦ 몸을 움직이면서 불러 본다.
* 준비물 : <우주여행> 가사판, 머리띠(해님, 별님, 은하수, 달빛)
<table>
<tr><td>제 목</td><td>우주 속의 별 (수학)</td></tr>
<tr><td>활동목표</td><td>정전기의 원리를 알고, 수세기를 한다.
다양한 별모양을 생각해 본다.</td></tr>
</table>
* 활동방법 : ① 풍선을 불어 매직으로 별모양을 그린다.
② 정전기를 일으킬 수 있는 방법에 대해 알아본다.
- 머리카락에 문지르기, 옷에 문지르기, 털수건에 문지르기..
③ 쟁반에 별모양 종이를 펼쳐 놓는다.
④ 풍선에 정전기를 만들어 쟁반에 있는 별모양 종이에 문지른다.
⑤ 풍선에 붙은 별모양 종이의 수를 세어 본다.
⑥ 수학영역에서 풍선 이용해서 밤하늘의 별세기 놀이를 할 수 있다.
* 준비물 : 풍선, 유성매직, 쟁반, 별모양 종이(별모양 편지를 이용한다.)
▷정리 정돈 : 자신의 주변을 정리한다.
화장실을 다녀온다.
손을 깨끗이 닦는다.
</td>
<td></td>
</tr>
</table>

제 목	우주여행 (동시)
활동목표	우주 여행 하는 상상을 해 본다. 우주에 무엇이 있을지 알아보고 동시 속에 글로 적어 본다. 우주여행을 하는 모습을 동작으로 자유롭게 표현해 본다.

* 활동방법 : ① 동시를 들려준다.
② 느낌을 이야기한다.
③ 자료를 사용하여 들려주는 동시를 주의 깊게 듣는다.
④ 유아들이 원하는 부분을 읊어 보고, 나머지는 교사가 읊어 본다.
- 셋, 둘, 하나는 유아들이.
⑤ 유아와 교사가 바꾸어서 읊어 본다.
⑥ 전체를 함께 읊어 본다.
⑦ 교사가 다시 한 번 읊어 주어 들어 보게 한다.

<우주여행> - 안미정 -

우주복을 입고서
셋, 둘, 하나!
우주선에 올라타
셋, 둘, 하나!
점 점 점 점
작아지는 지구를 보며,
우주 속에 외계인
만나 봤으면.
별을 따서 지구로
내려왔으면.

★귀가지도 : * 유아가 스스로 자신의 소지품을 정리하고 귀가한다.
* 교사는 유아의 옷이나 머리 얼굴을 꼼꼼히 살펴본 후 귀가지도를 한다.
▷통합교육 : 당직 교실에서 놀이를 한다.
★간식 : * 화장실을 다녀온 후 자리에 앉는다.
* 적당량의 간식을 배식받은 후 스스로 먹고 바르게 정리한다.
★자유선택활동 : * 유아 스스로가 활동 영역을 선택하여 활동한다.
* 자유선택 활동 후 스스로 정리 정돈을 한다.
★귀가지도 : * 영아가 스스로 자신의 소지품을 정리하고 귀가한다.
* 교사는 영아의 옷이나 머리 얼굴을 꼼꼼히 살펴본 후 귀가지도를 한다.

유아 관찰	김소희: '우주여행' 활동 중 자리가 좁다는 이유로 옆에 있는 우지연의 머리를 잡아당김. 우지연: '우주여행' 활동 중 김소희와 다툼. 다투면서 장난감으로 김소희의 머리를 침. 이유리: 뒷동산 산책하는 중 뛰어가다 넘어져서 무릎이 까짐. 박보람: 동화 듣던 중 갑자기 울음을 터뜨리며 소리 지름. 약 3분간 울면서 소리 지름.

12. 장애아통합 프로그램

1) 이론적 배경

장애통합교육의 역사는 약 30년 전 스웨덴의 정상화운동에서 비롯되었다(강란혜 외, 2011). 미국에서는 1975년 장애아교육법에 처음으로 제도화되었고, 이후 1980년대와 1990년대에 오면서 일반학교 중심의 특수교육, 통합교육 등의 장애인 교육이 자리잡게 되었다.

우리나라는 2007년 4월 10일에 '장애인 차별금지 및 권리구제 등에 관한 법률'이 제정되고, 4월 30일 '장애인등에 대한 특수교육법'이 국회에 통과됨으로써 장애아 통합교육의 요구가 높아졌다. 2007년 장애인교육법에는 '통합교육'을 특수교육대상자가 일반학교에서 장애 유형, 장애정도에 따라 차별받지 않고 또래와 함께 개개인의 교육적 요구에 적합한 교육을 받는 것으로 정의하고 있다.

유아기의 장애는 성장과 발달에 큰 영향을 미칠 수 있다. 그대로 방치하면 치명적인 결함으로 이어지기도 하고 끝내 사회생활을 하는데 지장을 초래할 수도 있다. 따라서 전 생애 걸쳐 이어지는 장애를 사전에 예방하고 장애를 가진 유아에게 정상아와 똑같은 교육환경을 제공해 줌으로써 장애에 대한 편견과 선입견에서 벗어나도록 도와주어야 한다. 더불어 정상아들에게도 다양성을 생각해 보고 어떤 방법으로 함께 이해하고 학습하고 공동체생활을 영위할 수 있는가에 대한 문제를 생각해 볼 수 있도록 한다.

장애아통합 프로그램이란 특수교육 대상자가 일반학교에서 장애유형과 장애정도에 따라 차별을 받지 않고 또래와 함께 개개인의 교육적 요구에 적합한 교육을 받는 것을 말한다(교육인적자원부, 2007). 결국 장애아통합 프로그램은 정상아와 장애아가 같은 교실에서 함께 생활하고 활동하며 함께 배우는 것을 의미한다.

2) 교육목적

장애아통합교육의 목적은 장애유아들에게도 정상아와 같은 교육적 환경을 제공해 주어 그들의 홍미, 욕구에 맞게 교육을 받을 수 있도록 하는 것이다. 즉 교육과 보호, 그리고 의료적 서비스까지 제공해 주는 것을 말한다.

다음은 통합교육이 장애아에게 미치는 교육적 효과이다.

① 일반아와 자연스럽게 어울리면서 환경에 적응할 수 있는 힘이 길러진다.
② 자신에 대해 긍정적 자아존중감이 발달한다.
③ 일반아의 행동을 관찰하면서 자연스럽게 바람직한 행동을 모방한다.
④ 언어발달과 사회성 발달이 된다.
⑤ 대인관계 형성 능력이 길러진다.
⑥ 혼자 할 수 있는 자립심과 자신감이 길러진다.

또한 통합교육이 비장애아에게도 다음과 같은 교육적 효과가 있다.

① 장애아를 통해 나와 다를 수 있음을 인정하며 다양성에 대해 배운다.
② 사회성 발달과 도덕성 발달을 이룬다.
③ 친사회적 행동과 공동체 의식을 배운다.
④ 타인을 이해하고 존중하는 태도를 기른다.
⑤ 편견과 선입견으로부터 벗어난다.
⑥ 자신이 누군가에게 힘이 될 수 있음을 알아 긍정적 자아감을 형성하는데 도움이 된다.

3) 교육내용 및 교수-학습 방법

유아특수교육 영역은 운동기능발달 영역, 의사소통발달 영역, 인지발달 영역, 사회성 발달 영역, 자조기술 및 적응행동발달 영역 등이 있다. 유아교육내용은 기본적으로 누리과정의 영역인 신체 · 운동 건강과 의사소통, 사회관계, 예술경험, 자연탐구 등으로 구성되어 있으며 융통성 있게 교육내용을 변화할 수 있다. 그리고 신체적 조건 뿐 아니라 성별, 가족 및 종교 등으로 인한 차별이나 편견을 배제한 내용으로 활동한다. 따라서 교육내용은 장애아를 포함한 일반아 보육, 교육프로그램으로 운영하며 장애아들에게는 개별적 요구에 따라 적절하게 개별화된 프로그램을 적용한다.

① 일과운영 프로그램에 다양한 통합의 기회를 제공하도록 한다.
② 장애유아의 발달 정도 및 특성에 맞게 개별화 교육을 한다.
③ 장애아의 학습수행 정도를 체계적으로 평가하도록 한다.
④ 유아들 개인의 능력, 동기, 흥미에 따라 활동을 선택하도록 한다.
⑤ 장애아의 지능, 학습능력, 학습속도, 동기에 따라 융통성 있게 운영한다.
⑥ 실패한 목표활동에 대해서는 반복하여 해 보게 하거나 보충할 수 있도록 한다.

4) 환경

환경은 활동하기에 충분히 넓어야 하고 정서적으로 안정된 분위기가 되어야 한다. 특히 교사가 놀이하는 모습을 한눈에 관찰하고 관리할 수 있도록 낮은 교구장을 이용한다. 더불어 독립성을 보장하도록 특성에 맞게 영역별 배치를 한다. 또한 조용한 공간을 주어 쉴 수 있도록 도와주고 충분한 자료를 주어 탐색활동이 촉진될 수 있도록 환경을 제공한다.

① 장애유아에게 제한이 되는 환경을 개선하도록 한다.
② 가정과의 긴밀한 상호협조체제를 이루도록 한다.
③ 장애아가 스스로 정리할 수 있도록 실내 설비와 교구에 신경을 쓴다.
④ 환경은 장애아와 일반아가 충분히 활동할 수 있는 크기가 되어야 한다.

⑤ 청결하고 깨끗한 환경을 유지한다.

⑥ 안전사고가 일어나지 않도록 시설과 설비를 정비하고 적정한 온도와 습도를 유지한다.

5) 교사의 역할

장애아통합 프로그램에서의 교사는 장애아가 일반아에게 받아들여지는 데 중요한 역할을 한다. 일반아가 장애아에게 아무런 편견과 선입견 없이 자연스럽게 활동하고 놀 수 있는 분위기를 조성하는데 영향력을 끼친다. 또한 통합학급에서 장애아들이 적극적으로 활동이나 학습에 참여할 수 있도록 촉매역할을 한다. 더불어 구성원 간에 사회적 관계를 형성하여 긴밀한 상호관계를 구축하는 데도 도움이 된다.

① 장애아의 발달 특성을 이해한다.

② 일반아의 생활연령을 중심으로 일반아와 장애아가 함께 통합이 되도록 교육한다.

③ 장애아의 기본적 요구를 먼저 고려한다.

④ 정서적 지원을 아끼지 않으며 존중하는 태도를 갖는다.

⑤ 장애아의 발달 정도를 이해하고 각 개인에 알맞은 개별화 지도를 한다.

⑥ 일반아와 정상아 부모 간에 갈등이 생겼을 때 중재하는 역할을 한다.

⑦ 교사-가족 간 협력 관계를 유지한다.

제4장

영유아 프로그램의 평가

1. 평가의 개념과 목적
2. 평가 기준과 도구
3. 평가의 대상 및 방법
4. 평가의 기능 및 활용

1. 평가의 개념과 목적

영유아 프로그램에 대한 평가는 학자들마다 견해를 달리하고 있다. 하지만 학자들의 공통점은 프로그램의 지나친 양적 팽창보다는 질적인 수준을 높여 유아의 전인적 발달과 성장을 이룰 수 있도록 최선을 다해야 한다고 강조한다. 그러기 위해서는 무엇보다 유아의 발달적 흐름에 맞고 교육적 효과를 극대화할 수 있는 효율적인 프로그램이 개발되어야 하고 유아교육 현장에서 활용되어져야 한다고 주장하고 있다.

영유아 프로그램을 평가하기 위해서는 프로그램이 유아의 발달적 특성을 고려했는지, 사회문화적 영향을 고려했는지, 부모의 요구를 반영했는지, 지역적 특성과 교육기관의 특성을 고려하여 운영되었는지 등에 대한 고려가 있어야 할 것이다. 무엇보다 중요한 것은 프로그램이 유아들의 흥미와 욕구를 반영하여 즐거움을 갖고 학습에 능동적으로 참여했는지가 중요할 것이다. 능동적인 유아의 참여는 곧 프로그램의 교육적 효율성을 극대화하는 것이므로 간과해서는 안 되는 문제이다.

유아에게 긍정적인 영향을 미칠 수 있는 프로그램, 유아의 발달과 성장을 돕는 프로그램, 유아에게 즐거움과 행복감을 맛볼 수 있도록 하는 프로그램, 유아의 잠재적 능력을 이끌어 낼 수 있는 프로그램이 필요하다. 그런 양질의 프로그램을 개발하기 위해서 우리는 현재 활용되고 있는 프로그램을 객관적인 기준으로 평가하여 앞으로 수준 높은 프로그램을 개발하는데 자료로 활용해야 할 것이다.

1) 영유아 프로그램 평가의 개념

일반적으로 교육평가란 교육 프로그램에 대한 의사결정을 내리기 위하여 정보를 수집하고 그 수집된 정보를 사용하는 일련의 과정을 말한다(Cronbach, 1963). 교육평가는 교육목표에 대하여 교육의 가능성을 예측하고 교육 방법이나 효과

등을 검토하는데 필요하다. 즉 교육평가는 교육목표와 가치를 실현하는데 있어 필요한 방법이라고 볼 수 있다. 즉 평가를 통해 프로그램이 달성하고자 하는 교육목표에 얼마나 도달되었는지 점검할 수 있고, 얼마나 목표에 타당하게 현장에서 활용되어지고 있는지 검토할 수 있다.

그렇다면 영유아 프로그램 평가란 유아교육기관에서 하는 모든 교육활동의 과정과 결과에 대한 가치판단을 위하여 의사결정하는 일련의 과정이라고 표현할 수 있다. 즉 유아의 전인적 성장과 발달을 위하여 행해지는 모든 프로그램 활동에 관한 의사결정을 내리기 위하여 정보를 수집하고 사용하는 일련의 과정이라고 이해할 수 있겠다.

다시 말해 영유아 프로그램 평가란 '유아교육기관에서 행해지는 영유아 프로그램의 전반적 운영에 대한 점검 및 평가'라고 정의할 수 있다. 영유아 프로그램 평가는 교육목표, 교육활동, 물리적 환경, 건강관리, 영양관리, 안전관리, 가정과의 연계, 교직원 관리 등 모든 영역의 질적인 수준을 평가하여 교육의 효율적인 측면을 다루어야 한다고 강조하고 있다(이영자 외, 2002). 또한 프로그램 평가란 프로그램의 질적 수준과 효과를 평가하는 것이라고도 한다(이경희 외, 2004).

프로그램을 평가함에 따라 프로그램의 목적을 정확하고 바르게 이해할 수 있고, 프로그램의 물리적 환경 및 심리적 환경을 이해할 수 있다. 그리고 교사와 유아와의 관계, 유아와 유아와의 관계, 부모와 교사와의 관계, 유아교육기관과 지역사회와의 관계에 대해서도 알 수 있다. 더불어 프로그램의 운영이 어떻게 진행되고 있는지 알 수 있고 개개인 유아에게 프로그램이 적합한지, 그렇지 않은지 혹은 유아들의 흥미와 욕구를 제대로 반영했는지에 대해서도 알 수 있다.

영유아 프로그램에 대한 평가는 결국 유아교육 현장에서 이루어지는 모든 활동에 대한 평가라고 이해할 수 있겠다. 따라서 유아교육기관에서 이루어지는 활동 전반에 걸쳐 포괄적으로 평가가 이루어지도록 해야 할 것이다.

다음은 무엇을 어떻게 포함하여 영유아 프로그램 평가를 해야 하는지 살펴보도록 한다(교육인적자원부, 2008).

첫째, 교육과정 목표와 내용을 준거로 유아의 특성과 변화 정도를 평가한다.

둘째, 유아의 태도, 지식, 기능 등이 종합적으로 포함되도록 평가한다.

셋째, 유치원 일과 속에서 생활과 교육 활동 전반에 걸쳐 포괄적으로 평가가 이루어지도록 한다.

넷째, 관찰, 활동 결과물 분석, 면담 등 다양한 방법을 사용하여 종합적으로 평가하고 그 결과를 기록한다.

다섯째, 평가 결과는 유아에 대한 이해와 유아 지원을 위한 의사결정, 교수-학습 방법 개선, 교육과정의 편성과 운영, 부모 면담, 생활기록부 작성 등을 위한 기초 자료로 활용되도록 한다.

2) 영유아 프로그램 평가의 필요성

영유아 프로그램을 왜 평가하는지에 대해서는 학자들마다 다양한 견해를 가지고 있다. 하지만 가장 중요한 것은 유아교육 현장에서 활용되고 있는 프로그램이 유아의 흥미와 욕구를 제대로 반영하여 유아들이 즐거운 분위기 속에서 적극적으로 사물을 탐색하고 관찰하여 호기심을 충족시키고 있는지 이해할 수 있다, 또한 그것으로 인해 우리는 유아의 성장과 발달을 올바르게 이해할 수 있고, 전인적 성장과 발달이라는 교육목적에 도달될 수 있도록 더욱더 노력하게 된다. 교육목적을 달성하기 위해 효과적인 프로그램은 무엇인지 생각해 보고 무엇이 유아의 심신발달에 장애요인이 되는지 점검해 보아 유아가 행복하고 바르게 성장할 수 있도록 돕는 것이 영유아 프로그램 평가의 이유라고 말할 수 있겠다.

영유아 프로그램 평가의 필요성을 살펴보면 다음과 같다(Howes & Galinsky, 1996; Philips & Howes, 1987; Prochner, 1996).

① 유아의 발달 상태를 제대로 파악할 수 있기 때문이다.

발달 상태를 정확하게 파악하여 유아의 흥미와 욕구에 맞는 활동을 선택할 수 있도록 도와주고 그들의 개성에 맞는 교육, 개인차를 존중하는 교육을 할 수 있기 때문에 평가는 필요하다.

② 교육목표에 어느 정도 도달되었는지 알아볼 필요가 있고, 현재 활용되고 있는 프로그램이 목표 성취를 할 수 있는지 확인하기 위해서이다.

프로그램은 결국 교육목표를 달성하기 위해 있는 것이다. 따라서 교육목표를 달성할 수 있는지 평가를 통해 그 여부를 파악할 수 있다.

③ 유아, 교사, 부모와의 상호협조 구축을 위해 필요하다.

평가를 통해 얻어진 자료는 유아의 발달 상황을 이해하는 자료 뿐 아니라 부모와의 면담을 통해 연계성 있는 교육을 실현시킬 수 있기 때문이다.

④ 질적으로 우수한 프로그램 개발에 있어서도 평가는 반드시 필요하다.

프로그램 평가를 통해 문제점은 무엇이고 좋은 점은 무엇인지 파악하여 문제점을 보완하고 수정하여 더욱더 유아의 전인발달에 도움을 줄 수 있는 프로그램을 개발할 수 있는 기초자료로 활용될 수 있기 때문에 평가는 필요하다.

영유아 프로그램의 운영, 평가는 다음과 같은 사항을 고려하여 평가가 이루어져야 한다(교육인적자원부, 2008).

① 교육내용이 일상생활과 놀이 속에서 통합적으로 편성, 운영되었는지 평가한다.

② 교수-학습 방법이 유아의 흥미와 활동의 특성에 적합한지를 평가한다.

③ 교육 환경 및 교육 활동 자료가 활동주제, 활동내용, 유아들의 발달특성, 교육활동의 효율성 등을 고려하여 구성되었는지 평가한다.

④ 평가 결과는 다음 학년도의 교육과정 편성, 운영에 반영한다.

3) 영유아 프로그램 평가의 목적

영유아 프로그램을 평가하는 목적은 유아 개개인의 흥미와 욕구를 중심으로 그들의 발달적 특성을 이해하여 그들에게 적합한 프로그램을 적용하여 유아의 전인적 성장과 발달을 이루도록 하는데 있다. 학자들에 따라 평가의 목적이 다소 차이가 있지만 살펴보면 공통점을 찾을 수 있다. 무엇보다 평가하는 목적은 질적으로 우수한 프로그램을 통해 유아의 전인적 성장과 발달을 이루려는데 있다고 볼 수 있으며, 결국 평가의 목적은 교육의 질적인 수준을 높이고자 하는 것에 있다고 말할 수 있겠다.

영유아 프로그램을 평가하는 목적을 살펴보면 다음과 같다(NAEYC, 1991).

① 개별 유아, 소집단, 대집단 활동 등을 위한 교수방법을 계획하기 위해서이다.

② 유아의 부모와 유아와 관련된 정보 뿐 아니라 교육목표를 달성하기 위한 다양한 정보를 교환하기 위해서이다.

③ 특별한 요구를 가진 유아, 교사의 도움이 필요한 유아 혹은 교사의 개입이 꼭 필요한 유아를 구분하기 위해서이다.

④ 프로그램의 목표를 잘 성취했는지 그 여부를 파악하기 위해서이다.

또한 데커와 데커는 다음과 같이 유아교육 프로그램 평가의 목적을 정리하고 있다(Decker, & Decker, 1976).

① 유아교육 프로그램의 목표에 맞춰 유아의 현재 상태를 파악하기 위함이다.

② 유아가 발달하고 있다는 것을 발견하고 부모와 교사간의 원활한 의사소통을 하는데 도움을 주기 위함이다.

③ 유아의 생활지도에 도움을 제공하는 자료로 활용하기 위함이다.

④ 교육프로그램에 대한 수정과 보안을 할 때 기초자료로 활용하기 위함이다.

⑤ 교육프로그램의 철학과 활동계획의 변화를 계획할 때 활용하기 위함이다.

⑥ 교육프로그램에 대한 교사들의 요구를 확인할 때 활용하기 위함이다.

⑦ 지역사회와 유아교육의 현 문제점을 의논하고 문제를 알리기 위함이다.

다음은 교육인적자원부 고시 제 2007-153호에 따른 유치원 교육과정해설에서 제시하는 평가의 목표를 살펴보면 다음과 같이 두 가지로 요약할 수 있다(교육과학기술부, 2008).

① 프로그램이 교육목표에 달성하기 위해서 얼마나 '잘' 실현되었는지 알아보기 위한 것이다.

유아는 다양한 활동을 통해 프로그램의 목표와 내용을 달성하게 된다. 즉 유아는 자연스러운 놀이상황, 교사에 의해 계획된 교육활동, 유치원의 일과를 통해 유치원교육과정에서 추구하는 교육과정, 즉 교육프로그램의 목표와 접하게 되며 이를 달성하기 위해서 현장에서 어느 정도, 얼마나 잘 운영되고 실현되었는지를 점검한다.

② 유아의 발달특성과 변화의 정도를 파악하기 위해서 평가를 한다.

유아의 미 습득 능력이 어느 순간 갑자기 발달되는 것이 아니라 다양한 경험과 활동을 통해 여러 단계의 과정을 거쳐서 천천히 발달되고 변화되어간다. 따라서 평가하는 목적은 이런 유아의 발달과정과 변화의 정도를 파악하여 보다 유아의 발달적 특성을 이해하기 위함이다.

결국 평가는 교육목표를 달성하기 위한 하나의 과정이라고 표현할 수 있겠다. 평가를 통해 우리는 유아 개개인의 발달을 관찰하고 측정하여 바른 성장과 발달을 도울 수 있으며 평가를 통해 가정과의 상호협조체계를 구축할 수도 있다. 그리고 유치원 운영상에 있을 수 있는 중요한 의사결정에 참고자료를 제공받을 수 있으며 더불어 유아연구, 유아프로그램연구를 위한 기초자료를 제공받을 수도 있다.

4) 영유아 프로그램 평가의 기본 원리

영유아 프로그램 평가에 있어 중요한 것은 결과중심의 평가가 아닌 과정중심의 평가가 이루어져야 한다는 것이다. 유아들의 발달흐름과 특성, 지식과 정보, 욕구와 흥미도, 성향 등 다양한 측면에서 평가가 진행되어야 한다.

따라서 평가의 기본 원리를 살펴보면 다음과 같다(Sciarra & Dorsey, 2007).

첫째, 평가는 개방적이어야 한다. 평가받는 사람이 평가에 대한 과정이나 의미를 이해할 수 있도록 정보를 제공해야 하고 평가 결과에 대해서도 정보를 제공해야 한다.

둘째, 평가는 실행하는 프로그램의 목표 및 목적과 부합되어야 한다.

셋째, 평가받는 자는 시간, 장소, 방법, 이유 등에 대한 사전 정보를 알아야 한다.

넷째, 평가결과는 부모에게 신뢰를 얻어야 한다.

다섯째, 평가는 단 한 번에 끝나는 것이 아니라 연속적으로 이어지도록 한다. 즉 정기적으로 평가가 이루어질 수 있도록 한다.

2. 평가 기준과 도구

1) 평가 기준

평가의 사전적 의미는 사물의 가치나 수준 따위를 평하거나 또는 사물의 가치나 수준을 말한다. 결국 평가는 프로그램이 유아교육기관에서 잘 운영되고 효과적으로 활용되고 있는지 살펴보기 위해서이며 프로그램 평가를 통해 프로그램의 질을 개선하고 나아가 유아의 전인적 성장과 발달이라는 교육목표에 도달하여 교육의 극대화를 꾀하기 위해서이다. 그렇다면 평가의 기준은 무엇인가? 이에 대해 먼저 생각해 보아야 할 것이다. 평가의 기준에 대해서는 특히 유아교육 분야에서는 매우 다양하여 일일이 평가 기준에 대해 설명할 수는 없다. 왜냐하면 유아의 욕구,

흥미, 개성에 따라 놀이 및 활동이 다양하고 여러 상황에 따라 기준이 달라질 수 있기 때문에 평가의 준거나 혹은 기준을 따로 마련할 수 없기 때문이다.

다만 평가를 하기 위해서는 어떤 특정한 기준이나 준거를 제시하여 평가하기 보다는 프로그램을 운영하는데 따른 전반적인 모든 면이 평가의 기준과 영역에 포함되어져야 한다고 말할 수 있겠다. 여기서 중요하게 생각해야 할 것은 유아교육 프로그램 평가는 결과중심 평가가 아니라 유아들이 일상생활에서 하는 모든 활동 및 놀이, 심리적, 발달적 변화, 환경 등을 고려하여 과정중심으로 이루어져야 한다는 것이다. 하지만 일반적으로 평가 기준을 설명할 때 프로그램이 추구하고 있는 교육철학, 교육목표, 교육내용, 교수-학습 방법, 프로그램의 효율성과 실용성, 프로그램 운영 및 재정, 유아와 부모, 그리고 지역사회의 관계 등을 기준으로 평가가 이루어지고 있다.

다음은 프로그램을 평가할 때 기준은 무엇인지 살펴보도록 한다(Prochner, 1996; Spodek, 1992).

① 프로그램이 추구하고 있는 유아관, 교육관, 교사관에 적합한지 평가한다.

② 프로그램 내용에 적합하게 활용되고 있는지 평가한다.

③ 프로그램이 추구하고 있는 장기적 목표와 단기적 목표, 구체적 목표에 도달되었는지 평가한다.

④ 프로그램의 교수-학습 방법이 알맞게 진행되고 있는지 평가한다.

교사와 유아간의 상호작용 정도, 유아와 유아간의 상호작용, 유아와 환경과의 상호작용 등 프로그램의 특성에 맞는 교수-학습 방법에 맞는지 평가한다.

⑤ 프로그램의 개별화 정도는 어떤지 평가한다.

⑥ 프로그램의 특성에 따라 공간구성, 활동시간계획, 유아의 반 구성, 교사들 구성, 그 밖의 환경 구성이 적합한지 평가한다.

⑦ 프로그램을 통해 얻게 되는 교육적 효과, 추구하고 있는 교육목표의 성취도, 다른 프로그램과의 비교를 통해 효율성을 평가한다.

⑧ 프로그램을 운영하기 위해 필요한 교재 · 교구, 재료, 물적 및 인적 경비 등 실용적인 면을 평가한다.

영유아 교육 프로그램을 평가할 때에는 무엇보다 유치원교육과정을 충분히 이해하고 유아의 발달적 · 심리적 변화과정을 충분히 이해하여야 할 것이다. 유아교육은 통합교육이기 때문이다. 유치원교육과정은 다른 교육과정과는 달리 교과목이 따로 구분되어 있는 것이 아니라 생활영역, 즉 언어생활, 표현생활, 건강생활, 탐구생활, 사회생활 등으로 나누어져 있으나 이 모든 다섯 가지 생활영역은 함께 통합되어 이루어지고 있다. 결국 영유아 프로그램 평가할 때에는 무엇보다 생활영역과의 통합이 제대로 이루어졌는지, 활동내용과의 통합이 이루어졌는지, 학습경험과의 통합이 이루어졌는지, 환경과의 통합이 이루어졌는지, 유아발달과의 통합이 이루어졌는지 등을 고려하여 평가가 이루어져야 할 것이다. 한마디로 평가는 통합적으로 이루어져야 하고 유아의 일상생활, 놀이 활동, 다양한 경험 등 전반적인 모든 것들에 대한 포괄적이고 종합적인 평가가 이루어져야 할 것이다.

2) 평가 도구

프로그램을 평가하는 데는 여러 가지 방식과 도구가 있다. 하지만 일반적으로 양적 접근과 질적 접근으로 구분지을 수 있다. 양적 접근은 양적 수량화, 즉 점수화된 자료를 통해 분석하고 해석하는 방법이다. 이에 반해 질적 접근은 자연적인 상황에서 프로그램에 참여한 유아, 교사, 부모 등이 교육활동에서 보여주는 자연스런 상황이나 행동, 반응 등을 파악하여 평가한다. 주로 관찰, 면담, 유아들의 작품, 하루일과 행동, 여러 상황에서의 반응 등을 살펴보는데 초점을 맞추고 있다.

무엇보다 중요한 것은 프로그램을 평가할 때에는 올바른 평가가 이루어질 수 있도록 평가자의 바른 태도와 올바른 방법이 중요하다. 무엇을 평가할 것인지 평가 기준을 세우고 어떤 도구로 측정할 것인지도 중요하고, 평가 기준을 고려하여 자료를 수집하는 일도 중요하다. 특히 객관적인 자료를 수집해야 하고 수집한 자료를 분석하고 해석하는 일도 중요하다. 주의해야 할 것은 형식화된 평가 도구만을 가지고 평가를 했을 경우에 유아의 개인차 능력이나 발달 등 간과하고 지나칠 수 있는 부분이 있는지 살펴보아야 한다. 형식화된 평가 도구 외에도 질적인 접근을 통해 평가할 수 있는 부분도 함께 고려하여 제대로 된 평가가 이루어질 수 있도록 노력해야 한다.

유아교육 현장에서 프로그램 평가의 어려운 점은 다음과 같다(Bredekamp & Glowacki, 1996).

첫째, 유아의 행동에 대한 평가는 상대적이고 불명확한 점이 있기 때문에 객관적인 기준을 설정하는데 어려운 점이 있다.

둘째, 평가방법이나 도구가 다양하기 때문에 일관성 면에서 어려운 점이 있다.

즉 검사기준과 그에 맞는 도구를 찾는 것이 어려운 실정이다. 어떤 도구를 사용하여 평가하였느냐에 따라 결과가 달라질 수 있기 때문이다. 평가 도구를 판단할 때에는 신뢰도, 타당도, 객관도, 실용도 등의 기준을 모두 충족할 수 있으면 좋다.

셋째, 평가를 할 때 상황, 즉 환경면에서 어려운 점이 있다.

유아교육 현장에서 프로그램을 운영하고 활용하는데 있어서 유아의 다양한 활동과 놀이는 배제시킬 수 없는 부분이다. 즉 프로그램에 참여하는 유아는 등원하여 집에 돌아갈 때까지 다양한 상황, 환경에서 다양한 놀이 활동을 전개해 간다. 결국 하루의 일과는 유아의 일상생활이고 일상생활은 프로그램을 통한 교육 그 자체이다. 즉 특정한 상황에 의해서만 교육이 이루어지는 것이 아니기 때문이다. 따라서 평가할 때 준거되는 환경 및 상황설정이 어렵다.

일반적으로 프로그램 평가의 측정도구는 다양하지만 대표적인 도구는 '유아교육 프로그램 평가 기준'으로 NAEYC가 개발한 것이다(NAEYC, 1984). 기준 체계는 10개의 구성요소로 되어 있고 84개의 기준으로 되어 있다. NAEYC가 개발한 프로그램 평가에서의 구성요소는 ① 교사와 유아의 상호작용, ② 교육과정, ③ 교사와 부모와의 상호작용, ④ 교사 자격 및 발달, ⑤ 교육과정 운영, ⑥ 교사 편제, ⑦ 물리적 환경, ⑧ 유아 건강 및 안전, ⑨ 영양 및 급식상태, ⑩ 전체적 평가 등이다.

우리나라에서는 NAEYC의 평가 인준 기준을 참고하여 유아교육 프로그램 평가척도(Assessment Scale for Early Childhood Programs)를 개발하여 유아교육 프로그램의 질적 수준을 높이기 위하여 노력하였다(이은해 · 이기숙, 1996). 이 평가 도구의 구성요소는 ① 일과계획, ② 교육과정, ③ 상호작용, ④ 물리적 환경, ⑤ 교재와 교구, ⑥ 영양, 건강, 안전, ⑦ 운영 관리, ⑧ 교직원, ⑨ 가정 및 지역사회와의 관계, ⑩ 평가활동 등이다.

이은해와 이기숙(1996)이 개발한 유아교육 프로그램 평가척도는 다음의 세 가지 기초를 이루고 있다.

첫째, 만 3세에서 만 5세 유아를 대상으로 하는 유아교육기관을 평가한다. 단 어린이집과 같은 종일제 어린이집에서도 사용가능하나 급식제공, 낮잠 시간 운영 등 종일제 프로그램의 특징적인 요인들이 본 척도에 포함되어 있지 않으므로 이 점을 고려하여야 한다.

둘째, 우리나라 유치원 시설 설비기준 및 제 5차 유치원교육과정 내용을 기초로 한다.

셋째, 본 척도는 유아의 성장과 발달에 영향을 줄 수 있는 전반적인 프로그램 운영의 질적 수준을 교사나 운영자가 스스로 평가해 볼 수 있는 자가 평가 도구이다. 그러나 영역에 따라서 질적 수준의 신뢰성 있는 평가를 위하여 외부 관찰자를 이용한 관찰도구로도 사용할 수 있다.

이 외에도 운영 및 관리 측면과 프로그램 질적인 측면을 중심으로 유아교육 프로그램을 평가하는 평가 도구도 있다(Abbott-Shim & Sibley, 1987). 운영 및 관리측면에서의 구성요소는 ① 물리적 환경, ② 급식, ③ 프로그램 운영, ④ 인사관리, ⑤ 교육과정 개발 등이고 프로그램의 질적인 측면에서의 구성요소는 ⑥ 유아 건강과 안전, ⑦ 영양, ⑧ 학습 환경, ⑨ 상호작용, ⑩ 개별화 등이다.

또한 어린이집의 질적 수준을 향상시키고 우수한 프로그램 개발을 위하여 임재택(1995)은 보육프로그램 평가척도를 개발하였다(황해익, 2000. 재인용). 이 평가 도구의 구성요소는 ① 물리적 영역, ② 종사자, ③ 운영관리, ④ 교육과정, ⑤ 영양·건강·안전, ⑥ 가정과 지역사회와의 연계 등이다.

3. 평가의 대상 및 방법

유아교육 현장에서의 평가는 크게 유아를 평가하는 방법과 교사에 대한 평가 그리고 유아교육 프로그램에 대한 평가로 나누어 진행된다.

1) 유아에 대한 평가

일반적으로 유아를 평가할 때에는 여러 가지 고려해야 할 사항이 있다. 예를 들어 유아의 발달정도를 고려하지 않고 평가를 하게 되면 개개인의 발달정도나 개성 그리고 흥미도에 대한 정확한 평가를 내릴 수 없다. 또한 평가를 위해서는 평가 도구의 객관성과 신뢰성을 확보하지 않으면 안되기 때문에 객관적 기준을 제시할 수 있는 평가 도구를 마련하는 것도 유념해야 한다.

이렇듯 평가를 하기 위해서는 다음과 같은 사항을 고려해야 한다(이윤경 외, 2003).

① 유아의 행동과 발달을 객관적으로 정확하게 평가하기 위해서 교사는 다양한 상황을 고려하여 정보 및 자료를 수집해야 한다.

② 유아 개개인의 개인내적 평가를 하도록 한다.

유아와 유아간의 상호비교를 하는 평가보다는 개인의 발달이 앞으로 어떻게 이루어질 것인가에 초점을 두고 평가를 해야 한다.

③ 유아를 평가할 때에는 결과보다는 과정 위주의 평가가 이루어지도록 한다.

유아의 신체발달, 인지발달, 언어발달, 정서발달, 사회성 발달이 골고루 균형을 유지하여 발달할 수 있도록 하기 위해서는 수행에 따른 결과보다는 과정 중심의 평가가 이루어지도록 유의한다.

④ 유아 개개인의 평가가 제대로 이루어지기 위해서는 그때 그때 문서화할 수 있도록 한다. 문장으로 표현해 두거나 사진을 찍어 두는 방법을 생각해 보도록 한다.

유아에 대한 평가는 후에 부모와 상담을 할 때 필요하고 미래의 유아발달을 예측하고 도움이 될 수 있는 정보와 자료로 활용할 수 있기 때문이다. 따라서 기초자료로 활용을 할 수 있도록 문서화해 둔다.

(1) 관찰법

유아교육 현장에서 이루어지는 가장 일반적인 유아평가의 방법은 관찰법이다. 또한 가장 오래된 역사를 가지고 있다. 유아교육 현장에서 가장 보편화되어 있고 가장 필수적으로 해야 하는 것이 관찰법이다. 일반적으로 일상적인 현장에서 자연스럽게 관찰을 하는 것이 좋다. 관찰한 것은 그것으로 그치는 것이 아니라 반드시 기록을 해 두는 것이 필요하다. 관찰 상황에 따라 관찰의 유형도 달라지지만 일반적으로 교육현장에서는 교사가 통제하지 않는 상황에서 자연스럽게 유아 관찰을 한다. 교사는 관찰한 내용을 체계적으로 기록해 두고 체크해 두는 것이 바람직하다.

관찰은 유아의 가정환경 및 유아 개개인의 흥미와 관심, 그리고 인지적, 언어적, 신체적, 사회적, 정서적 발달을 위해 필요한 기초 자료를 마련하기 위해서 필요하며 유아들의 발달에 도움이 되기 위함이다(White & Coleman, 2000).

관찰을 할 때 주의해야 할 점은 다음과 같다(이은해, 1985).

① 사전에 관찰에 대한 계획을 면밀히 세우도록 한다.
② 관찰기록은 관찰이 일어난 직후에 바로 문장으로 남겨 둔다.
③ 관찰자는 객관적이어야 한다.
④ 관찰자의 이름, 관찰 대상, 성별과 나이 등 기본 자료에 대해 정확하게 기입한다.
⑤ 실제 관찰한 것을 사실적으로 기술하고 되도록 주관적 해석은 피한다.
⑥ 유아에 대한 개인적 편견이나 선입견 등을 배제하도록 한다.
⑦ 관찰을 기록하는 방식은 미리 마련해 둔다.

관찰기록에는 일화기록법이나 행동목록법, 평정척도법 등이 여러 가지가 있다.

① 일화기록법(anecdotal records)

일화기록은 사전에 일정한 틀이나 형식을 마련하지 않고 있는 그대로 관찰한 것을 사실대로 적는 방법이다. 일화기록은 유아교육 현장에서 가장 일반적으로 사용하는 관찰 평가의 한 방법으로 유아의 구체적인 행동이나 상황 등에 대해 사실적으로 기록하는 것을 말한다. 대체로 짧은 사건에 대한 구체적인 사실에 대해 기술하는 것으로 유아들의 행동적 특성이나 그 밖의 여러 가지 성격적 특성에 대해 알고자 할 때 많이 사용하며 이를 통해 유아의 발달이나 행동의 특성을 이해하는데 도움이 된다.

일화기록법의 특성은 다음과 같다.

① 유아교육 현장에서 가장 많이 사용하는 방법이다.
② 일정한 형식이나 틀이 없이 자유롭게 관찰한 것을 서술한다.
③ 유아의 언어적 특성이나 행동적 특성에 대해 자세히 관찰할 수 있다.
④ 다양한 상황에서 자연스럽게 발생되는 유아의 행동적 특성을 이해하는 자료가 된다.

⑤ 관찰자의 주관적 감정이나 고정관념을 배제해야만 객관적 자료로써 가치가 된다.

⑥ 누구나 관찰자가 될 수 있다.

⑦ 유아의 행동이나 사건 직후에 바로 서술하도록 한다.

⑧ 유아와 상호작용하는 다른 유아의 행동도 함께 기술한다.

⑨ 사건의 흐름에 따라, 즉 시간적 진행에 따라 기록한다.

⑩ 미리 관찰대상을 정해 놓고 관찰하도록 한다.

⑪ 관찰자의 추론은 배제하고 기록한다.

⑫ 관찰자, 날짜, 관찰대상, 관찰시간, 상황 등 관찰하고 있는 환경에 대해 자세히 기록한다.

다음은 일화기록 시 고려해야 할 점이다(황해익 외, 2003).

① 관찰한 행동이나 사건에 대해 객관적 또는 사실적으로 기술한다.

② 객관적 사실과 이에 관한 관찰자의 해석이나 처리방안을 명확하게 구분하여 적는다.

③ 여러 시기에 일어난 서로 다른 일화들은 총괄적으로 기록하지 말고 독립적으로 각각 기록한다.

④ 여러 사건이나 여러 명의 유아가 참여한 사건에 대해서는 한 번에 한 가지 사건만 취급하여 기록하도록 한다.

일화기록의 장점을 정리하면 다음과 같다(전남련 외, 2005; 황해익, 2000).

① 유아의 언어와 행동적 특성을 좀 더 자세하고 명확하게 관찰할 수 있다.

② 사전에 특별한 계획이나 방법을 강구하지 않아도 된다.

③ 많은 시간을 요구하지 않는다.

④ 유아들의 특성과 흥미, 욕구, 개성 등을 이해할 수 있다.

일화기록의 단점을 정리하면 다음과 같다(전남련, 1999, 황해익 외, 2000).

① 시간이 지난 후에 기록하게 되면 관찰자의 편견과 주관적 감정이 들어갈 수 있다.

② 주변 상황을 충분히 기록하지 않을 경우에는 연속성의 결여, 자연성의 결여, 상황적 불일치 등을 느낄 수 있다.

③ 관찰자는 기록 자체에 대한 부담을 가질 수 있다.

④ 관찰하는 행동 중 일부만 기록하기 때문에 해석 시 오류를 범할 수 있다.

② 행동목록법(behavior checklist)

행동목록법은 관찰할 행동에 대한 것을 미리 사전에 목록을 만들어 놓은 후 유아가 그 행동이 나타날 때마다 체크리스트 표에 표시를 하는 방법이다. 따라서 행동목록법을 체크리스트법이라고도 한다. 관찰방법 중에서도 행동목록법은 다른 방법보다 유아의 행동을 관찰하기가 쉽다. 미리 사전에 계획한 유아의 행동이 나타날 때에만 표시를 하기 때문에 유아의 행동을 쉽게 관찰할 수 있다. 하지만 관찰하고자 하는 행동 외의 다른 행동에 대해서는 쉽게 지나쳐 버릴 수 있다.

행동목록법의 특성은 정리하면 다음과 같다.

① 무엇을 관찰할 것인지 사전에 미리 계획하고 목록을 만들어 둔다.

② 관찰할 행동에 대해서 구체적인 기술이 있어야 한다. 즉 구체적 행동에 대한 포괄적인 문장표현보다는 보다 구체적이고 상세한 표현을 하는 것이 좋다.

③ 행동목록표는 체계적이고 논리적이어야 한다.

④ 관찰대상의 행동에 대해 보다 빠르게 체크할 수 있다.

⑤ 평가방법이 단순하다.

⑥ 유아의 발달에 대한 특성을 이해하는 데 도움이 된다.

행동목록법을 사용할 때의 유의점은 다음과 같다.

① 관찰할 것을 미리 사전에 준비하여 행동목록표를 만들어 두어야 한다.
② 행동목록표에 나타난 항목에 대해서는 행동에 대한 구체적 용어로 기술하여야 한다.
③ 관찰 목적에 알맞은 행동목록 문항을 만들어야 한다.

행동목록법의 장점은 다음과 같다(이희경, 2006; 전남련 외, 2007).

① 행동목록법은 관찰대상의 행동 유무를 아주 빨리 파악할 수 있다.
② 관찰행동에 대한 체크를 하기 때문에 시간 절약이 된다.
③ 유아의 행동을 계속적으로 관찰할 수 있고 누가적으로 작성함으로써 유아의 행동 발달체계를 이해하는데 도움이 된다.
④ 관찰자는 특별한 훈련이 없어도 누구나 쉽게 체크할 수 있다.

행동목록법의 단점은 다음과 같다.

① 관찰하는 행동이 매우 구조화되어 있기 때문에 관찰행동 외의 다른 행동에 대해서는 쉽게 지나칠 수 있다.
② 관찰한 행동의 질적 수준이나 그 밖의 정보를 얻는 것은 힘들다. 즉 어떻게 그 행동이 일어나게 되었는지는 파악하기 힘들다.
③ 행동목록표의 항목을 만들고 이를 작성하기 위해서는 관찰자의 시간과 노력이 많이 든다.
④ 행동목록에 대한 구체적이고 명확한 행동지표가 있지 않으면 자료로써 가치가 없다. 따라서 유용한 가치를 높이기 위해서는 기록양식이 체계적으로 되어야 하고 명확한 행동적 지표를 가지고 있어야 한다.

③ 평정척도법(rating scale methed)

평정척도법은 관찰된 행동의 질적인 차이를 알아보고자 할 때 사용한다. 즉 연속성 있는 단계로 수량화된 점수가 부여된 평정척도지에 기록한다. 이를 통해 유아 행동의 특성이나 가치에 대해 이해할 수 있다. 따라서 유아행동을 관찰하기 전에 미리 평정척도를 하기 위해 목록을 구성해야 한다. 따라서 연속적인 단계를 나누어 질적인 특성이 어느 정도인지 알아볼 수 있도록 구성해야 한다. 예를 들어, '달릴 수 있다'라는 항목이 있다면 유아가 얼마나 잘 달릴 수 있는지에 대해 알 수 있도록 평정척도표에 표시를 한다. 따라서 이는 관찰할 행동의 유·무 뿐 아니라 얼마나 잘 달릴 수 있는지에 대한 질적인 차이를 알 수 있다.

평정척도법의 특징은 다음과 같다(황해익, 2009).

① 제작과 사용이 매우 편리하다.
② 짧은 시간 안에 많은 것을 관찰할 수 있다.
③ 유아 행동의 질적인 차이를 이해할 수 있다.
④ 제작과 사용이 간편하다.

평정척도법의 장점은 다음과 같다.

① 관찰시간에 비해 유아의 보다 많은 것을 평가할 수 있다.
② 관찰하면서 즉시 기록해야 하는 부담감이 적다.
③ 제작과 사용이 쉽고 편리하다.
④ 짧은 시간 동안에 여러 발달 영역을 동시에 평가할 수 있다.

평정척도법의 단점은 다음과 같다

① 유아의 행동 자체만을 기록하기 때문에 행동이 발생되는 원인에 대해서는

파악하기 힘들다.

② 객관적이고 정확한 항목에 대한 개발이 쉽지 않다.

③ 관찰자 개인의 편견이 들어가기 쉽다.

④ 각 행동이 관찰되는 상황이나 환경에 대한 설명이 없기 때문에 전후 사정이나 돌발 상황에 대한 이해가 부족하다.

(2) 면접법

면접법은 비구조화된 방법으로 관찰자와 유아 혹은 부모가 직접 만나 여러 가지 질문내용에 대해 응답하는 것을 토대로 이루어지는 평가방법이다. 면접법을 위해서는 사전에 미리 어떤 내용의 질문을 할 것인지에 대해 준비를 철저히 해야 한다. 질문의 방향이 어긋날 경우 제대로 된 평가가 이루어지지 않기 때문에 사전 준비가 필요하며 면접 시에는 반드시 녹음기를 준비하도록 한다. 또한 관찰자와 관찰대상이 직접적으로 만나서 이루어지는 관계로 관찰자의 개인적 감정이나 편견 등이 들어가지 않도록 주의해야 한다. 면접법은 유아교육 현장에서 많이 사용되어지고 있다.

면접법의 장점은 다음과 같다(Whaley, K. 1991).

① 유아 개인의 흥미, 관심도, 성격 등 다양한 개인정보를 수집하는데 도움이 된다.

② 유아 개인의 직접적인 생각과 의견을 직접 들을 수 있기 때문에 관계형성이 친밀해질 수 있으며 관계형성이 용이하다.

③ 관찰대상을 자유롭게 관찰하고 평가할 수 있다.

④ 관찰하는 상황이나 환경이 인위적이지 않고 자연스럽다.

⑤ 융통성이 있다.

면접법의 단점은 다음과 같다.

① 관찰자 개인의 감정이나 선입견이 반영되기 쉽다.
② 일관성이 없거나 모호한 평가를 내리기 쉽다.
③ 시간이 많이 걸린다.
④ 객관적인 자료를 얻기가 힘들다.
⑤ 말을 잘하지 못하는 유아일 경우 힘들다.

(3) 표준화검사법

표준화검사법은 실시 및 채점방식이 표준화되어 있어 얻어지는 점수의 기준에 맞추어 관찰자들의 행동이나 그 밖의 발달적 양상을 비교할 수 있다. 표준화검사에는 지능검사, 창의성검사, 자아개념 검사, 학습준비도 검사, 성격 검사 등 다양한 검사가 있다.

표준화검사법의 특징은 다음과 같다(Wardle, 2003).

① 검사하고자 하는 목적이 반드시 진술되어야 한다.
② 검사과정과 점수를 산출하는 과정이 있어야 한다.
③ 검사결과를 어떻게 해석해야 하는지에 대한 설명도 있어야 한다.
④ 검사를 개발하는데 대상이 된 샘플집단에 대한 설명이 있어야 한다.
⑤ 대표집단을 밝히고 검사의 제한점에 대해서도 설명이 있어야 한다.

표준화검사법의 장점은 다음과 같다.

① 채점 방법이 표준화되어 있기 때문에 사용하기가 편리하다.
② 결과에 따른 점수를 기준에 맞추어 또래들 간의 비교가 용이하다.
③ 검사결과가 대상자에게 도움을 줄 수 있다.

(4) 포트폴리오 평가

포토폴리오 평가는 유아에 대한 모든 정보와 자료를 수집하여 평가하는 것을 말한다. 예를 들어 일화기록, 녹음테이프와 비디오테이프, 일기, 학습자료, 작품 등 모든 자료를 수집해 두고 그것을 토대로 유아에 대한 종합적 평가를 하는 것이다.

포토폴리오 평가의 특징은 다음과 같다(Meisels, 1993; Wolf & Yarbrough, 1996).

① 유아에 대한 종합적 평가를 할 수 있다.
② 평가를 통해 유아의 발달 단계를 이해할 수 있으며 그에 알맞은 교육을 할 수 있다.
③ 부모들과 상담하는데 유용한 자료로 활용될 수 있다.
④ 유아의 발달과 학습에 다양한 정보를 제공해 준다.
⑤ 유아의 개인차를 고려한 활동을 할 수 있도록 해 준다.
⑥ 지속적이고 연속적이고 체계적인 평가로 볼 수 있다.
⑦ 학습 상황에서 평가와 가르치는 일을 연속선상에서 연결지을 수 있다.
⑧ 학기 말에 잠재적 교육과정의 근거 자료로 활용할 수 있다.
⑨ 유아의 성장 · 발달에 따른 부모의 이해를 돕는데 자료로 활용할 수 있다.
⑩ 수동적 학습 자세에서 능동적인 학습자세로 이끌어 줄 수 있다.
⑪ 유아에게 다음 단계로의 이행을 돕는데 필요한 자료가 된다.
⑫ 유아의 발달이 균형 있게 이루어질 수 있도록 돕는다.

포토폴리오 평가 장점은 다음과 같다(Wolf & Yarbrough, 1996).

① 유아의 발달단계를 한눈에 파악할 수 있다.
② 유아들의 개인차를 파악하기 쉽다.
③ 유아의 흥미 및 욕구를 파악하기 쉽다.

④ 교수와 학습의 활동을 통합할 수 있다.
⑤ 유아에게 자신감과 성취감을 높여 줄 수 있는 자료로 활용할 수 있다.
⑥ 유아와 부모 그리고 교사간의 정보를 공유할 수 있다.

포토폴리오 평가 단점은 다음과 같다.

① 평가를 하기 위한 시간이 많이 걸린다.
② 평가에 있어 객관성이나 타당도가 부족하다.
③ 자료를 수집하고 관리하는데 있어 다른 평가보다 힘든 부분이 있다.

2) 교사에 대한 평가

교사에 대한 평가는 유아교사들의 질적인 향상을 위해 반드시 필요하다. 다양한 교수방법을 연구하고 개발하는 노력과 자세가 필요하다. 또한 교사들 간의 협력을 필요로 하고 다양한 정보와 자료를 함께 공유하는 자세, 교사들 간의 평가 등 다양한 방법으로 이루어져서 교사의 질적인 향상을 꾀하는 것이 바람직하다. 하지만 교사를 객관적으로 평가하는 검사나 도구가 부족하며 평가를 할 때에도 선입견이나 주관적 평가가 이루어질 수 있는 일이 많이 있기 때문에 객관성을 유지하기가 힘들다.

유아교육 현장에 있는 교사들은 자기 자신에 대한 스스로 평가를 통해 자기진단을 하고 미래의 방향설정 및 반성을 하는 것이 좋다. 자기 자신에 대한 평가는 다른 어느 누구보다 솔직한 평가가 될 수 있고, 스스로 자신의 강점과 약점을 잘 알 수 있기 때문에 약점을 보완하도록 노력하면 유능한 교사가 될 수 있다.

이 외에 동료교사가 같은 동료교사를 평가하는 방법이 있고, 선배교사가 후배교사를 평가하는 경우도 있으며 원장이 교사를 평가하는 경우도 있다. 그 밖에 객관적인 시험이나 연수 등을 통해 교사를 평가하는 경우도 있다.

일반적으로 교사를 채용할 때 주로 하는 면접이나 교사로서의 능력이나 자질이 충분한지 알아보기 위한 교사 유능성 검사를 하기도 하고 교육현장에서의 교수-학습 활동 장면을 직접 관찰하거나 다양한 자료를 수집하여 교사를 평가하는 경우도 많다.

3) 유아교육 프로그램에 대한 평가

유아교육 프로그램에 대한 평가는 유아교육 현장에서 사용하고 있는 프로그램의 질적인 향상을 도모하고 보다 나은 교육의 효과를 가져오기 위해서 하는 방법이다. 또한 유아들의 욕구와 흥미 등 다양한 관심을 증진시키고 바람직한 교육의 향상을 위해 프로그램 평가를 실시한다.

유아교육 프로그램은 매우 다양하다. 따라서 유아의 발달단계에 맞도록, 부모의 요구수준이나 지역사회의 여러 가지 실정에 알맞은 프로그램의 개발이 필요하다. 다양한 프로그램의 평가를 통해 교육의 질을 향상시키고 유아의 전인적 성장을 도울 수 있도록 해야 한다.

현재 실시하고 있는 유아교육 프로그램이 유아와 유아간의 상호작용은 어떤지, 유아와 교사간의 상호작용은 어떤지, 유아와 교구간의 상호작용은 어떠한지에 대해 평가하고 교사가 제대로 프로그램의 목적에 맞게 운영하고 있는지에 대해서도 평가가 이루어져야 한다.

더불어 유아들의 흥미와 욕구, 관심정도와 교수-학습 활동의 여러 가지 면을 평가하여 질적인 개선을 할 수 있도록 해야 한다.

4. 평가의 기능 및 활용

프로그램 평가를 통해 우리는 프로그램이 추구하고 있는 교육목표에 어느 정도 달성했는지 점검할 뿐 아니라 교육활동에 대해 반성하는 계기를 마련해 준다.

또한 교육활동에 대한 효율성과 실용성을 점검하는 계기를 통해 보다 질 높은 프로그램을 개발하려고 노력한다. 결국 프로그램 평가는 질 높은 프로그램을 개발하고 교육활동의 질을 개선하여 유아의 발달을 돕는데 그 의의가 있겠다.

평가는 학자들마다 다양하게 이루어지고 평가 결과를 바라보는 관점도 다양하다. 하지만 평가 결과는 유아에 대한 이해와 유아 지원을 위한 의사결정, 교수-학습 방법 개선, 교육과정의 편성과 효율적 운영, 부모 면담, 생활기록부 작성 등을 위한 기초 자료로 활용되어 보다 질적으로 우수한 프로그램을 개발하고 유아의 전인적 성장을 돕는데는 의견을 같이하고 있다.

다음은 평가의 기능이 무엇인지 살펴보도록 한다(황해익, 2009).

첫째, 평가를 통해 교육목표를 어느 정도 달성했는지를 파악할 수 있다.
둘째, 교육과 보육활동의 개선방안을 찾는데 도움이 될 수 있다.
셋째, 영유의 발달특성 및 심리적 특성, 흥미, 욕구 등을 이해할 수 있다.
넷째. 평가결과를 부모와 공유하여 자녀교육에 활용할 수 있다.
다섯째, 교사가 영유아를 위한 교수방법을 개선하는데 활용할 수 있다.
여섯째, 평가 결과를 통해 유아들의 학습동기를 유발시키는데 도움이 된다.
일곱째, 평가를 토대로 프로그램 전반에 걸쳐 부족한 점을 찾아내고 보완할 수 있다.

또한 프로그램을 평가했을 때 어떤 기능이 있는지, 유아교육 현장에서 평가 자료가 어떻게 활용되고 있는지 살펴보면 다음과 같다(Kontos & Fiene, 1987).

① 교육목표의 달성도에 대한 자료를 확인할 수 있어 학습자의 학업 성취도를 평가하는데 자료로 활용될 수 있다.

② 유아 개개인의 개별 학습 혹은 소집단, 대집단 활동할 때 어떤 문제점이 있는지 확인할 수 있다. 따라서 교육활동이 보다 원활하게 진행될 수 있도록 돕

는다.

③ 평가를 통해 프로그램의 교육적 효과를 확인, 점검할 수 있다. 이는 프로그램의 질을 향상시킬 수 있는 계기를 주는 역할을 한다.

④ 개개인 유아의 특성을 이해하는 자료로 활용되어진다. 즉 평가를 통해 유아를 객관적으로 진단, 평가할 수 있고 올바르게 유아를 이해할 수 있게 된다. 유아의 흥미, 관심, 개성, 성격 등을 이해할 뿐 아니라 가정환경, 지역사회에 대한 이해도 객관적으로 할 수 있다.

⑤ 프로그램 평가를 통해 유아교육정책 방향에 도움이 될 수 있다. 유아교육의 제반 문제를 이해하고 올바른 유아교육정책의 방향을 수립하는데 작은 도움이 될 수 있다.

위에서 살펴본 바와 같이 영유아 프로그램 평가 자료는 유아교육 현장에서 많은 부분에서 자료로 활용되어지고 있다. 보다 구체적인 관점에서 평가가 어떻게 활용되는지, 그 기능을 정리해 보면 다음과 같다.

① 평가를 통해 유아의 학습 동기를 유발시킬 수 있는 방법을 연구할 수 있다.

② 평가 자료는 부모와의 상담 자료로 활용할 수 있다.

③ 유아의 발달특성 및 심리적 특성을 바르게 이해할 수 있다.

④ 유아의 일상생활에 대한 생활태도 및 습관을 알 수 있다.

⑤ 유아의 관심과 흥미, 그리고 개성에 대해 파악할 수 있다.

⑥ 교수-학습 방법에 대해 문제점을 파악하고 개선할 수 있는 계기를 마련해 준다.

⑦ 부모 및 지역사회와의 연계를 통해 지원을 위한 의사결정을 할 수 있다.

⑧ 프로그램의 장 · 단점을 파악하여 더 나은 프로그램으로 수정, 보완할 수 있다.

⑨ 양질의 프로그램을 개발하는데 중요한 자료로써 활용되어진다.

⑩ 유아 연구, 교육방법 연구 등의 기초자료로 활용되어진다.

지금도 다양한 관점에서 영유아교육 프로그램 평가가 무수히 많이 이루어지고 있다. 중요한 것은 단 한 가지의 평가 도구만을 사용하여 평가하기보다는 각 평가 도구의 다양한 특징이나 장점 등은 무엇인지 정확하게 파악하여 평가가 이루어져야 할 것이다. 자칫 잘못된 평가는 영유아 프로그램에 대한 잘못된 정보를 심어주고 신뢰성을 잃게 만들 수도 있기 때문이다.

앞으로 영유아교육 프로그램 평가를 통해 우리는 더욱더 유아의 흥미, 욕구, 관심 그리고 발달단계를 고려하고 부모의 요구수준과 지역사회의 여러 가지 실정에 알맞은 질 높은 프로그램 개발에 힘써야 한다. 다양하고 적절한 프로그램 평가를 통해 교육 프로그램에 대한 올바른 이해와 유아교육의 질을 향상시켜 유아의 전인적 성장과 발달을 도울 수 있도록 노력해야 할 것이다.

참고 문헌

강란혜, 곽미영(2011). **영유아프로그램개발과 평가**. 서울: 창지사.

강상희(1993). 발도르프교육학에 관한 연구. 연세대 석사학위논문.

고후순 · 김동일 · 조옥희(1997). **유아교육사상사**. 경기: 양서원.

교육과학기술부(2008). **유치원교육과정해설(Ⅰ)**. 서울: 교육과학기술부.

교육인적자원부(2008). **유치원 교육과정**. 서울: 교육인적자원부.

교학사편집부(1996). **새국어사전**. 서울: 교학사.

곽노의(1996). **자유 발도르프 유아교육**. 서울: 밝은누리.

권미량(2005). 생태유아교사교육 프로그램 모형개발 연구. 부산대학교 박사학위논문.

김명희 · 신화식(2004). 다중지능이론의 교육적 적용-한양여대 부속유치원 프로그램을 중심으로-한국유아교육현장의 정체성 확립을 위한 노력. 한국유아교육학회 2004 정기 총회 및 정기학술대회. 한국유아교육학회, 25-40.

김수영 · 김수임 · 송규운 · 정정희(2003). **영유아 프로그램 -이론과 실제-**. 경기: 양서원.

김수영 · 김수임 · 정정희(2008). **영유아 프로그램개발과 평가**. 양서원.

김영우(1987). 오웬. 한국교육학회 교육사연구회 편. 교육사상가평전. 서울: 교학연구사.

김영희 · 유경애 · 이옥섭(2002). **유아교육과정**. 서울: 동문사.

김정규(2001). **유아교육과정**. 서울: 동문사.

김정은(2000). 반편견 교육을 위한 도서의 분석. 이화여자대학교 대학원 석사학위논문.

김정임(1998). 자유 발도르프 유치원의 유아교육론과 실제. 한국 슈타이너 교육예술협회 발표 자료.

김포 양곡 어린이집 교사와 유아들(2008). '쓰레기' 프로젝트. **월간유아** 1. pp. 398-404.

김혜경 · 유희정(2004). **영유아 프로그램**. 서울: 창지사.

김희진 · 오문자 역(1996). **어린이들의 수많은 언어-레지오에밀리아의 유아교육**. 경기: 정민사.

류현수 · 김주아(2008). **영유아 교육프로그램 및 평가**. 서울: 동문사.

방인옥 외(1999). **유아교육과정**. 경기: 정민사.

서봉연 · 이순형(1994). **발달심리학**. 서울; 중앙적성출판사.

송순재(2002). 자연의 길을 따르는 생명교육. **생태유아교육연구**, 1(1), 2. 한국생태유아교육학회.

신득렬(2000). **교육사상사**. 서울: 학지사.

신화식(1996). **몬테소리 교육의 이론과 실제**. 경기: 양서원.

신화식(2003). **몬테소리 유아교육과정**. 경기: 양서원.

신화식 외(2004). **영유아교육 프로그램**. 경기: 교문사.

양복순(1999). 반편견 교육활동이 유아의 자아개념, 조망수용능력 및 친사회적행동에 미치는 영향. 명지대학교 교육대학원 석사학위논문.

양옥승(1987). 유아교육과정 연구의 재개념화. **유아교육연구** 7.

이경우 · 이은화 편역(1997). **반편견교육과정: 어린이에게 대응능력을 길러주는 도구**. 서울: 창지사.

이경희 외(2004). **신유아교육개론**. 서울: 교육아카데미.

이기숙(1995). **유아교육과정**. 경기: 교문사.

이기숙 · 이은해(1983). 유아교육 프로그램 유형에 따른 효율성에 관한 연구. **교육학연구**, 21(2), 83-105.

이돈희(1997). **교육사상사**. 서울: 학지사.

이명환(2003). 독일의 숲유치원에 관한 연구. **유아교육연구**, 23(4), 한국유아교육학회.

이명환 · 곽노의(2001). **몬테소리교육학과 발도르프교육학**. 서울: 밝은누리.

이순형 · 서영숙 · 전인옥(1999). **열린교육을 위한 주제탐구 표현활동**. 서울: 창지사.

이순형 외(2005). **영유아 보육, 교육프로그램의 이해**. 서울: 학지사.

이명조 · 배명희(2007). **유아교육현장에 쉽게 적용할 수 있는 프로젝트 접근법**. 서울: 동문사.

이영석 외(1985). **유아교육개론**. 서울: 형설출판사.

이연섭 역(1998). **레지오 접근법의 첫걸음**. 경기: 정민사.

이영숙(2001). **몬테소리, 그 교육의 모든 것**. 서울: 창지사.

이영자 외(2002). **1, 2세 영아프로그램의 계획 및 운영**. 서울: 다음세대.

이윤경 외(1985). **아동연구방법**. 경기: 교문사.

이은경(2014). **유아교육개론**. 서울: 동문사.

이은해(1985). **아동연구방법**. 경기: 교문사.

이은해 · 이기숙(1996). **유아교육프로그램 평가척도**. 청삼아동연구시리즈 9. 서울: 창지사.

이화여자대학교 교육과학연구소 아동교육연구부 편(2004). **영아를 위한 프로그램의 이론과 실제**. 서울: 창지사.

이희경(2006). **유아교육개론**. 서울: 태영출판사.

임갑빈(2002). **자연친화 생태유아교육프로그램(우리풀, 우리꽃, 우리나무)**. 경기: 양서원.

임상도(2002). **영유아교육의 사상과 이론**. 서울: 꾸벅.

임재택(1992). **현대유아교육과정**. 경기: 양서원.

임재택 · 박재환(2000). **유아교육과정**. 경기: 양서원.

임재택(2001). **유아교육기관 운영관리**. 경기: 양서원.

임재택(2002). 아이들의 삶과 생태유아교육. 한국생태유아교육학회 추계학술대회 자료집 아이살림, 생명살림의 유아교육을 위하여. pp. 5-32.

임재택(2005). **생태유아교육개론**. 경기: 양서원.

전남련 · 권경미 · 김덕일 · 이미순(2005). **유아관찰평가의 이론과 실제**. 경기: 양서원.

전남련 · 김재환 · 이혜배(2007). **아동행동연구 및 관찰평가**. 서울: 창지사.

전영우(2005). 녹색문화의 확산방향. 숲해설가 전문가과정. 숲해설가협회. 풀빛문화연대. 5-10.

정태희(1998). 다중지능이론에 기초한 교수 학습활동 개발 및 효과분석: 개인적 지능을 중심으로. 한양대학교 대학원 박사학위논문.

조인숙(2004). 생태유아교육프로그램이 유아교사의 친사회적 행동발달에 미치는 영향. 광운대학교 대학원 석사학위청구논문.

지옥정(1998). **유아교육현장에서의 프로젝트 접근법**. 서울: 창지사.

팽영일(2000). **유아교육의 역사와 사상**. 경기: 양서원.

하정연(2004). 생태유아교육프레임에 관한 문화기술적 연구: 부산대학교 부설어린이집 사례로. 부산대학교 박사학위청구논문.

한국생태유아교육학회(2004). **생태유아교육 교사연수**.

한국유아교육학회 편(1996). **유아교육사전**. 서울: 한국사전연구사.

황해익(2000). **유아교육평가**. 경기: 양서원.

황해익(2009). **유아교육평가의 이해**. 경기: 정민사.

황해익, 이경화, 이순례, 문연심 (1997). **보육 프로그램 개발**. 경기: 양서원.

홍지연(2002). **영유아 교육프로그램**. 서울: 창지사.

Abbott-Shim, M. & Sibley, A. (1987). *Assessment Profile for Early Childhood Programs*. Atlanta, G.A.: Quality Assist.

Adams, G. L., & Engelmann, S. (1996). *Research on Direct Instruction*: 25 years beyond DISTAR. Seattoe, WA; Educational Achievement Systems.

Alberto, P. A., & Troutman, A. C. (1982). *Applied behaver analysis for teachers*(5th ed.), Upper saddle Rever, NJ: Merrill/Prentice Hall.

Allen, K. E. (1992). *The exceptional child: mainstreaming in early childhood education*. NY: Delmar Publishers.

Armstrong, T. (1994). *Multiple Intelligence in the Classroom,* Aleandria (p. 1). VA: Association for Supervision and Curriculum Development.

Bailey, D. B., & Wolery, M. (1992). *Teaching infants and preschoolers with disabilities*(2th ed.). Upper saddle Rever, NJ: Merrill/Prentice Hall.

Bandura, A. (1989). Social cognitive theory. In R. Vasta(Eds.), *Annals of Child Development, 6*, 20-60.

Barz, H. (1991). Der Waldorfkindergartin. Weinheim und Basel: Beltz.

Baumrind, D. (1971). Current patterns of parental authority. *Developmental Psychology Nonograph.*

Baumrind, D. (1978). Parental disciplinary patterns and social competence in children. *Youth and Society, 9*(3), 239-278.

Becker, W. C. (1997). Teaching reading and language to the disadvantaged=what we have learned from field research. *Harvard Education Review,* 47(4), pp. 517-545.

Bergen, D. (2000). Linking technology and teaching practice. Technology in the Classroom. *Childhood Education, 76*(4), 252-253.

Berk, L. E., & Winsler, A. (1995). *Scaffolding children's learning: Vygotsky and early childhood education.* Washington, DC: NAEYC.

Biber, B. (1984). *Early education and psychological development.* New Haven, CT:Yale University Press.

Biber, B., Shapiro, E., & Wickens, D. (1977). *Promoting cognitive growth*: A developmental interaction point of view(2nd ed.). Washington, DC: NAEYC.

Bijou, S. W., & Baer, D. M. (1978). *Behavior analysis of child development.* Upper Saddle River, NJ: Prentice Hall.

Bodrove, H. C. & Leong, K. L. (1996). research on early science education, In C. Seefeldt (Ed.), *The early childhood curriculum: Current findings in theory and practice*(pp. 133-158). New York: Teachers College Press.

Bowlby, J. (1989). *Secure and insecure attachment.* New York: Basic Books.

Bredekamp. S. & Apple, P. L. (1986). How early childhood programs get accredited: An analysis of accreditation decisions. *Young Children,* Nov, 34-37.

Bredekamp. S. & Glowacki, S. (1996). The first decade of NAEYC accreditation: Growth and impact on the field. In S. Bredekamp & B. A. Willer(Eds.), *NAEYC Accreditation: A decade of learning and years ahead.* Washington, DC: NAEYC.

Bricker, D. (1999). *An activity-based approach to early intervention* (2nd ed.). Baltimore: Paul H. Brookees Publishing Co.

Bronfenbrenner, U. (1979). *The ecology of human development.* Cambridge: Harvard University Press.

Bruner, J, S. (1972). The Nature and Used of Immaturity. *American Psychologist,* 27.

Cadwell, L., & Gandini, L. (1997). *Brining Reggio Emilia Home: An innovative approach to early childhood education.* New York: Teachers College Press.

Calderhead, J. (1989). *Teacher's Professional Learning.* London: Falmer.

Campbell, B. (1994). *The multiple intelligences handbook.* WA: Campbell & Assoc., Inc.

Chapman, C., & Freeman, L. (1993). *Multiple intelligence Centers and Projects, Illinois:* IRI/SkyLight Training & Publishing, Inc.

Chard, S. C. (1995). 프로젝트 접근법. Workshop 자료집. 중앙대 유아교육과 초청 세미나 자료.

Chard, S. C. (1998a). *The project approach. Practical guide 1.* Developing the basic framework. New York: Scholastic.

Chard, S. C. (1998b). *The project approach. Practical guide 2.* Developing curriculum with children. New York: Scholastic.

Chow, S. H. L., & Elmore, P. (1973). *The Engelmann-Becker model, Early Childhood Information Unit:* Resources manual and program descriptions.

Cleverley. J., & Phillips, C. D. (1988). *Vision of childhood: Influential models from Loke to Spock.* Boston: Allen & Unwin.

Cook, R. E., Tessier, A., & Klein, M. D. (2000). *Adapting early chilhood curricula for children in inclusive settings.* Merrill.

Conant, M. M. (1971). Teachers and parents changing roles goals. *Childhood Education. 48*(3).

Crain, W. (1980). *Theories of development: Concepts and application.* New Jersey, Englewood Cliffs: Prentice-Hall.

Cronbach, L. J. (1963). *Course improvement through evaluation. Teachers.*

Cuffuro, K., Negar, N. & Shapiro, K. (2000). The development-interaction approach at Bank Street college of education. In J. L. Roopnarine, & J. Johnson(Eds.), *Approaches to early childhood education*(pp. 263-276). NJ: Merrill/Prentice Hall.

Deamicis, K. L. (1999). The role of play in social intellectual development. *Review of Educational Research, 76,* 326-330.

Decker, C. A. & Decker, J. R. (1984). *Planning and Administering Early Childhood Programs* (3rd ed.), Charles E. Merrill Publishing Co.

Derman-Sparks, L., & The A, B, C Task Force (1989). *Anti-bias curriculum: Tools for empowering young children.* Washington, DC. : NAEYC.

Devries, R. (1992). Development as the aim of constructivist education. How can it be recognized in children's activity? In D. G. Murphy & S. G. Goffin(Eds.), Project Construct. *A curriculum guide understanding the possibilities*(pp. 15-34). Jefferson City, MO Department of Elementary and Secondary Education.

Earhart, E. H. (1980). *Introduction to early childhood education.* Delmar Publisher Co.

Edwards, C., Gandini, L., & Forman, G. (Eds.). (1993). *The hundred languages of children. The Reggio Emilia approach to early childhood education.* Norwood, NJ: Ablex.

Edwards, C. P., & Willis, L. M. (2000). Integrating visual and verbal literacies in the early childhood classroom. *Early Childhood Education Journal, 27*(4), 259-265.

Eliason, K. L. & Jenkins, H. M. (1986). Beyond prodessionalism: The child and care Worker as a craftsman. *Child Care Quarterly, 12*(2), 98-112.

Erikson, E. H. (1963). *Childhood and Society.* New York: Norton, Bacon.

Erikson, E. H. (1982). *The life cycle completed: A review.* New York: Norton,

Fagot, B. (1973). Influence of teacher behavior in the preschools. *Developmental Psychology, 9*, 198-206.

Forman, G. (1999). Beyond the attentive eye: The importance of theory for the practice of documentation. *Canadian Children, 24*(1), 4-8

Forman, G. (2002). *Wondering with children: The importance of obseration in Early education.* 익숙한 것을 새롭게 보기. 레지오 에밀리아 국제학술대회 기념논문집, 15-27. 한국레지오 교육연구회

Fraser, S., & Gestwicki, C. (2002). *Authentic childhood:* Experiencing Reggio Emilia in the classroom. Albany, NY: Delmar Thompson Learning.

Freud, S. (1961). *Beyond the pleasure principle.* NY: Norton.

Freud, A. (1968). *The Psychoanalytical treatment of children.* New York: International Universities Press.

Gallahue, D. L. (1996). *Developmental Physical Education for Today's Children*(3rd ed.), Brown & Benchmark.

Gandini, L. (1998). Educational and caring spaces. In C. Edwards, L. Gandini, & G. Forman (Eds.), *The hundred languages of children: The Reggio Emilia approach-advanced reflections* (2nd edition) (pp. 161-178). Greenwich, Ct: Ablex.

Gardner, H. (1993). multiple intelligences. 다중지능이론과 실제. 김명희 · 이경희 역 (1997). 경기: 양서원.

Gardner, H. (1999). *Are there additional intelligences? The case for naturalist, spiritual, and existential intelligences.* In J. Kane(Ed.), Education, Information and Transformation (pp. 111-130). Englewood Cliffs, NJ: Prentice Hall.

Gardner, H. (2003). *multiple intelligences after twenty years. Paper presested at the american educational researh association, Chicago,* Illinois, Aprill 21.

Gardner, H., Feldman, D. H., & Krechevsky, M. (1998). *Project spectrum: Early learning activities.* NY: Teachers College, Columbia University.

Gettman, D. (1987). *Basic Montessori learning activities for Under-Fives.* New York: St. Martin's Press, Inc.

Gilkeson, E. C., Smithberg, L. M., Bowman, G. W., & Rhine, W. R. (1981) *Bank Street model: A developmental-interaction approach.* In W. R. Rhine(Ed.), Making schools more effective: New directions from Follow Through (pp. 249-289). New York: Academic.

Gilligan. C. (1977). In a different voice: Women's conceptions of the self and morality. *Harvard Educational Review, 47,* 481-517.

Glock, Wertz, & Meyer, (1999). *Discovering the naturalist intelligence: Science in the school yard.* Zephyr press.

Gottstein, R. A. F. (1984). Defìnding and Examining Areas of Criticism Concerning the Pedagogical Ideas of Maria Montessori with Emphasis on the Critics and their Criticism from 1910 서 1925. Unpublished Master's thesis, University of Michigan.

Grant, C. A., & Gomez, M. L. (1996). *Making schooling multicultural : Campus and classroom.* Englewood Cliffs, NJ: Prentice Hall.

Gray, S. A., Ramsey, B. K. & Klaus, R. A. (1982). From 3 to 20: *The early training project.* Baltimore: University Park Press.

Grossmann, W. (1994). *Kindergarten, 2. Auflage Weinheim and Basel:* Beltz Verlag, 148-158.

Grunelius, M. E. (1998). *Erziehung im Fruehen Kihdesalter der Waldorf Kindergarten.* Novalis Verlag.

Gulick H. K. & Urwick, L. M. (1973). Teaching in preschools. *Children, 17*(2), 42-48.

Gwathmey, F., & Mott. A. M. (2000). Visualizing experience. In N. Nager & E. Shapiro (Eds.), Revisiting progressive pedagogy: *The developmental interaction approach.* Albany, NY: SUNY Press.

Hall, N. S. & Rhomberg, V. (1995). *The affective curriculum. Teaching the anti-bias approach to young children.* Nelson Canada.

Halle, J. W., Alpert, C. L., & Anderson, S. R. (1984). *Natural environment language assessment and intervention with severely impaired preschoolers.* Topics in Early Childhood education-special problems, special solutions. MD: Aspen Systems.

Hanson, M. J., & Lynch, E. W. (1989). *Early Intervention. Austin,* TX; PRO-ED.

Hewett, V. M. (2001). Examining the Reggio Emilia approach to early childhood education. *Early Childhood Research Education Journal, 29*(2), 95-100.

Hoerr, T. (2000). *Becoming a multiple intelligences school.* Zephyr press.

Hohensee, J. B., & Derman-Sparks, L. (1992). Implementing an anti-bias curriculum in early childhood. EDO-PS-92-8.

Hohmann, M. (1997). *A study guide to educating young children*: Exercises for adult learners. Ypsilanti, MI: High/Scope Press.

Hohmann, M., & Weikart, D. P. (1995). *Educating young children: Active learning practices for preschool and child case programs.* Yspilanti, MI: High/Scope Press.

Howes, C. & Galinsky, E. (1996). Accreditation of Johnson child development enter. In S. Bredekamp & B. A. Wiler(Eds.), *NAEYC Accreditation: A decade of Learning and years ahead.* Washington, DC: NAEYC.

Jaffke, F. (2000). 윤선영 역. 발도르프 킨더가르텐에서의 놀이와 작업. 서울: 창지사.

Kahn, J. Peter H. (1999). *The Human relationship with nature: Development and culture.* Cambridge, MA: MIT Press.

Kamii, C. & Ewing, J. (1996). Basing Teaching on Piaget's Constructivism. *Child Education.* 260-264.

Katz, L. G. (1994). *The project approach. ERIC Digest. Champaign,* IL: ERIC Clearinghouse on Elementary and Early Childhood Education.

Katz, L. G., & Chard, S. C. (1989). *Engaging children's minds: The project approach.* Norwood, NJ: Ablex.

Katz, L. G., & Chard, S. C. (1996). The contribution of documentation to the quality of early childhood education. Champaign, IL: ERIC Clearinghouse on Elementary and Early Childhood Education.

Katz, L. G., & Chard, S. C. (2000). The project approach. In J. L. Rpppnarine, & J. E. Johnson (Eds.), *Approaches to early childhood Education* (3rd.) (pp. 175-189). NY: Macmillan Publishing company.

Kennedy, D. K. (1996). After Reggio Emilia may the conversation begin. *Young Children, 51*(5), 24-27.

Knipping, U. (1992). Waldorfp dagogik in Kindergarten. TPC extra 12. Luther Verlag Bielefeld.

Kohlberg, L. (1981). *The philosoply of model development: Moral stage and the idea of justice*(Vol 1). San Franciso: Harper & Row.

Kontos, S. & Fiene, R. (1987). Child care quality, compliance with regulation and children's development. In Philips, D. A. (Eds.), *Quality in child care: What does research tell us?* 57-79. Washington, DC.: NAEYC.

Koral, D. G., Colliker, L. J., & Dodge, D. T. (1993). *The What, and how of high-quality early childhood education: A Guide for on-site supervision.* NAEYC.

Kramer, R. (1988). *Maria Montessori*: A biography. Menlo park, CA: Addison-Wesley.

Krechevsky, M. (1994). *Project spectrum*: Preschool assessment handbook. New York: Teachers College Press.

Krechevsky, M., & Stork, J. (2000). "The hundred languages of children: The Reggio Emilia approach-advanced reflection, 2nd Education. " Book Review. *Early Childhood Research Quarterly, 14*(2), 275-279.

Kugelgen, H. V. (1991). *Plan und Praxis des Waldorfkindergarten.* Sttutgart: VerlagFreies Geistesleben.

Lazear, D. (1994). *seven pathways of learning: Teaching students & parents about multiple intelligences.* Tucson: Zephyr press.

LeBlanc, J. M. (1982). *Instructing difficult-to-teach children.* In K. E. Allen & E. M. Goetz (Eds.), Early childhood education-special problems, special solutions. MD: Aspen Systems.

Levinger, L., & Mott, A. M. (1992). Art in early childhood. In A. Mitchel & J. Davis (Eds.), *Explorations with young children: A curriculum guide from the Bank Street College of Education* (pp. 199-214). Mt. Rainier. MD: Gryphon House.

Lillard, P. P. (1972). *Montessori-a modem approach.* New York: Shocken Books Inc. 이영숙 · 김기열 역(2000).왜 몬테소리인가? 서울: 창지사.

Lillard, P. P. (1997). *Montessori in the classroom:* A teacher's account of how children really learn. New York: Schocker.

Locke, J. (1963). Some thoughts concerning education. 임채식, 강진영 역(1997). **미래를 위한 자녀교육.** 경기: 양서원.

Malaguzzi, L. (1998). History, ideas and basic philosophy: An interview with Lella Gandini. In C. Edwards, L. Gandini. & G. Forman (Eds.), *The hundred languages of children: The Reggio Emilia approach-advanced reflections*(2nd ed.) (pp. 49-97). Greenwich, CT: Ablex.

Meisels, S. J. (1993). Remaking class assessment with the work sampling system. *Young Children, 38*, 34-40.

Montessori, M. (1949). *The Absorbed Mind*: Claremont, C . A. trans. (1967). New York: Henry Holt and Company.

Montessori, M. (1966). *The Secret of Childhood.* Trans, S. J. Joseph Costelloe, New York: Holt, Rinehart, & Winnston, Inc.

Montessori, M. 조성자 역(1991). **어린이의 신비**. 서울: 창지사.

Morrison, G, S. (1976). *Early Childhood Education Today.* Columbus. Ohio: Charles E. Merrill Pub. Co. 곽노의 역(1986). **유아교육학**. 경기: 교문사.

Morrison, G, S. (1978). *Early Childhood education today.* NJ: Prentice-Hall.

Morrison, G, S. (1984). *Early childhood education today* (3rd ed.), Columbus: Ohio: Charles E. Merrill Publishing Co.

Morrison, G, S. (1997). *Fundamentals of early childhood education.* Englewood Cliff, NJ: Prentice Hall.

NAEYC (1984). *Accreditation Criteria and Procedures of the National Academy of Early Childhood Programs.* Washington, DC: Auther.

NAEYC (1991). Guidlines for appropriate curriculum content and assesment in programs serving children ages 3 through 8. *Young Children 30.* 21-38.

NAEYC (1991). *Facility Design for Early Childhood Programs: An NAEYC Resource Guide.* Washington, DC: NAEYC .

Neisworth, J. T., & Buggey, T. J. (2000). *Behavior analysis and principles in early childhood education.* In J. L. Roopnarine & J. E. Johnson (Eds.), Approaches to early childhood education (3nd ed., pp. 123-148). NY: Macmillan.

New, R. S. (1999). What should children learn? Making choices and taking chances. *Early Childhood Research & Practice, 1*(2).

New, R. S. (2000). Reggio Emilia: An approach or attitude? In J. Roopnarine, & J. Johnson (Eds.), *Approaches to early childhood education* (3rd ed.) (pp. 342-358). Upper Saddle River, NJ: Prentice-Hall.

Newsweek (1991, 12. 2). The 10 best schools in the world and what we can learn from them.

Oppenheim, J. F. (1984). *Kids and play: The Bank Street College of Education Child Development Series.* New York: Ballantine Books.

Osborn, D. K. (1975). *Perspectives of early childhood education.* NY: Dutton.

Parkey, F. W., & Stanford, B. H. (1998). *Becoming a teacher.* Boston: Allyn and Bacon.

Peters, R. S. (1981). The place of Kohlber's theory in moral education. In peters(Ed.), *Moral development and moral education.* London: George Allen & Unwin.

Peters H. Kahn. Jr, & Stephen R. Kellert (2002). *Children and nature, psychological, sociocultural, and evolutionary investigations.* Massachusetts: MIT Press.

Philips, D. A. & Howes, C. (1987). Indicators of quality in child care: Review of research quality in child care. In Philips, D. A. (Eds.), *What does research tell us?* Washington, DC: NAEYC.

Prochner, L. (1996). Quality of care in historical perspective. *Early Childhood Research Quarterly, 11*, 5-17.

Richard L. (2005). *Last child in the woods: Saving our children from nature-deficit disorder.* NC: Algonquin book.

Rinaldi, C. (1993). The emergent curriculum and social constructivism. In Edwards. C. J., Gandini, L. L., & Forman, G. G. (Eds.), *The bundred languages of children: The reggio emilia approach to early childhood education.* Ablex Publishing Co. Norwood, NJ.

Roopnarine, J. L., & Johnson, J. E. (2000). *Approaches to Early Childhood Education.* Merrill Prentices Hall: Columbus, Ohio. Chaper 13.

Rousseau, J. J. (1989). *Emile, or on education, trains.* by A. Bloom, NY: Basic Books.

Rule, A, & Atkinson, J. (1994). *Choosing picture books about ecology.* The Reading Teacher.

Santrock, J. W. (2003). *Children*(7th ed.), New York: Mcgraw-Hill.

Scarr, S., Eisenberg, M., & Deater-Deckard, K. (1994). Measurement of quality in child care centers. *Early Childhood Research Quarterly. 9*, 131-151.

Schweinhart, L. J., Weikart, D. P., & Larner, M. B., (1986). Consequences of three preschool curriculum models through age 15. *Early Childhood Research Quarterly, 1*(1).

Sciarra & Dorsey, (2007). Developing and Administering a Child Care Center(4th) Delmar Publisher.

Seefeldt, C. (1980). *A Curriculum For Preschools,* (Second edition), Charles E. Merrill Publishing Company.

Shapiro, E., & Biber, B. (1972). The education of young children: A developmental-interaction approach. *Teachers College Record, 74*, 55-59.

Sheridan. M. D. (1999). *Play in Early Childhood*: From birth to six years. Revised and updated by Jackie Harding and Liz Meldon-Smith. London: Routledge.

Smilansky, S. & Shefatya, L. (1990). *Facilitating Play: A medium for promoting cognitive, socio-emotional, and academic development in young children. Gaithersburg.* MD: Psycho-social and Educational Publications.

Smith, P. K. (1983). Differences or deficits? The significance of pretend and sociodramatic play. *Development Review. 3*, 6-10.

Spodek. B. (1991). Early childhood curriculum and cultural definitions of knowledge. In B. Spodek, & O. N. Saracho(Eds.). *Issues in early childhood curriculum: Year book in early childhood education*(Vol. 2). NY: Teachers College Press.

Spodek, B., & Saracho, O. N. (1994). *Right from the start: Teaching children ages three to eight.* Allyn and Bacon.

Spodek. B., Saracho, O. N., & Davis, M. D. (1987). *Foundations of early childhood education: teaching three-, four-, and five-year-old children.* Englewood Cliffs, NJ: Prentice-Hall.

Standing, E. M. (1966). *The Montessori revolution in education.* New York: A Plume Books, Inc.

Steiner, R. (1987). *The four temperaments. Anthroposophy in everyday life.*(Brain Kelly, trans.) Hudson, New York: Anthropospphic Press.

Steiner, R. (1998). In Roberto Trostli(Ed.), *The founndation of waldorf education.* Hudson, New York: Anthropospphic Press.

Stenberg, P. (1983). *How much gall is too much gall? A review of frames of mind: The theory of multiple intelligences. Contemporary Education Review, 2,* 215-224.

Stone, C. A. (1993). *What is missing in the metaphor of scaffolding?* In E. A. Forman, N. Minick, & C. A. Stone(Eds.), Contexts for learning, 169-183. New York: Oxford University Press.

Taylor, P. (1986). *Respect for nature: A Theory of environmental ethics.* New Jersey: Princeton University Press.

Terwilliger, J. S. (1997). Portfolios and classroom assessment: Some claims and questions. *Information Analyses*, 1-11.

Torrence, M., & Chattin-McNichols, J. (2000). Montessori education today. In J. L. Roopnarine, & J. E., Johnson (Eds.) *Approaches to early childhood education* (3rd ed., pp. 191-220). Upper Saddle River. NJ: Merrill/Prentice Hall.

Trepanier-Street, M. (1993). What's so new about the project approach? *Childhood Education, 70*(2), 25-28.

Walters, J., & Gardner, H. (1985). *The crystallizing experience: Discovery of an intellectual gift.* In Conceptions of Giftedness, deited by R. Sternberg and J. Davison. New York: Cambridge University Press.

Wardle, F. (2003). *Introduction to early childhood education: A multidimensional approach to child-centered care and learning.* Allyn and Bacon Co.

Weber, E. (1984). *Ideas influencing early childhood education.* NY: Teachers College, Columbia University.

Weikart. D. P., & Hohmann, M. (1995). *Education for young children.* High/Scope Press.

Weikart, D. P., & Schweinhart, L, J, (2000). The High/Scope curriculum for early childhood and education. In J. L. Roopnarine & J. Johnson(Eds.), *Approaches to early childhood education*(pp. 277-293). NJ: Merrill/Prentice Hall.

Whaley, K, L. (1999). Programs for infants and toddlers. In J. L. Roopnarine & J. E. *Johnson Approaches to early childhood education*(4th ed) (pp. 44-61), NJ: Pearson Merrill Prentice Hall.

Wolf, R. C. & Yarbrough, D. B. (1996). portfolios: A tool for reflective thinking in teacher education? *Teaching & Tecacher Education, 12*(1), 63-79.

Wortham, S. C. (2002). *Early childhood curriculum.* Upper Saddle River, NJ: Merrill.

http://www,highscope.org/Educational Program/Early Childhood/homepage.htm

저자 소개

✍ 이은경

현, 송호대학교 유아교육과 교수 · 아동문학가

* **수상**

〈아동문예문학상〉 〈MBC창작동화상〉 〈세계동화문학상〉

* **저서**

이론서: 〈유아교육개론〉 〈유아문학교육〉〈동화구연의 이론과 실제〉
〈유아문제행동 지도〉 〈유아교사를 위한 논리 및 논술〉
〈부모가 자녀에게 하지 말아야 할 34가지〉등

창작동화집: 〈뿌리를 찾는 눈동자〉 〈파란상자 분홍편지〉 〈별을 찾는 아이〉
〈꽃돼지와 땅꼬마〉 〈날개달린 달팽이를 보았니?〉외 다수

유아그림동화전집:
〈영아용 잼재미 그림책 시리즈 전 36권〉
〈유아용 베이브엔젤스 그림책 시리즈 전 60권〉
〈유아용 비고츠키 베베봉봉 그림책 시리즈 전 36권〉
〈유아용 프리티베이비 그림책 시리즈 전 70권〉 외 다수.

✍ 이은하

현, 한남대학교 문예창작학과 교수 · 아동문학가

* **수상**

〈아동문예문학상〉 〈아동문학평론 신인상〉 〈한국소설 신인상〉 〈세계동화문학상〉

* **저서**

이론서: 〈유아교사를 위한 논리 및 논술〉 〈소설 창작의 갈등구조 연구〉
〈이준연 아동문학 50년〉 〈문학과 상상력〉

창작동화집: 〈콧구멍 속의 비밀〉〈머리에서 자라는 풀잎〉 〈내 짝궁 하마공주〉
〈쓰레기 형제〉 〈빼앗긴 일기〉 〈바람 부는 날에도 별은 떠 있다〉
〈사랑해요 아빠〉 〈아이야, 별이 되어라〉 〈꿈꾸는 코스모스〉 외 다수

유아그림책: 〈송아지의 여물과자〉 〈캥거루는 뜀뛰기 챔피언〉 〈용감한 수탉〉
〈사냥꾼이 된 아기고양이〉 〈채소밭 꼬마 당근〉 〈머리 좋은 원숭이〉
〈송이골 장승할아버지〉 〈도깨비가 가져 온 절구통〉
〈토토와 팡팡 서커스〉 〈제멋대로 공주와 달콤 왕자〉 외 다수.

영유아 프로그램 개발과 평가

초판인쇄 2016년 2월 10일
초판발행 2016년 2월 15일

이은경
2016. 2.

저 자 이은경 · 이은하
발행인 김현태
발행처 태영출판사

주 소 (08301) 서울 구로구 구로동 104-10 동남오피스텔 201호
전 화 02 · 839-3757, 839-3752
팩 스 02 · 837-3754
등 록 2005년 5월 30일 제12-421호
홈페이지 http://www.taeyeongbook.co.kr
E-mail tys2005@hanmail.net
ISBN 978-89-6302-189-8 93370
정 가 18,000원